ECUPL
1952-2022

法治追梦人

何勤华 教授访谈录

人民出版社

何勤华

1955 年 3 月生

　　上海市人。北京大学法学博士，华东政法大学教授、博士生导师。著有《西方法学史纲》《20 世纪日本法学》《中国法学史》《法律文化史谭》等多部作品，主编《法律文明史》(全 16 卷，参与撰写《法律文明的起源》《宗教法》《中华法系》《大陆法系》)，在法学类核心刊物上发表论文 180 余篇。留学日本东京大学法学部，1992 年起享受国务院政府特殊津贴，1999 年获"第二届中国十大杰出中青年法学家"称号，2009 年获"国家级教学名师"。曾任华东政法大学校长。兼任中华司法研究会副会长、全国外国法制史研究会会长。

在公社农业大学成立大会上发言

在北大南门

斗室苦读

在图书馆查书

和李志敏老师

荣获国家级教学名师奖

在韬奋楼给学生上课

教学团队

建设松江新校区

在香港大学作学术报告

目　　录

前　　言

　　华东政法大学法律学院为总结师者的学术历程,提出对华东政法大学几位教授做全面采访的计划,将其学术经历记录下来。本篇是采访华东政法大学前校长何勤华教授的记录,由华东政法大学研究生院 2020 级硕士研究生(2022 级博士研究生)廖晓颖作为采访者进行采访和文字整理工作。

　　访谈录的主要内容有以下七个部分:机缘巧合入外法,从少年时代讲起,内容涵盖从农村务农到研究生学习以及留学日本的整个历程;外国法制史的学术世界,主要谈论作为一名学者,在外国法制史领域的研究成果以及心得体会;教学行政"双肩挑",讲述作为一名教师以及学校的管理层的经历以及感想;一辈子当老师是最开心的事,主要论及对不同阶段的学生的培养;展望未来,是何勤华教授对青年、对国家以及对法史学科的展望;学术点滴,是何勤华教授对各种社会现象的认识及评论;附录,列出了何勤华教授的学术作品以及教学多年培养的硕士、博士研究生以及博士后研究人员。

一、机缘巧合入外法

（一）少年时代

何勤华于 1955 年生于上海。"文革"爆发时，虽然还在上小学，但也颇受影响。

1. 童年回忆

廖晓颖（以下简称"廖"）：何老师您好，很荣幸能够采访你。自改革开放以来，我们国家无论在经济、科技等各方面都发生了翻天覆地的变化，特别是在新冠疫情的防控上更加彰显了我们国家的强大。这个景象在老师的学生时代，是不可想象的吧！

何勤华（以下简称"何"）：我的学生时代比较特殊，是"文化大革命"发生时期。"文化大革命"爆发是 1966 年，当时我 11 岁，刚刚小学四年级。当年是 5 月 16 号，中共中央发布文件说要开展"文化大革命"，但是一层层下来，传到我们上海快是夏天了。

2. 外公家的故事

廖：您对读小学时的事有什么印象吗？

何：我读小学时候是住在外公家，在外公家走去上学大概半小时。我外公以前是小业主，有点小资本家的性质，但是应该算个体户吧,他是开药店的。在当时,药店是所有店里最赚钱的,所以照道理我外公家应该是很富有的。但是,我外公好赌,这造成什么结果呢? 就是我们家基本没什么结余的,赚得越多(外公),赌得越欢。结果这倒帮了大忙了。新中国成立,如果他不是好赌,而是勤俭持家,那么肯定会被划成资本家。但即使是这样(指外公好赌),他还是有点银圆的,银圆就是大洋,数量不多,我印象中是有不超过 20 块。

廖:您上中学时的情况怎么样呢?

何:到了小学六年级毕业,那时候还有中学,但基本上也是在搞革命,所以读到初中之后,没有读高中了。过了两年,到了 1973 年我弟弟读书那会,因为中间有周恩来、邓小平他们重新开始强调教育,高中就又恢复了。

1971 年,我初中毕业回到家乡参加农业劳动。1973 年 8 月,我担任了村里的宣传干事,1975 年 1 月,又担任乡团委书记。这两项工作,使我能够广泛地接触农村中的各个层次。这一机遇,加之这几年中我始终没有脱离艰苦的农业体力劳动,使我对当时的农村有了比较深入的了解。此外,在白天劳动之余,每天晚上我都坚持自学。

当时在农村所能找到的书籍是非常有限的,但学习的欲望是如此强烈,以至于我将当时所能找得到的书全都通读了一遍。许多书,如马克思的《资本论》,恩格斯的《反杜林论》,范文澜的《中国近代史》和《中国通史简编》,王力的《古代汉语》,高亨的《商君书注译》,以及《史记》《汉书》和《东周列国志》等。当时并不能完全读懂,但凭着自己有限的生活积累以及人生体验,对这些著作中的许多基本内容和主要观点连蒙带猜倒是领悟了不少。

在农村的 6 年半时间,虽然岁月"蹉跎",但我养成了自学的习惯,对各种问题思考的习惯,以及将自己领悟到的体会写出来的习惯。这些,对我以后的学术研究均有着重要的意义。

(二)七年务农

1.20 世纪 70 年代

廖:确实很有感触,那么您可以给我们说说那时农村的状况吗?

何:当时的农村,实行工分制。除了农忙季节之外,早上一般是 7 点左右,生产队就打钟了。听到钟声,我们(人民公社的社员)就从家里出来,集中到生产队的晒谷场上,生产队长开始分配每个社员当天要干的农活。分配完了以后,大家就马上回家,拿了各种农具,到农田里去干活。

干农活非常艰苦,经济收入却很低。因为当时的农村还是非常的贫困,"文化大革命"并没有能够改变这种局面,到后来几年,我们的经济发展就更加糟糕了。这么艰苦地干农活,我一天也就能挣七八个工分。每个工分值 4 分钱左右(有些经济效益好的生产队也有一个工分值 8 分到 1 角钱的,但这种生产队不多),一天干得累死,折合成现金也就挣 3 角钱左右(每天干活是拿不到现金的,生产队给你记账,到年底再分配现金),且一年中并不是每天都有农活可干的。

廖:您在农村里除了干农活,在生产队里有其他工作吗?

何:在我回到农村的第二年,生产队里选举队委会成员。当时毛泽东主席经常有"最高指示"下达,《人民日报》《解放军报》和《红旗》杂志这两报一刊,经常发表社论,上级也经常下发许多文件,这些都需要在社员大会上宣读,而我们队一直就没有一个这样合适的人选进入队委会。

就这样,在我的堂伯母的举荐下,我成为了整个公社里年龄最小的队委会成员,同时也兼做辅导员。当然,这不算是一个职务,只是一年去大队里开几次会,平时在生产队学习时,负责读一些上级下达的文件,有时上面让队长发个言什么的,我就负责帮他写发言稿。队委会成员最大的事,就是要带着农民干农活,而这并不是我的强项,只能咬紧牙关拼命干,慢慢地,农村里的各项农活也能适应了,只是力气小,做重体力劳动时,仍然感觉很痛苦,力不从心,内心很受煎熬。

2. 七年务农的感受

廖:对于渴望读书的您来说,回到农村务农真的是太难受了,是身与心的折磨。那后来呢?您一直留在生产队吗?

何:后来我没有留在生产队了。之后我们大队的朱锡祥书记①找我,问我愿意不愿意到公社机关去工作,做公社的团委书记。由于不了解团委的事情,我原先还挺犹豫的。但朱书记对我说,他推荐我担任这一职务后,公社党委书记倪鸿福同志很满意。如果我之后可以在他身边工作,前途无量!而且党委开会也已经决定,这样一来,我就答应了这个职务。

当时我们的人民公社叫虹桥公社②,不太大,青年大约有 3000 余人,团员大约有近 1000 人吧。我进公社机关后,先担任团委专职干部,负责到各个大队、各个企事业机关物色新的团委委员,筹备新一届团委的改选。

---

① 朱书记是何勤华在生产大队里工作的上级,还是他的入党介绍人。
② 1958 年成立。

那时尽管我们的干部体制还处在传统的计划经济模式之中，人事安排的选择余地很小，但我们的这一届团委班子却是由我一个人搭建的，党委完全尊重我的挑选，对我推荐的团委成员全都予以认可。团委书记当了一年多，1976年2月，接到上海市委组织部和团市委的通知，我参加了上海市五七干校的学习，至7月结束。

对于我来说，从此，在近半年的时间里，除了完成干校规定的学习、劳动任务之外，利用干校图书馆的丰富藏书，阅读了大量当时在外面看不到的文献资料，以及民国时期和新中国初期的一些著作，收获巨大。就我个人而言，半年"五七干校"的学习经历，最大的收获就是读到了在我们公社的图书馆中所没有的许多书籍，所以，我感觉还是很有收获的，毕竟我们农村的团干部离市委和中央等上层太远了，在政治上属于外围的外围了。

廖：感觉您的农村生活也不是平淡无奇的，您不仅务农，还在生产队工作，之后又做了公社团委书记，这期间也一直坚持读书。相信这为之后高考恢复，您考上北大法律系奠定了深厚的基础。那么在农村七年的生活，您现在回想起来，有什么感想呢？

何：从1971年7月初中毕业，至1978年2月入北京大学读书，我在农村劳动了六年半，在这六年半的时间里，我记住了华士珍老师①的嘱咐，除了农忙时的"开夜工"劳动②之外，每天晚上我都坚持自学。

当时，读的最多的首先是马克思、列宁和毛泽东的著作以及各种辅导读物。马克思的《哥达纲领批判》《〈政治经济学批判〉导

---

① 何勤华在唐镇第一中学读书时的班主任、政治课老师。
② "开夜工"劳动一般都要干到12点以后，回家也不洗漱，人一倒下就睡着了，第二天凌晨4点又得起来干活。

言》《资本论》,马克思和恩格斯的《共产党宣言》,恩格斯的《反杜林论》《家庭、私有制和国家的起源》,都是读了好几遍的。看不懂时,就看一些关于这些著作的辅导读物,当时这类读物特别多。

为了做长远规划,我制订了一个马恩著作的读书计划,计划三年之内,读完《马克思恩格斯选集》(共 4 卷),用八年时间,读完《马克思恩格斯全集》(共 39 卷 41 册)。落实下来,《马克思恩格斯选集》读完了,《马克思恩格斯全集》则只读了 1/5。后来进了大学,这个计划也就没有时间再执行,因为我的英语基础太差,从 ABCD 开始学起,专业课之外的时间,几乎全部用在英语学习上了。

毛泽东的著作,主要是《毛泽东选集》4 卷。我也订了一个三年学习计划(当时农村青年中,订这类计划的人还不少,每年还会评选和表彰一批学习毛泽东著作的先进分子),和学习马恩著作的计划同时进行。该计划也顺利完成了。说实话,毛泽东的著作,比起马恩的书来,要通俗得多,容易理解得多。

在毛泽东的著作中,我感觉最有逻辑性和历史性的是《中国革命与中国共产党》《论持久战》,说理详尽,层层推进,几乎没有反驳的余地,也符合历史的真实。而对我的思维和工作帮助最大的则是《矛盾论》和《实践论》,我头脑里不多的哲学知识,就是以这两本书为基础学得的。比如,在工作和生活中杂事纷繁,我们要善于抓住主要矛盾,其他事情就迎刃而解了;说得再多、再好,不去实践,就一事无成,实践是检验真理的唯一标准;对待任何事、任何人,都必须用发展的观点去看,世界上没有一成不变的事物;做任何事情,都要针对该事情的特点,一切以时间、地点和条件为转移;任何事物,都有两重性:普遍性和特殊性,了解了普遍性,就把握了各个事物之间的联系和相通性,了解了特殊性,就可以关注每个事物的特殊的地方,解决问题就更加对症下药,等等。这些朴素的哲学道理,一进入我这本来没有学过什么哲学的、一片空白的头脑,就深深地印了下来,直至终身。

当时,在通读马恩和毛泽东的著作,对某些社会现象有所联想、获得感悟时,会情不自禁地有了一种愉悦,也从内心里发出一种对作者的敬仰之情。尽管读了大学以后,毛泽东的晚年错误被不断披露,但在当时,我对毛泽东的尊敬和崇拜,是发自内心的,而对马克思的敬仰,则至今不减。

"文化大革命"中,尤其是之前出版的一些有关哲学、经济学和历史学的书籍,也是当时我喜欢看的,于光远和苏星主编《政治经济学:资本主义部分》①,我都看过许多遍。而有关历史的一些基础性著作,如范文澜的《中国通史简编》②、《中国近代史》③,翦伯赞主编:《中国史纲要》,周一良、吴于廑主编:《世界通史》,我也都是读了好几遍的。

这样,哲学、经济学和历史学的一些基本知识,此时已经印入脑子。有些内容,一般是在大学才学的,如《汉穆拉比法典》、《拿破仑法典》、"巴黎公社"、"陈胜吴广起义"、"刘邦和项羽之争"、"文景之治"、"贞观之治"、《唐律疏议》和"王安石变法"等,而我在这一段时间,通过自学,都已经从中外历史书中读到,并知道其大体内容了。

我当时读的书籍中,第三个方面是"文化大革命"前的初中、高中教材。我的小娘舅,是1963年的高中毕业生,他把所学过的一整套初中、高中教材都完整地保存了下来。这套教材中,尤其是

---

① 人民出版社1961年出版。
② 修订多卷本,1955年版。
③ 上、下册,人民出版社1955年版。

语文教材,水平很高,就成为我经常翻看的书籍。一些名家如鲁迅、朱自清、茅盾等的散文,一些古代的经典文献,虽然不能全部理解领会,但基本上也能看懂个大概。

此外,读的都是杂书了。刚回农村的一段时间,由于书主要是从队里年龄大一些的青年那里借来,或者是他们从别处借来再转借给我的,所以这些书很适合农村青年的大众口味,基本上都是一些当时在农村青年中传来传去的书籍,如《红楼梦》《西游记》《三国演义》《水浒传》《聊斋志异》《东周列国志》《青春之歌》《红旗谱》《前驱》等。

后来,我当了公社团委书记,公社有一个图书馆,里面收藏了几千册应时性的图书,我不停地借阅,读书的面更加广泛了。1972年前后,随着我国与美国的关系得到改善,与日本恢复邦交,与非洲国家的关系进一步变得良好,一批外国首脑的传记被翻译引进国内。在这些传记中,当时给我印象最深的是《卡扎菲传》,该书讲述了利比亚的年轻总统卡扎菲的传奇经历,当时完全是作为正面人物来歌颂的。但在2011年利比亚发生动乱,卡扎菲被打死,这在当时,无论想象力再怎么丰富也是想不到的,当然,这是后话了。

总体而言,当时的书还是比较少的,可读性强的书更少。所以一旦借到一本好书,我一般都要看上好几遍,书里面许多有趣的情节、对白也都能背诵出来。六年半持之以恒地读书,带给我最大的收获,就是让我忘却了在农村苦役般的体力劳动带给我的艰辛和痛苦。马克思说,宗教是人类的精神鸦片,我认为,书籍本身也是一种"精神鸦片"。

每一本书,都有一个故事,或者无数个故事,都在讲述着一些人生经验或自然、社会的客观规律。当我翻开书的时候,我就会陶醉于书中的故事,或者被这些人生经验、自然和社会发展规律打动。而沉浸在书本之中,我就忘却了周围的一切:艰苦的体力劳动、复杂的人际关系,以及生活中各种各样的烦恼。在六年半的农村生活中,读书是唯一能让我摆脱痛苦、真正愉悦的事情。西方进化论者认为,让人区别于动物的是劳动,而考古学界的最新成果表明,有些动物也能进行劳动。我想,能够读书,才是人类与动物的最大区别吧。

大量读书的另一个收获是拓宽了自己的知识面和视野,让我看到了在狭小的农村劳动生活之外广阔的天地,而且对我的世界观和人生观的形成也有很大的影响。不仅是讲述自然和社会发展规律、讲述革命道理的马恩和毛泽东的著作,就是上述杂书,看了也是让人感悟多多。总体而言,六年半的持续自学,让我读了许多书,虽然,读的这些书没有显出立竿见影的效果——在此期间,我写了不少文章,投《文汇报》《解放日报》,约投了100多篇吧,但没有一篇被录用,自己没有能够成为一个像《艳阳天》的作者浩然那样的农民作家,哪怕是业余的!

但在1977年国家恢复高考时,读的这些书,开始派上用处了,它们帮助我顺利地考上了北京大学,这在当时,完全是出乎我的意料的。所以现在有时学生让我写一句勉励的话时,我给他们题词最多的就是:"天道酬勤""机会只垂青于有准备的人""只要你付出了,总会有所收获"。

(三)北大法律系印象

1977年恢复高考,何勤华顺利被录取为北大法律系77级学生,与包括李克强、郭明瑞、武树臣、姜明安、陈兴良等在内的诸多政界、法律界知名人士是同窗好友。

1. 在北大的学习生活

廖：何老师，您在北大的读书生涯是怎么度过的呢？

何：1977 年，邓小平同志复出，排除阻力宣布恢复高考。这对我们这一代人来说意义特别重大。当年，全国共有 570 万人报名参加高考，最后录取了 27 万多一点，录取比例为 29∶1。我很幸运，参加了恢复后的第一次高考，考入北京大学法律系。

我当时的学习目标是认真听课、拼命记笔记，把每门课都学好，所以大学几年的全部课程，我都拿到了优的好成绩。北大图书馆的藏书非常丰富，大学四年中，我把图书馆当时能够找得到的法律、历史、哲学类的文科书都看了个遍。虽然当时还没有电脑，但我做了很多读书笔记，收获很大。在外语方面，虽然大学里的英语是从基础的 ABCD 开始学起的，但我每天拼命背单词，经常去听英语讲座、国际学术研讨会，到后来考研的英语分数考了 72 分，已经达到了出国分数线。

北大四年留给我的主要财富，是一种学习的态度，一种研究的精神。我知道了如何发现问题、解决问题，如何收集资料、提炼思路，并通过撰写论文，把自己的思想表达出来。我想，这与北大建校以来就具有的追求学术、追求科学、追求真理、追求民主的传统是分不开的。

直到今天，许多老师的音容笑貌仍然留在我的脑海中。他们甘于清苦、孜孜以求、专心学术的精神，仍然深深地激励着我。与现在许多大学生、研究生每天忙忙碌碌不同，当时的大学生杂事很少，有很多真正可以用于学习的时间，可以读书、做笔记、思考、讨论、学习外语，有助于培养比较扎实的专业基础和外语基础。

2. 对老师和同学的印象

廖：下面想请您回忆一下在北大读书时的老师和同学。

何：我们北京大学法律系 77 级，是一个富有感情的班级，也是一个充满友谊的集体。同时也可能是中国历史上大学中最大的班级：我们班共有 83 位同学，而现在大学中的班级，一般都在 30 人到 50 人之间，也有一些大的班级，有 60 人的。但拥有 83 名同学的班级，可能就是空前绝后的了。

担任过我们班级的班主任和辅导员，以及给我们讲过课的老师也有 30 余位，包括杨敦先、沈宗灵、李志敏、龚祥瑞等。那我就讲讲对当时的老师和同学的一点零星回忆吧！

廖：好的，何老师！那您先从老师谈起吧。

（1）儒雅清高的沈宗灵老师

何：可以，我印象深刻的老师，沈宗灵老师是其中一个。沈老师个子不高，人也比较清瘦，一口带有浓重上海口音的普通话。在我们法律系 77 级的任课老师中，沈老师是比较晚讲授的一位，是在我们读大三时他登场的。当时，他给我们讲授了选修课《现代西方法律哲学》。

那个时候我们在读大二、大三（1979 年、1980 年），由于刚刚开始改革开放，所以对西方的法律制度、法律思想包括法律哲学，都还是非常陌生的。既没有教材，也没有参考书。图书馆中虽藏有一些西方法学大师的作品，如狄骥的《宪法论》、格劳秀斯的《国际法典》（《战争与和平法》的节译）等，但数量非常有限。所以当沈老师在课堂上系统讲授西方各位法学家的法学作品和法律哲学思想时，受到了同学们的热烈欢迎。

廖：原来如此,你们那时候的学生真是求知若渴啊! 那么课下沈老师是一个怎样的人呢?

何：沈老师平时话不多,也不苟言笑,比较严肃。给人感觉是比较清高,非常儒雅,但他为人非常诚恳,非常热情。他专注学术创作,惜时如金,但对我们学习上的要求一般都能予以满足。当时,我曾去过他家里几次,向他请教一些法理学学习上的问题。每次,他都会放下手中的活,耐心地回答我的各种问题,包括有些现在回想起来是非常幼稚的问题。

廖：沈老师真是一个耐心的好老师呢! 那么从北大毕业之后你们之间还有联系吗?

何：毕业以后,由于我和沈老师从事的不是一个专业,所以在学术会议上见面的机会不是很多。偶尔有过几次,也只是远远地点点头,就算是打过招呼了。有时我怕他忘记了我的名字,上前握手时刚要自我介绍,他就会马上说："我知道,你是何勤华。你导师徐轶民老师最近身体好吗?"弄得我非常感动。

到北京出差时,我也曾去过沈老师家中几次,他还是老样子,埋头于编书、写书之中。有时,也会和我谈谈国外法哲学界最新的一些动态,对有些法学家作出一些他个人的评价。

廖：您对沈老师有什么评价呢?

何：沈老师是 1923 年出生的,于 2012 年去世。在近 90 年的生涯中,他经历了诸多生活的坎坷和磨难。作为一位留学美国的正直的法科知识分子,他在 1957 年受到了不公正的待遇,被划为右派,但他对此看得很平淡。他认为中国是一个发展中的国家,也是一个正在转型的国家,在政治上出现一点波折,都是正常的。我觉得能这样看待问题,是很难能可贵的。

(2)魅力四射的龚祥瑞老师

廖:接下来想请您谈谈龚祥瑞老师。

何:龚老师是宁波人,所以讲的是一口带有宁波口音的普通话。龚老师当时给我们开设的是外国宪法与比较宪法课,他讲课充满激情,声音洪亮,脸上表情生动、丰富、多变,嬉笑怒吼,幽默风趣,全可以在一堂课上表现出来,酣畅淋漓,无所顾忌,所以经常听得我们一愣一愣的,注意力全部被吸引了过去。我们小组爱好摄影的何山,就将龚老师在课堂上的各种表情拍摄了下来,到现在为止看到的人,都无不拍案叫绝。

由于龚老师上课效果极佳,所以一门课下来,将我们班上的许多同学都吸引过去了。本来对民商法、法律思想史、刑法感兴趣的人,如陶景洲、李克强、陈兴良、王绍光、姜明安、李启家、刘凤鸣、王建平等人,都被吸引到了龚老师的周围。许多人后来也都受到龚老师的欣赏,经他推荐到国外攻读研究生。有的则受他影响,开始从事宪法行政法的教学和研究,姜明安就是一位。

廖:听您这么一说,我都能感觉到龚老师上课的激情澎湃!那么课下您有和龚老师进行交流吗?

何:课下的话,现在回忆起来,和龚祥瑞老师交往中,印象最深的是我为了考华东政法学院的硕士研究生,向他请教考试方法的那一次。

他对我说,他在华政没有认识的老师,但考研究生有技巧,就是要去琢磨老师的研究兴趣和方向。他知道我想报考徐轶民老师的外法史专业,就说:"你要将徐老师所编写的著作、发表的论文以及油印的教材、讲稿等搞到手,把它们弄熟悉了,甚至把它们都背出来,你就不怕了,保证你考高分。"然后他就和我讲道:考试和研究不一样,考试就是死记硬背,而研究可以有自己独立的思想,要有自己的观点。他非常自信地对我说,你听我的话没有错,保证你考上。后来,我按照他的思路去复习,果然,在华政考研得了第一名。

(3)功底深厚的张国华

廖:接下来想请您谈谈张国华老师。

何:张老师是1922年出生的,于1995年去世。对于张国华老师,可能会有许多同学的回忆文章,因为他担任过法律系的系主任。所以我这里的叙述就稍微简略一点。

张老师是湖南人。在青年时期,他先后就学于中山大学、湖南大学、西南联合大学和北京大学,学过建筑、机械、政治和法律,最后任职于北京大学法律系。张老师对工作非常敬业、非常投入,在他担任系主任的那几年,是北大法律系最为风光的时期,在全国法律教育中完全处于领头羊的地位。

就上课而言,张国华老师也是非常受学生欢迎。他虽然个子不高,但上课时声音洪亮,中气很足,充满了激情,站在讲坛上手舞足蹈,肢体语言特别丰富,语言非常精练,但论述充分,论证严密,给我们的感觉是,他的话再多一句,就是啰嗦;而少了一句,就不完整。至于他的博学、深刻,以及对史料的掌握,对人物和思想的分析,那都是处处上乘,超一流水平。

由于张老师讲课艺术高超,就将我们班上一些优秀的学生都吸引过去了。武树臣、李克强等都是张老师的崇拜者。老武最终走上了中国法律思想史研究的道路,与张老师不无关系。克强也曾一度想从事中国法律思想史的教学和研究——这是他亲口对我说的。我本人开始也是对民法、婚姻法感兴趣,所以我和民法教研室的李志敏老师接触最多。但听了张老师的课,以及饶鑫贤、由嵘、蒲坚老师的课以后,开始对法律史感兴趣了。

(4)文静儒雅的饶鑫贤

廖:您对饶鑫贤老师又有什么样的印象呢?

何:饶老师是 1923 年出生的,于 2003 年去世。饶鑫贤老师和张国华老师一样,也是湖南人,早年毕业于南京国立政治大学,从事地下党工作。饶老师的风格与张老师不一样,他讲话一直是慢慢的,声音是细细的,语音语调起伏不大,而且因为身体一直比较弱,饶老师上课时大部分时间都是坐着讲的。所以,听饶老师的课,需要慢慢品味,才能感觉到其中的内涵丰富、博学深刻以及非常强的逻辑性。

与张国华老师不同的另一个方面,饶老师并不是中国法律思想史的科班出身。他原是南京市中级法院的法官,负责审理刑事案件,后来对中国法律思想史感兴趣了,才来教这门课程。从刑事法官到中国法律思想史的老师,这个角色的转换确实也够大的了。所以有一次我还是忍不住问饶老师:您转岗位为什么不转为刑法教师,与社会现实的结合还比较紧密呢,可能会更受欢迎。饶老师回答我说:我对法律史有兴趣,而兴趣是人生道路的出发点,加上我在政治大学读书时古文功底比较深厚,所以就来教这门课了。至于与社会结合、受实践欢迎,当时从法院转为教师本身就是一个很大的损失,我就更不会在乎这些了。而事实确实如饶老师所说,由于有兴趣,他后来在中国法律思想史的教学和研究方面,都作出了巨大的贡献。

大学毕业后,我和饶老师的接触仍然比较多,除了在学术会议上见面聊天之外,还去过他家里几次。饶师母对我也很热情,总是

会又倒茶、又拿糕点。我与饶老师的小孩也比较熟悉。其大儿子
饶戈平,在北大法律系读国际法研究生的时候,我们就认识了。后
来他在国际法研究方面成就突飞猛进,现在已是中国国际法学会
的常务副会长了。他的小儿子饶方,毕业后曾分配在《中国法学》
编辑部,我们也有过多次接触。

饶老师喜欢下围棋,修养很好,非常儒雅,给人感觉就是一位
谦谦君子。饶老师到后来身体状况不太好,尤其是双腿走路比较
困难,坐的时间长了,站起来的时候也很吃力。所以,他每次出席
学术会议,师母一般都是跟着去的,以便照顾他。2004 年 11 月,
北大法律系召开纪念饶老师逝世一周年的大会,我特地从上海赶
去北京,并在会上作了发言,以表示我对饶老师的怀念。

(5)书法家李志敏老师

廖:那么李志敏老师对您有什么影响呢?

何:李志敏老师,他讲课的时候并不十分生动,也不是那么很
有吸引力,但是他功底深厚、见解独特,因为李老师是用自己在比
较婚姻家庭法学研究上的成果来讲授的,他讲起婚姻家庭法来确
实是博古通今、学达中外。

在北大求学期间,李志敏老师是对我影响最大、给我恩惠最多
的一位老师。除了精通英、法、德、俄四国语言,撰写了《中国古代
民法》这本经典的民法史作品,以及民法研究成果和婚姻法课程
受到同学们热烈欢迎之外,他的书法、他的气质也深深地感动
了我。

但其实,李志敏老师的生活是非常不幸的。1954 年他从中国
人民大学法律系毕业,分配到了刚恢复成立的北京大学法律系工
作,刚开始想在民法专业上有所努力。他在《工人日报》工作的妻

子孟昭容却因心直口快而在 1957 年的反右运动中被打成了右派，而后被发配回河北唐山，更不幸的是在 1976 年的唐山大地震中，三个小孩两个遇难，只留下了一个女儿。李老师虽仍在北大工作，也受到影响。李老师因为和妻子两地分居，学校分配不到房子，就只好住在集体宿舍里，和我们同在一幢楼里面。

在同学们的印象中，李老师是一个学问丰富、专业扎实、为人谦和、儒雅清高的学者，尤其是他的书法艺术，在当时已经达到一个很高的境界。对我来说，除了这些之外，还有几件小事使我对他的人格和品德有了更深一层的了解。

廖：是有什么故事呢，想请何老师分享一下。

何：第一件事是我和两位师兄在李老师的指导下，于 1978 年底完成了《试析买卖婚姻》一文，适逢 1979 年北大举办五四科研节，我们就在学术讨论会上宣读了这篇论文。结果有一些与会老师不同意我们的观点，对文章提出了一些尖锐的批评意见。我当时很紧张，会后我就问李老师该怎么办？李老师很从容地对我说，不用紧张，我们这篇论文资料翔实、逻辑严密、观点不极端，理论界和实务部门的同志已经和他说了，这篇论文质量不错，可以在高水平的杂志上发表。研讨会之后，我们将这篇文章投给了《法学研究》编辑部，不久，就接到了编辑部的通知，说文章写得很好，将在 1980 年第 2 期上刊出。这件小事给我留下了很深的印象，认识到在学术研究上，不要怕争论，不要怕被人批评，要有一种自信心，要有自己的立场，不要轻易放弃自己花费了大量劳动而获得的观点和结论。

第二件事是过后不久，我自己在看书中有了一些感悟，完成了一篇小论文，让李老师帮我看一下，把把关。李老师看得很仔细，看完后就把我叫了去。看到他拿出改得面目全非的文章，我心里就有点发怵。果然,平时非常随和的他,这次非常严肃。他对我说,你已经写了不少文章,我也帮你改过许多次,但你有些错误老是改不过来。比如,的、得、地,这三字你到现在还没有搞清楚,用得不正确;又如,"所谓"的意思就是"所说的",后面不能再加"的"了,不能说成"所谓的";还如,每一个小标题之间要有过渡,要有承上启下的关联词,每一个自然段之间应该有内在的逻辑联系,这样,写出的文章才显得有承启开合,更有说服力。当时,虽然面前没有镜子,但我自己感觉到脸上有点发烧,一定是胀得绯红。心想从小到大,还没有受到过这么严厉的批评。在回去的路上,我有点沮丧。但过后,我越想越感到李老师说得有道理,这次挨批有收获,对李老师也愈加敬重。当时李老师的批评,直到现在还让我受益良多。

第三件事是一年以后,李老师编写了一本《马克思主义论婚姻家庭法》的著作,当时出版比较困难,他就让我在暑假回上海时,去上海一家著名的出版社问问,可否在该社出版。回到上海,我就去找了该社的一位编辑室主任。听说是北大来的学生,他很热情地接待了我。当我说明来意,将李老师书稿的大纲和部分样章给他看时,他就问我这是否是国家或省部级课题,或是否有经费资助,李老师是否教授等。我说这是李老师个人多年研究的成果,并不是国家和省部级课题,也没有经费的支持,李老师还没有评上教授。听到这些,他的态度明显变得有些冷淡。离开时,我就问了,你们的态度如何?书稿能否出版?他告诉我,他们还要商量商量。回家后我就马上把这个信息告诉了李老师,他说那就等一等吧。

一直到暑假结束,我们仍然没有得到出版社方面的回复。临回北京前一天,我又去了出版社,但没有能够见到这位主任,他手下的一位编辑出来接待,我对他说,如果你们确实对此选题不感兴趣,那就把大纲和样章还给我,我再交还给老师。他很客气地说,他们主任关照了,这个选题他在考虑,并没有说不能出。这给了我一点安慰。回到北京后,我把情况详细告诉了李老师,他听后也很无奈地说,那我们就再等等吧。一个学期过去了,仍然没有什么消息。过寒假回上海时,我又去了该出版社,这次仍然没有能够见到这位主任,但编辑告诉我一个好的信息,说主任在北京开会,李老师可以到主任住的宾馆去见他详细面谈。我马上将此消息告诉了李老师。那天晚上,李老师就按照约定的时间去了该主任住的宾馆,但宾馆的人说他出去了,李老师一直等到九点多,足足一个多小时,仍然没有见到这位主任的影子。第二天我和李老师通电话时,他没有多说什么,就告诉我不要再去出版社了,书稿就先放着吧。

这件事情对我刺激很大,当时我的一种很强烈的感受是,在中国,一名普通的知识分子在社会上是多么没有地位,在事业上要有所成就将有多么艰难。我想,今后如果想从事这一职业,那么就需要准备好坐冷板凳,经得起被人折磨,以及要有吃苦耐劳、坚韧不拔的心态。也是从那时起,我对出版社的某些头头少了一些信任,多了几分警惕。

李老师对我学业的帮助是无法用语言来描述的,但我却没有能够很好地回报他。1982年我考回到上海,在华东政法学院读外国法制史研究生期间,老师来过几次上海,有的是讲学,有的是与上海大学美术学院的同行交流书法艺术。但我当时限于财力,都未能好好地款待老师。1984年我作研究生毕业论文调研,到了北京,也去拜访过老师。老师还是如同我在北大读书时一样,对我进行辅导,帮助我收集资料,并亲自将其中的一些法语的资料翻译成中文,供我写论文时参考使用。

回想起老师的这一切无私的行为,我都会感动得不能自制。最令我痛心的是老师从发病到去世时间不长,而这一段时间,我正好在日本进修,等我 1994 年底回国时,老师已经仙逝西去,我未能见上老师最后一面,留下了终身的遗憾。

(6)循循善诱的杨敦先

廖:您对杨敦先老师有什么印象呢?

何:杨敦先老师是 1935 年出生。20 世纪 50 年代中期考入北京大学法律系学习,毕业后留校任教。长期从事刑法学研究,是刑法学界的著名学者。在北京大学任教期间,曾担任院学位委员会委员、刑法教研室主任、中国法学会理事、中国法学会刑法学研究会秘书长、北京市法学会刑法学研究会副理事长等职务,还担任过中国法学会刑法学研究会顾问、澳门科技大学法学院博士生导师。曾受邀到加拿大不列颠哥伦比亚大学法学院和香港树仁学院讲学。自 1978 年起,参加了我国第一部刑法的起草工作、新刑法的修订工作以及《关于惩治贪污贿赂罪的补充规定》《关于严惩拐卖、绑架妇女、儿童的犯罪分子的决定》等一系列单行刑事法草案以及专门问题的研讨。1990 年以后多次受最高司法机关的邀请,参与刑法司法解释创制中的研究工作。

在学术研究领域,杨老师主编或参编的专业书籍二十余种,在各类学术期刊上发表论文上百篇,其中《中国刑法论》曾获得国家教委优秀教材二等奖,是法学院学生的主要教材之一。杨老师的板书特别规范、讲稿非常系统,就从最初入门的每一个问题讲起,无论大小、无一遗漏,既不像李老师那样详略分明,也不像龚老师那般激情四溢,而且他上刑法课的时候刑法尚未颁布,所以我们听起来特别细致,笔记也记得很完整。

廖:说完老师,现在来讲讲同学吧。

何:好的。我们班有 83 位同学,其中,有聪明绝伦、风流倜傥的谢思敏、谢维宪、刘凤鸣、陶景洲、杜春、赵汝琨、李洪海(已去世)、徐杰等,有江南才子陈兴良,有"江苏二顾"顾功耘、顾雪挺,有侃大山超人、给大家带来无穷欢乐的丛培国,有苦行僧姜明安,有边走路边背英语的李克强(已去世),有运动健将兰晓梅、刘德权,有公安局局长袁塞路,有学习 4 年打了 4 年武术的张恒山,有关心同学细致周到的李华云、牛嘉,有每周必定给其女友一封情书的丘征元,有喜结连理、相亲相爱、终生不渝的王志勇(已去世)、李俊玲夫妇,有班级的小妹妹、当时才 17 岁的宋健,有外慧、内秀、形象美的严冶、翟建萍、苏岩(已去世),还有当时男生在私下里都公认的长得最美的"漂亮姐"王燕,等等。

廖:您可以讲一下您印象比较深的一些同学吗?

(7)"苦行僧"姜明安

何:好的。先说姜明安吧。姜明安,比我年长几岁。所以我从一入学相识就叫他"老姜"。大概是复员军人出身的缘故吧,从入学第一天开始,老姜就一直穿着一身旧军服。与我们班级其他一些复员军人到了大三、大四不再穿军服不同,老姜几乎到毕业,始终没有脱下那一身旧军服,而印象更为深刻的则是脚上的那双洗得有点泛白的军用胶鞋。

姜明安是个老实人,其最大的特点就是朴实无华;老姜也是一个勤奋苦学之人,四年大学,他几乎没有什么娱乐兴趣,也没有什么谈情说爱活动,其生活非常规律:从宿舍到教室,从教室到食堂,再从食堂回到宿舍,背着一个军用书包,这么三点一线地重复走着。由于姜明安的上述两个特点,在我的印象中,就自然而然地将他视为我们班的"苦行僧"。

廖:那么这位姜同学后来怎么样了呢?

何:他后来在宪法与行政法领域卓有成就。大概从大二时起吧,我们就发现老姜对宪法和行政法抱有浓厚的兴趣,开始系统收集这方面的资料。他也是当时给我们上比较宪法课的龚祥瑞教授的得意门徒之一,龚教授很喜欢他。由于这些原因,1982 年初我们毕业时,老姜顺理成章地留在了北大法律系,任宪法行政法教研室的老师。过后不久,他选编、主编和撰写的行政法方面的作品就开始源源不断地面世,为新中国的行政法制建设作出了独特的贡献,成为改革开放以后中国行政法学科的创始人之一。

廖:姜明安对您有什么影响呢?

何:老姜和我不在一个组,在大学读书期间我们交往不是太密切。他对我的影响更多的是一种榜样的力量、一种刻苦学习的动力。毕业后,由于我们都在法学教育战线上工作,我们之间的交往开始增多,除了到北京出差,我会回北大看看,有时也和老姜见一面说说话之外,在各种学术会议上,我们见面的机会也比较多。

虽然,随着学术地位的上升、知名度的迅速提高、经济收入的增加,老姜的外形和生活方式在不断发生变化,如,理了漂亮的发型,穿起了质量很好的西服,开起了高档的小汽车,脚上也看不到泛白的军用胶鞋了,但老姜的"苦行僧"精神:勤奋刻苦的学习态度,执着追求的学术理念,独立自主的法律人品格仍然没有变。

廖:我也觉得做学术真的很需要这种"苦行僧"精神了,那么接下来请您说一下其他印象深刻的同学。

（8）复员军人郭明瑞

何：还有就是郭明瑞同学。

我和郭明瑞同学在1978年3月，就是我们北大法律系77级刚报到不久的时候，就认识了。我印象比较深的就是他很有军人的气质。一天到晚都穿着军装，人很魁梧，性格开朗，说话直来直去，还经常听到他的笑声。尽管有很重的山东口音，但我们都听得懂。由于他比我年长几岁，我一直称他"老郭"。

廖：郭明瑞同学给您印象深刻的事情是什么呢？

何：在大学四年期间，老郭给我印象最深的，是他非常刻苦、努力、勤奋。我记得，老郭在当时就对民法情有独钟，除了学习其他应该完成的课程之外，他将全部时间都用在民法学习上了。

大约是在1979年初的时候，老郭就在老师的指导下，翻译了一篇文章——苏联民法学家拉普捷夫的《论苏维埃经济法》。当时给我的印象很深，觉得他很了不起。所以，到毕业时，他理所当然地留在了北大法律系民法教研室。上面我说了，我们班有83个同学，最后留北大的只有4个人，另外3人是李克强、武树臣、姜明安。

（9）严谨扎实的武树臣

廖：那么武树臣呢？您对他有什么印象？

何：他是北京人，插队到过山西，后来又调到了四川，入学前在一所地区师范学校里担任教师，拿到入学通知书时，与相爱的女友办了结婚登记手续。武树臣读大学虽然回到了自己父母身边，但离妻子就很远了。老武人很乐观，经常说上几句笑话，逗大家乐一下。他读书非常勤奋、刻苦，思维能力很强，讨论时经常说出一些结论性的话。他尤其钟情于中国法律思想史，故深得张国华老师的欣赏和喜欢。

老武留给我们最深的印象,就是他的成千上万张关于中国法律思想史资料的卡片,这都是他在阅读古代法律文献资料时摘录的。这些卡片,让老武成为了全中国手中掌握中国法律思想史资料最丰富的人之一。

大学毕业时,武树臣众望所归地留在了北大法律系,跟从张国华老师教授中国法律思想史。之后,老武凭借他的勤奋刻苦和手中掌握的丰富史料以及对中国传统法律文化的感悟,在不长的时间内,发表了众多中国法律思想史和中国传统法律文化方面的论著,一举成为中国法律思想史学界一颗冉冉升起的新星。后来,他担任了一段时间的法律系副主任,并于 1997 年出任北京市第二中级人民法院副院长。筹办奥运会期间,老武还是北京奥组委法律部的主任,为中国举办好北京奥运会作了大量贡献。

大学期间,由于我和老武同在一个专业,加上在大学宿舍时又是睡上下铺,故我和老武关系极为融洽,在一起话也特别多。我记得 1993 年 10 月,老武到日本早稻田大学法学部做访问学者,我当时也在东京大学法学部做访问学者,我去看望他,在早稻田大学附近的一家小吃店中,我们两个人谈了整整三个多小时,那时老武对我说得最多的话就是:人生最痛苦的事,就是有了自己的想法,却没有能力将这些想法付诸实施,而宝贵的时间就在这痛苦之中慢慢地流逝了。他在中法史和传统文化研究领域造诣极深,年长我几岁,我们推心置腹、无话不谈,由于老武在入学时已经结婚,所以常常告诉我关于夫妻的相处之道。

(10)摄影师何山

廖:接下来请您谈谈何山。

何:我们北大法律系 77 级只有一个班,当时分为 8 个组,我们第四组有同学 11 人,其中男同学 8 人,女同学 3 人。在我们 8 个男生中,最为年长者是何山。他于 1947 年出生,复员军人,北京考生,生活阅历丰富,为人仗义。他把我们都视为自己的弟弟妹妹,还经常帮助我们设计人生道路,而且所说的都非常有道理,故深得大家的喜欢和爱戴,我们公认他是我们小组的"头"。

何山酷爱摄影,其作品在各个层次的比赛中都获得过奖励,还出过摄影年历。在他的摄影作品中,我们认为最为珍贵的是 1976 年 4 月 5 日他参加在天安门广场上的悼念周恩来总理活动时拍下来的大量照片。老何还有一件事给我印象挺深刻的。那是大一时,老何组织我们小组编写《中国法学通俗讲座》,当时在整个图书市场上,法学类作品非常少见,很多老教授都不敢写书。而我们这些刚入大学的年轻人要写书出版,确实是需要够大胆的。非常可惜的是,我们四组同学的这一本法学处女作并没有能够正式出版。

大学毕业时,何山去了全国人大常委会工作,后来担任了常委会法工委民法研究室的负责人,为改革开放以来民事立法作出了重大贡献。

(11)江南才子陈兴良

廖:另外,我知道您和现在北大法学院的陈兴良教授交情甚好,您可以跟我们分享一下你们之间的故事吗?

何:兴良是浙江人,祖籍义乌,上北大之前在建德公安局工作。因为兴良年龄与我相仿,我 1955 年出生,他 1957 年,所以从一入学就开始接触,交流也比较多。但因为我们不在一个组——他是二组,我是四组,所以我们在一起的时候主要是在图书馆出来的路上、课堂之间以及在宿舍里的聊天和讨论问题的时候。兴良人比较瘦弱,又戴着眼镜,故给人的感觉就是文质彬彬的读书人的气质。我虽然也和他一样瘦小,但我没有戴眼镜,且手脚比较大,背有点驼,加上手上还有老茧,故不太像知识分子。

当时,兴良对哲学比较有兴趣,故我们交谈时经常会涉及一些哲学的问题,有时也会讨论一些他正在思考的问题。由于我对哲学不太熟悉,之前看过的一点哲学书,基本上都是马克思和恩格斯的一些著作,故在和兴良聊天时,一般是他说得多,我基本上是在听,同时,也常常有一种对他的崇拜之情。比如有一次,在议论79级师弟查海生①少年(15岁)就考上北大法律系读书时,我只是羡慕他年龄轻,比我们幸运。而兴良却说出了一句很有哲理的话:"这不是他的幸运,而是我们的悲哀。"从而让我钦佩了好长时间。此事兴良在他的自传中也有所提及。

大学毕业时,兴良考上了人民大学法律系刑法专业的硕士生,与赵秉志、张智辉同一届,一起师从高铭暄老师,我则考回了上海,跟随徐轶民老师读外国法制史的研究生。虽然地处南北,但我们联系还是比较多的。1984年夏天,我为写硕士论文而外出调研,第一站就到了北京,兴良将他的宿舍床铺让出来给我住,他自己则在别处找了一个地方住下,还给了我一些人民大学食堂的饭票。我那几天都是在食堂里吃的饭,人民大学的食堂办得不错,比北大的要好,我吃得还是比较舒服的。

由于睡兴良的床铺,故与和兴良同一宿舍的王利明也认识了。我记得当时的利明已经开始在埋头写论著了,手稿以及复印的资料从地上一直堆到有一人左右的高度。那是我第一次领略中国人民大学法学研究生的生活,而且非常幸运的是我第一次接触的就

---

① 后以"海子"为名发表了许多诗作,在年轻人中很有影响。

是当时的佼佼者、现在的法学大师。所以,兴良让床位给我,不仅解决了我的住宿、吃饭等生活问题,也开阔了我的学术视野,看到了前进的目标。顺便说一句,当时研究生外出调研,一般都是借住同学的床铺,或者是同学的同学的床铺。如我离开北京到西南政法大学调研时,就睡在了夏勇的床铺上,而夏勇并不是我的同学,是通过北大法律系79级同学何力联系上他并认识成为朋友的。

研究生毕业时,由于华政没有博士点,所以当时我就直接留校工作了,而兴良则非常幸运,在留校教书的同时,考了高铭暄老师的博士研究生。从此以后,兴良的学业继续突飞猛进,论著发表也是极为丰硕,成为与秉志齐名的中国刑法学界的两位后起之秀。由于我和兴良关系至深,所以我们之间已经没有什么空话、套话、客气话以及形式主义的内容了。我们平时不太联系,电话也不太打,通电话时,也就短短几句,将想说的话说完,要办的事办完,就挂机了。确实做到了"君子之交淡如水"。

有一次,我记得是1988年,上海因"毛蚶事件",草木皆兵,人心惶惶。凡是上海的人出差到外地,都要被隔离进行血液检查。兴良刚好此时到上海出差,他过来看我。我没让他进家门,拿了一个凳子放在门外露天路边,他坐在那里和我说了一会话,我就劝他回去了,连茶水都没有给他喝一口。他一点也没有计较,因为他知道我这是对他的保护,怕将上海的肝炎传染给他。

实际上,我们之间一直是心心相印的,有时,我们在一起参加学术会议在宾馆住下时,往往会利用吃过晚饭散步的机会,比较长时间地交换一些对学术界人和事的看法,以及彼此今后学术研究的打算。而在这个时候,我们的观点往往是非常一致的。兴良现在已是我国刑法学界的大师了,我祝愿他学术之树常青。

3. 法律界的"黄埔一期"

廖:北大法律系 77 级被称为法律界的"黄埔一期",您作为其中的一员,有什么感受呢?

何:北大法律 77 级,作为中国恢复高考制度、开始社会主义法治建设历程的象征性符号,它也将永远保留在我们每个人的心中,直至生命的终结。回顾四年大学生活,除了一些老师讲得好的法律专业主干课程留下了一点印象外,其余课的内容大多已经"还给了老师"。

北大四年留给我的财富,主要是一种学习研究的态度、方法和精神,我知道了如何去发现、解决问题,如何去收集资料、提炼思路,把自己的思想表达出来,撰写成论文。尤其是我的第一篇论文《试论买卖婚姻》(《法学研究》1980 年第 2 期),就是在李志敏老师的指导下,与两位师兄一起完成的。此外,北京大学创建以来就具有的追求学术、追求民主、追求科学、追求真理的传统,也牢牢地扎根于我的心中。

北大许多恩师如甘雨沛、龚祥瑞、张国华、孙国华、饶鑫贤、蒲坚、沈宗灵、刘升平、李志敏、由嵘、杨敦先等甘于清苦、孜孜专心于学术研究的精神,深深地激励着我。我的同窗李克强、武树臣、郭明瑞、姜明安、何山、陈兴良等刻苦勤奋学习的态度,也深深地影响着我,使我在以后的学术道路上始终不敢松懈,唯恐辜负了老师的教育和培养,有辱于自己的母校。

我们北大法律系 77 级,中间有共和国的栋梁,有学界泰斗,有睿智的立法者,也有严明的执法者,有声誉显赫的企业领导人,也有经验老到、判断精准的优秀律师!真可谓群星闪烁,光照神州。

（四）选择华政

1. 报考外法

廖：何老师，是什么样的想法让您来报考华政呢？

何：我读研究生、当老师、回上海、选择华政，都是和我当时的身体状况联系在一起的。我到北京去没有注意身体，从天天吃酸性的大米到天天吃碱性的窝窝头和馒头，生活方式没有及时转型，结果生了很严重的胃病。在北京我吃不到大米，不利于调养肠胃，考虑到身体这么不好，我就有强烈的愿望想回上海，就安稳一点回上海当个老师吧。

廖：那么后来您就考了华政的法律史专业，您为什么想报考法律史呢？

何：我对法史的兴趣纯属机缘巧合，有两个原因，第一个原因是得益于教授法史的两位老师。一位是张国华老师，中国法律思想史讲得出神入化、精彩异常，可以说是引人入胜；另一位是由嵘先生，外法史的专家，带领我步入世界法学的殿堂，穿越时空，纵览几千年的法学史。第二个原因是毕业时的选择，考研究生成为我真正对法史有兴趣的契机。当时还是想着毕业了回上海，而分配上海工作的名额只有一个，和我一起到北京读书的还有一位崇明的同学，考虑到他在上海已经有自己的家庭，我认为名额应该是优先照顾他的，因此自己就只能通过考研究生回上海了。

当时上海的各所高校只有华东政法学院在招收法学硕士研究生，回上海读研，只能考华政。后得知华政徐轶民老师和王召棠老师所在法史专业招生的人数最多，我觉得自己的外语水平还可以，本科毕业论文选题又是罗马法，题目为《古代罗马债权法初探》

（由嵘老师指导,论文最后被评为"优"),后来和徐轶民老师联系后选择了外法史专业。

廖:那么在华政的研究生生活是怎么样的呢?

何:1982 年 1 月,我大学毕业的同时,考入了华东政法学院读研究生,师从徐轶民教授,专攻外国法制史。1981 级研究生虽然考试是在 1981 年,但入学是在 1982 年 2 月。2 月 4 日,华政历史上首届硕士研究生开学典礼举行,徐盼秋院长作了重要讲话:他希望研究生发愤图强,努力学习,取得硕士学位,"成为第一批青年法学家"。

华政对我们首届研究生的培养非常重视,选派最优秀的师资来进行教学工作。在此过程中,我不仅跟随徐老师做研究,也聆听了陈鹏生教授异常精彩的中国法律史课,由此进一步提高了对法律史学科的兴趣。三年清贫但充实的研究生学习生活,我打下了比较扎实的法律史专业基础与外语基础。

另外,班主任也是安排了最好的老师来担任。当时,华政管理研究生事务的机构还只是一个科,设在教务处下面。研究生科的科长胡韵琴老师,是我们研究生的班主任,也是研究生党支部的支部书记。胡老师是一位新中国成立前参加革命工作的老干部,对研究生关心备至,热爱有加。从学习,到生活,包括谈恋爱、结婚成家、生子、上幼儿园,所有能够帮得上忙的地方,她都尽心竭力。所以深受研究生的爱戴,许多研究生开玩笑说:"胡老师比母亲还母亲"。

在读研的三年当中我感受到了法制史不受重视、课时少、发文章更难这样一种坐冷板凳的滋味,我希望我们这一代人能够把它振兴起来。为完成这个梦想,之后我留校工作,有近十年的时间(除了出两次国,去上海外国语大学和大连外国语大学参加外语集训之外），基本上与外界隔绝，漫游在法律史这一方小天地之中，筚路蓝缕，却也自得其乐。我后来的法律史研究方面的素材主要就是在这一段时间内收集的。

廖：那么您后来就决定走外法史的研究方向了。

何：我当时选择了外国法制史，主要有两个原因：一是考虑到外法史领域尚是一个几乎没有人开垦过的处女地；二是近代中国法和法学主要来自西方，因此，我认为外国法制史对我国现在的法制建设的借鉴意义要更大一些。

就第一个方面而言，外国法制史涉及世界上一百多个国家、上下四千年的法律史，其中有着太多太多的研究课题和发展空间。有许多领域，如希伯来法、古代埃及法、教会法等，都是没有人触摸过的空白；还有许多领域，比如仅就现代以来西方的经济与社会立法这一块，就有金融法、证券法、保险法、票据法、期货法、消费者权益保护法、社会保障法、环境与资源法等，可以让众多学者去挖掘、研究。

就第二个方面来说，外国法制史的研究目前虽然落后于中国法制史、法理学、民法学和刑法学等学科，但该学科的重要意义及其基础理论学科的地位是无可怀疑的。不管是法科大学的毕业生还是从事法学教育与研究的同志，假如他不了解外国法制史，尤其是近现代外国法律制度和原则，那么，他们的知识结构就是不完整的。实际上，当代中国法学界最活跃的中青年学者中的许多人，如梁治平、高鸿钧、贺卫方、夏勇、米健等均出身于外国法制史学科。

廖：那么您的研究生学习是怎样的呢？

何：研究生的学习与本科生有很大的不同，完全是一种专业化了的学习生活。我与几位师兄弟（他们后来全部去了国外）一起，在徐教授的指导下，对自埃及、巴比伦、希伯来、古代印度、古代希腊和罗马开始的世界各个主要国家的主要法律制度的起源、发展、演变以及内在的关系等作了系统的梳理。

许多经典作品,如莫理斯著、王学文译《法律发达史》,孟罗欧·斯密斯著、姚梅镇译《欧陆法律发达史》,威格摩尔(Wigmore,1863-1943)的《世界法系概览》(A Panorama of the World's Legal System),穗积陈重著、黄尊三译《法律进化论》(全三卷)等,均是在这一时期精读的。当时的我们,还没有像现在的研究生那样,可以从导师那里获得许多甚至是来不及完成的科研项目。所以,我们有很多的时间来看书做笔记,思考一些问题,也有许多时间花在专业外语的学习上。

这虽然推迟了我们出成果的时间,但现在看来未尝不是好事,因为这使我们具有了比较扎实的专业基础和外语基础。研究生的学习,给予我最大的收获是在徐轶民、陈鹏生等诸位恩师的指导下,进一步提高了科研能力。

徐轶民教授是我国外国法制史学科的创始人之一,在该领域具有深厚的专业功底。加之,徐教授一直参与国内几部大型辞书的撰稿,因此具有很强的驾驭文字的能力,我送交他的每一篇习作,他都一丝不苟地帮我修改,包括每一个段落、字、词,乃至标点符号。经过这样严格的训练,到毕业时我的论文写作基础已经打下。对我的硕士论文,徐教授没有什么大的修改,就说明了这一点。

陈鹏生教授是我国中国法律史学科的带头人之一,是中国儒学与法律文化研究的创始人,不仅课讲得非常好,而且眼界开阔、才思敏捷,具有很强的科研能力。我在研究生期间的第一篇论文《〈唐律〉债法初探》,就是在他的推荐之下在《江海学刊》(1984年第6期)上发表的。以后的"中日法律文化比较儒学与中国传统法文化""儒家思想的现代法文化价值"以及"中西法律文化比较"等诸项课题的研究,也都得到了他的热情指导和帮助。

1984年12月,我研究生毕业,留在华东政法学院法制史教研室当了助教。从此开始了比较正规的法律史教学和科学研究活动。

2. 读研期间对老师的印象

廖:下面想请谈一谈您在华政求学期间对老师们的印象。

何:老师的话,我就说一说徐轶民、陈鹏生、王召棠和余先予几位老师吧。徐轶民老师是我的导师,我就先从徐老师说起吧。

(1)亦师亦父的徐轶民老师

廖:好的,那请您先谈谈对徐老师的印象。

何:徐轶民(1925—2007)老师是浙江常山人。常山位于金衢盆地西部、钱塘江上游,东汉建安二十三年(公元218年)就开始建县,始称定阳,后改称常山,建县至今已有1800多年的历史,现属于浙江省衢州市。生活在常山的徐老师,初中毕业于衢州中学。之后,就离开山清水秀的家乡,来到了上海这个当时远东最大的城市继续求学,先后就读于上海诚明文学院、暨南大学和复旦大学。

我第一次和徐老师见面,是在北京大学招待所。那是1981年6月3日,为了报考华政的研究生,让老师先"相相面"。6月3日晚上,和风习习,我到北大招待所见到了徐轶民老师。老师当时50多岁,中等身材,人很清瘦,肤色白皙,气质高雅,脸上有一点点皱纹,两眼特别明亮,闪烁着探究的目光,给人以洞穿一切的感觉,很威严,初见时让人感到拘束,有点害怕。接触一会后感觉徐老师其实非常和蔼,说话也比较随便,直来直去,不讲空话、套话,不讲大道理,就直奔主题。

老师问了我一些家里的情况、个人经历、学习成绩等之后,就谈了华政外国法制史专业的情况、招收研究生的要求、参考书目和考试的课程,他提了两点要求:第一,英文要考得好;第二,语文水平要扎实,今后研究需要它。当然,专业课也一定要考好。他说,现在已经有六个人与他联系了,所以让我要有竞争的思想准备。

最后,老师爽快地对我说:你就好好复习考吧,我给你开一个书单,你按照此看书复习,时间还来得及。他很认真地一笔一画写了一些书和参考资料,交给我,说:"你还有什么事吗? 没事就这样了。"我本来还想和他聊聊天,看此状况,就马上告辞了。前后加在一起不到一个小时。

我在 9 月 12 日、13 日、14 日三天,参加了华政研究生的考试。三天的考试,几乎让人虚脱。第一天上午考英语,下午考政治理论;第二天上午考古代汉语,下午考法学基础理论;第三天上午考各国宪法,下午考外国法制史。尽管我做了充分的准备,但华政的题量大得还是让人吃惊。我印象中,几乎每一门课都要在 16 开的答卷纸上写 15 页以上。不过,考完试以后,心是比较定的,因为除了外国法制史试卷中一个名词解释"黑人法典"有点猜测着回答以外,其他所有的问题全都答出来了,英语也考得很好(感觉上如此)。10 月 22 日,我接到了到华政参加面试(复试)的通知。

由于面试要考专业和英语,也有笔试和口试。故我提前了一个星期回到上海,专心复习。在此期间,我见了徐老师一面。这是我第一次上老师家。它是一幢西式洋房,就是后来华政食府(现在改造成了华政图书馆长宁校区的密闭书库)路西面的那排楼房最南面第一间(现在是北京大学出版社上海分社的用房)。徐老师住一楼,门是朝南开的,因为花园洋房的一楼要比普通房屋高出半层,所以有几层台阶。上了台阶进屋,有一个7平方米左右的小间。徐老师将这一小间改造成为一间书房,在里面看书写作。书桌之外,还有一个简陋的长沙发,可以接待三四个人谈话什么的。我们就在书房里谈了一会。徐老师没有透露任何关于面试的细节,只是询问我现住在哪里,他指定的那些参考书和资料是否都已经好好阅读,注意不要太累,太紧张,等等。

尽管见面谈话不涉及面试问题,但是见到老师心里还是很开心,并且不知什么原因,有一种踏实的感觉。我站在外面的路上,打量了这间楼房很长一段时间,当时也没有想到,以后会常常来到这里,向老师请教问题,商谈论文写作和修改等事。虽然,我已记不清进入徐老师家门有多少次,但除书房之外,里面其他的房间从来没有进去过,感觉上比较大,是我拜访过的华政老师中住房条件最好的。

30日和31日两天是面试,虽然感觉还不错,但离我的期望值还是有一定距离。自己感觉复习得很充分,但因为太紧张了,而且面试时的徐老师不苟言笑,非常严肃,看着还是有点害怕,故回答问题不是太圆满。

面试结束后,我就急着回北大,因为毕业之前的事情还是很多的。在走之前,和徐老师又见了一面。这次是在法制史教研室,东风楼二楼东侧的一间房子。徐老师还是很严肃,指出了我在面试中的一些错误,对于能否录取之事,只字未提。但凭感觉,老师是很喜欢我的,因为在谈话中,老师已经将我作为其得意门生在规划未来华政法制史的宏伟蓝图了。

回到北大,在经历了一段时间的焦虑等待之后,1982年1月5日,终于收到了姗姗来迟的华东政法学院的录取通知书。2月2日,我们来华政报到,华政第一届研究生开学。接下来,我和其他

13 位同学就进入了正常的研究生学习之中。

廖：可以给我们分享一下徐老师的课堂吗？

何：徐老师给我们开的是"外国法制史研究"的课程，从古代巴比伦的楔形文字法，到古代印度法、古代希腊和罗马法，中世纪教会法，一直到近代以后的法国民法典、德国民法典、美国联邦宪法等，讲了一个学年。中间，还让我们四位学生每人各做了一次长长的主题发言，老师最后再作一些点评。

徐老师上课非常有特色，那就是特别的认真、特别的严谨、特别的周密，资料丰富，信息量特别大。每次上课前，徐老师都会布置一批参考书，让我们去看，做读书笔记，然后到课上交流。一堂课下来，都要看上五六本乃至十多本的参考书。一个一个专题进行下去。我印象中，这一学年的课，大概有十五六个专题吧，每一次课都要经过阅读、发言、提问、讨论、点评、总结等一个个环节。由于学生人数少，故每一堂课，我们每人都有五次以上的发言机会，事前如果不看参考书，对要讨论的专题不熟悉，这堂课你就没有办法上，就会感觉很尴尬、很狼狈，当然也毫无例外地会受到老师的批评。但如果准备充分，你就会感觉非常自信，发言、提问和讨论也能非常自如，而在老师那充满表扬、欣赏的眼光之下，你会感觉到这每一堂课都是那么的精彩、那么有收获，都是一次难得的享受。

徐老师是一个非常喜欢清洁的人，不管是外出参加学术会议也好，在学校上课也好，参加教研室活动也好，以及出席其他一些非正式的场合也好，他都是穿戴整齐，身上弄得干干净净。包括他书房里放的书、杂志、讲稿、复印的资料、信件等，他都摆放得清清楚楚、整整齐齐。这一良好的习惯，使他要查找资料和文献时非常方便。有时向老师借阅一份资料，或要查找某一本书、某篇文章，他马上就能找出来,交给你。

老师爱清洁的习惯也延伸到了课堂上,他每次讲课必然带上一块湿毛巾,在黑板上写了一段板书,回到讲坛上来时,就会把手擦干净,以免粉笔碎屑弄脏了书和衣服。这一点让我们感触很深,逐步意识到大学老师就应该是这样的,对老师也就更加尊敬了。

除了上课之外,让我们更加感动、更加有收获的是,徐老师对我们论文写作的细心辅导,孜孜不倦,极其认真。当初,老师先是考入暨南大学,之后又转入复旦大学,学习非常刻苦用功,因此,其英文水平很高,古文底子也很好,华政两次解散,他也没有离开过教学和科研岗位,第一次在上海社会科学院,第二次去了复旦大学,所以外语、古文和法制史的专业知识没有丢,都非常扎实。与此同时,徐老师还长期担任上海辞书出版社编辑辞书的编委和撰稿人,改革开放后我国出版的第一批法律辞书如《法学词典》《辞海》中政法词条和《中国大百科全书·法学》,徐老师都是主要撰稿人。这些主客观的条件,造就了老师非常好的文笔。无论是撰写论文、著作,还是编写教材、讲稿,都非常精练、非常周密,遣词造句非常严谨,包括每一个标点符号,都是经过仔细斟酌才定下来的。

遇到这么一位好的老师,真是我们学生的福分。一方面是我自己的愿望,另一方面也是老师的要求,我从入学时起,就开始选择合适的题材写论文。先后完成了《论十二表法》《论希伯来法》《试论伊斯兰法形成和发展的特点》等,交给老师审阅。老师对我以及其他三位同学交给他的习作都非常重视,马上就一字一句地进行审读和修改。

我记得那是1982年的国庆节,我在节前回家时,把《论十二表法》一文给了老师,此文已经经过了余先予老师的认真修改,有

7500多字。国庆节后我回到学校，老师就把我叫去了，将修改好的论文还给了我。我一看，上面布满了密密麻麻红的颜色，是老师修改的文字。从框架结构，到段落的调整，到文字的修改，到每一个标点符号，都有老师修改的痕迹。而徐老师修改文章的最大特点，就是将你的文章梳理得清清楚楚，逻辑清晰，话语顺畅，用语极为精练。原来7500多字的文章，经过老师的修改，变成了一篇3500余字的文章，压缩文字达到了一半以上。换句话说，文章经过老师这么一改，就可以直接排版了。

在三年学习中，受到徐老师精心修改论文这种恩惠——老师为修改上述《论十二表法》这篇文章，整个国庆假日都没有休息——我已记不清有多少次了。甚至在毕业以后，许多教学方案，教材大纲，学术会议的材料，等等，仍然常常能得到老师的修改意见和建议。其他同学的情况也一样。高桐、蒋迅、任自昌（都是华政1981级研究生）的硕士论文，包括后来的傅东辉、刘小冰、周伟文等人的硕士论文，都耗费了老师大量的时间和精力。

同学们的一致体会是，经过老师这种严格的论文写作训练，大家的论文写作水平得到了明显的提高。认为老师虽然严格，要求很高，对我们写的东西如感觉差、不规范，就会狠狠地批评一通，有时会被弄得下不了台。但老师心肠好，批评管批评，改还是认认真真地帮你改，一遍、两遍、三遍……直到他感觉满意为止。

经过老师的这种严格训练，我们几个人的论文写作水平都达到了一个比较高的水准，不仅硕士论文后来都被收录进了《华东政法学院硕士研究生论文集》，我的硕士论文还在外面的杂志如《比较法研究》上公开发表了。徐老师这种对论文写作的一丝不苟、精益求精的精神，也影响到了我们以后的学术道路。我印象中，高桐、蒋迅留校工作虽然没有几年，但已经为下面几届的学弟学妹做过好几场"如何写学术论文"的讲座了。徐老师对我们的影响力有多大，就此可见一斑。

廖：徐老师真的是很认真负责的老师，对学生倾注心血。那么徐老师有带您去参加学术会议吗？

何：有呀，在我们三年研究生学习期间，最开心的事，莫过于跟随徐老师一起去参加全国外国法制史研究会第二届年会。因为会议在厦门大学召开，我们一般就称其为"厦门会议"。

作为全国外国法制史研究会的主要奠基人，徐老师对研究会怀有特殊的感情，也倾注了相当心血。从武汉会议结束一回到上海，徐老师就召集我们一起开会，传达了会议的情况，谈了要好好准备参与这次会议，并让我们第一、第二届外法史研究生也一起前去参加的想法。听了老师的这一想法，大家都非常高兴，记得那天回到宿舍后，晚上一直兴奋得无法入睡，因为厦门是一个我们向往的地方，一直没有机会去看看，这次终于有了机会，怎么不令人高兴。

在接下来的日子里，我们都为参加会议准备论文而忙碌着，因为老师明确讲了，想去厦门的前提就是必须完成一篇学术论文，有了论文，他才有理由为我们向学校争取前去参加会议的经费——因为当时，还没有一个专业的研究生出去参加过学术会议，而那一次徐老师要带我还有其他四个同学一起去！当时，我准备的论文就是《论希伯来法》。1984 年 1 月 9 日上午 10 点，我和其他同学一共五人，跟着徐老师坐快车（说是快车，当时速度也不快，上海至厦门路上用了 36 个小时）去了厦门。

由于是第一次参加年会，所以对会议经历的一切，都充满了新奇和好感，收获也特别大。当然，最大的收获是认识了一批外校的研究生和青年教师，认识了一批德高望重的法史专家，如陈盛清、李光灿、周枏、卢干东、潘汉典以及林榕年、吕世伦、胡大展、由嵘、林向荣、李昌道、徐尚清等。

和徐老师有过接触,且接触不深的人,都以为老师是一个非常严厉的人。确实,徐老师平时不苟言笑,做事认真,举止严谨。对学生要求也很高。当我们学习有所松懈时,他会直率地批评;当我们做事不认真时,他会把我们叫去,很严肃地予以指出。在课堂上,如果我们没有完成他要求我们阅读的参考书,且又讲不出理由时,他也会训我们一顿,有时甚至会让我们下不了台。

廖:这样听来,徐老师还是一位"严师"呢!

何:是的,徐老师是一位严格的老师。徐老师的专业意识特别强。他不仅要求我们好好读书,而且要读专业书,要读外国法制史的书。

老师的严格体现在他对我们写作论文的必须渐次进步上,即他要求我们每次写东西,他给我们修改后,我们能够吸取其中的得失,以便每次都有一点进步,日积月累,写作的水平不断提高。他多次对我们说:"你第一次交上来的文章问题很大,我不会生气。但是如果你对我的修改不认真仔细地看,老是犯同样的错误,我是不能容忍的。因为小到每一个用语、造句、注释乃至标点符号,大到框架、体系和段落之间的逻辑联系,我修改时都会仔细说明。但你如果不当一回事,下次交上来还是老样子,没有一点进步,那我就要生气了。"我记得有一次任自昌就是犯了这样的错误,故在课堂上被徐老师狠狠地批评了一顿。

老师对我们学生虽然很严厉,但心肠很好,非常爱护我们。尤其是当其他专业的人对我们说三道四时,他会当场予以痛击。在这一点上,说他护短也好,爱学生胜过自己子女也好,他都不在乎。就我个人而言,老师的关心一点也不亚于对他自己的子女。读研时,我因故在华东医院做了一次小手术,回到浦东家里休息了一阵。自己当时怕耽误学业,被老师责怪,故身体稍好一点就赶回学校上课。结果老师就对我说,你这样不行,必须回家去,将身体彻底养好后再来吧。

廖:徐老师对学生是在专业上严格,在生活中关心。

何:是的。徐老师对我很是照顾,在1993年4月,我接受国家公派,去日本进修学习,我原来承担的课教研室排不出人来接替,一时无人上。那年徐老师68岁,已经好长时间没有上本科生的课了。但为了让我能够准时赴日,安心在日本进修学习,老师就自告奋勇地再次出来,承担起这一较重的授课任务。

2000年夏天,老师已经75岁高龄了,加上比较严重的气管炎和哮喘,平时都待在家里休息,不再外出参加任何会议和活动。但那年在湘潭大学召开的外法史第十三届年会上,将进行新老成员的换届选举。老师就对我说,他要去,为的是站好最后一班岗,让我们新上来的会长、副会长能够心里安然一些。在湘潭会议期间,老师其实每个晚上都没有能够睡好,要靠吃两颗安眠药才能入睡,但老师什么也没说,一直坚持到会议结束。每每想到这一情景,我都要感动得无法自禁。

其实老师的严格,立意非常深远,他是希望"严师出高徒",通过严格的专业训练和外语要求,让我们都能够打下扎实的专业基础和外语基础,以便在以后的教学和科研方面走在同龄人的前面。正是基于这么一种考虑,老师对我们是"严而不僵(化)","严而不(保)守"。他非常鼓励我们在专业上、学术上有所创新,一旦看到我们在作业中有一些新的观点、新的想法,他就会用红笔将其勾出来,予以表扬和肯定。

同时,他也非常注意让我接触外界,开阔视野,1984年外法史厦门会议将我们前两届五个研究生悉数带出去参加年会,目的就是为了让我们领略其他各所大学的学术发展和成果,以开阔我们的眼界,提高我们的学术品位。

老师和其他人说话不多,但与我们学生却是非常谈得来,和我则可以说是已经达到无话不说的境界。老师的特点之一就是说话非常坦诚,说的都是大实话。我记得有一次,他和我闲聊时,我向他请教编写教材的事。当时我是这么问的:许多人都说,编写教材,就是抄书。"天下文章一大抄",老师您认为这种说法对吗?老师回答说:"你不抄别人的书,怎么写得出自己的书?"看我还没有反应过来,他又说,不抄别人的书,那你的知识从哪里来呢?娘肚子里不会带知识出来的。徐老师接着说,抄书并不丢脸,问题在于如何抄?这很有学问。我建议你,第一,抄书时必须穷尽,即在编写教材时,必须将同类型、同专业的各种教材都收集起来,然后加以比较,予以综合,将自己认为好的抄下来,编写出自己的教材。第二,不管抄谁的,一定要予以注明,注释多一点不要紧,千万不要掠人之美。第三,抄别人书时,要注意哪些是主流观点,哪些只是个别人的见解。因为编写教材,是要把已经得到大家公认的专业知识传授给学生,还要顾及学生今后可能要考北大、人大的研究生之类的。故教材和专著不一样,不能只是一家之言。第四,抄了别人的书以后,要发表一点自己的看法,要有自己的创新,哪怕一二句、一二行,也可以。

老师的这些话非常朴实,都是大白话,但非常管用,而且有着深刻的道理在其中,让我以后经常回味无穷。实际上,这些话也是老师数十年教学实践经验的总结。老师一生中主编过许多教材,早的如 1982 年出版的全国统编教材《外国法制史》,老师担任副主编,1987 年的修订本,1994 年的增补本(改名《外国法制史新编》),老师也都是副主编。之后,老师又担任了中央电视大学版《外国法制史》和红旗出版社版《外国法制史纲》的主编,他都是将自己的教学经验提炼以后,充实到教材之中。

在1986年的全国外国法制史研究会年会(上海会议)上,老师明确提出了对苏联模式的外国法制史教学体系以及我国改革开放初期的外国法制史课程体系必须进行改革,提出在编写教材和教学课程上要有创新,要理论联系实际,具体思路为外法史课程体系应该按总论和分论,或者按照国别来划分。这些改革创新的建议,在后来的外法史教材编写和教学体系中都被采纳了,从而为我国外法史学科的建设做出了重要的贡献。

还有一次,法律出版社让我主编一本《外国法制史(教学参考书)》,其中我要写一篇新中国外国法制史学科发展演变的前言,里面有一节是论述外法史研究会年会历史的,我手头资料不全,就去问徐老师要。他二话没说,就拿出了历届年会的会议简报,以及简报中有一些无法公开发表的内容,而由他自己做的记录。我一看,内容清清楚楚,什么都有。这让我非常感动和佩服。老师就跟我聊起了他对史料的看法。

徐老师说:"我们研究法制史,当看到历史上的一段日记、一封信件、一个会议记录或者一张照片时,就会感到欢欣鼓舞。但是,对历史上的这些当事人而言,他们只是做了一回有心人,多花了一些时间把发生的事情记录了下来。与此同理,我们现在参加一次学术会议,或搞一次学术活动,甚至几位同行一起吃一顿饭,等等,如果也能做一个有心人,将其记录下来,过了若干年,也是给后人提供了研究的第一手资料。史料,就是这么形成的。此点,供你参考。我已经年纪大了,你还年轻,今后出席学术会议、参加学术活动一定会很多,你可以将其记录下来,以备后用。"老师的这一番话,我非常信服、受益匪浅。

这些都是平时我和徐老师在闲聊中的一些小事,现在之所以将它们写出来,一是表明了老师的坦诚,以及对自己学生的信任;二是感到老师的观点、说法对自己的教学和研究工作很有启发;三是想说明,老师外表虽然很严肃,但内心很柔和,他对事很严,对人却是很宽容的。

徐老师人很善良,为人正直,心地坦荡,故在外国法制史学界也是朋友一大片,同行之间相处得很好。在华政,由于他学问做得好,加上人品高尚,大家也都很尊敬他,在教师中享有很高的威望。同时,老师具有强烈的是非感和正义感。看到不对的做法,他就要说,不管是教学和科研上的,还是学校管理上的,因此,有时会得罪一些人。但即使有这样的情况,也都是为了学校的公事,老师绝对不会为自己的私事去招惹别人。

1996 年,在老师 71 岁那一年,他离休了。此前一年,我也担任了华政副院长的职务。在教学、科研和行政三个领域里忙活,感觉自己的所有时间都被吸走了。这样,我和老师见面的机会也日益减少。有时,我匆匆地来回于教室、办公室和会场间的路上,遇到正在慢慢地散步的老师,我停下来和老师打个招呼,想说几句话时,老师总是说,你快走吧,你现在肩上担子重,事情多,你尽管去忙,不用顾及我。每当此时,我总是感到因没有时间更多地陪陪老师、和老师聊聊天而十分内疚。

老师却很豁达,宽容。他经常对我说:"对父母要孝,孝之大者是成就事业,光宗耀祖;对老师要敬,敬之大者是拓展师门,扬名天下。其他都是非原则的事,只要尽力了就行了。"这些话虽然带有非常浓厚的中国传统文化色彩,但是徐老师这一代知识分子真实信奉的基本的家国观。他对家里人和其他人说,何勤华现在是校领导了,事情多,我们大家不要去麻烦他。学校事大,个人事小,只要学校发展了,我们作为华政人就心里踏实了。

2007年7月,老师再次发病住院,儿子徐鸣从美国赶回上海,去医院陪护老师。老师见到徐鸣后,第一句话就是:"徐鸣,你知道吗,华政终于由学院改成大学了。"老师对学校的关切以及得知华东政法学院改名华东政法大学之后的欣慰之情,溢于言表。老师的言行,也感染了师母以及他的家人。我平时很少到老师家看望师母,但师母每次看到我都非常高兴,总是有说不完的话。临走时,还要往我口袋里塞许多好吃的,说我太瘦了,让我好好保养身体。

徐老师从1952年到华政工作,一直到2007年7月26日去世,始终牵挂着华政的进步和发展。同时,他也得到了华政师生的真诚热爱,1992年享受国务院政府特殊津贴。1996年离休后,他被授予华东政法学院功勋教授。在1999年华政复校20周年庆典上,学校举行了一个给功勋教授献花的仪式。那天,由我代表老师的弟子向老师献花,我清楚地看到,老师眼里闪着泪花,脸上浮现出开心、灿烂的笑容。

(2)才思敏捷的陈鹏生老师

廖:您和陈鹏生老师是怎么认识的呢?

何:陈鹏生老师是我们法制史教研室的中法史教师,我们读研究生的时候中国法制史课是陈老师给我们上的。由于这一因缘,我和陈老师很早就认识了,后来我们师生之间的关系日渐密切,成了莫逆之交,陈老师的许多感人事迹,一直深深地萦回在我的心际。

作为华政的首届研究生,我们入学的时间是1982年2月。当时,学校为我们配备了最优秀的师资,陈老师就是其中之一。他讲课生动,语言丰富,妙语连珠,不看讲稿,条理清楚,重点突出,板书漂亮潇洒,形体动作也很吸引人。特别是上课激情澎湃,对中国古代各种法律制度和法制人物的褒贬扬抑,准确尖锐,让我们听课的同学颇受启发,很是过瘾,每次上课感觉都是头脑风暴、满载而归。

由于陈鹏生老师上课深受学生的欢迎,加上他对研究生培养的全心倾力,他在我们同学中享有崇高的威望。1984 年,也就是我们第一届研究生毕业的那一年,学校领导班子发生变动,除了更换党委书记和院长之外,还要增补一名分管教学和科研的副院长。我们全体研究生多次上书有关组织,呼吁陈老师出任学院副院长。在全校师生的拥护下,陈鹏生老师于 1985 年春天众望所归地成为了新一届华政领导班子的成员,成为分管教学和科研的副院长。这一次的经历,又进一步密切了陈老师与我们研究生的关系。

当然,就我个人而言,与陈老师接触日益亲密,乃至成为超越师生情之上的忘年交,是有一个过程的。我和陈老师日渐熟悉,是从一次上他家探病开始的。

廖:可以请您详细说一下当时的情形吗?

何:印象中那还是 1984 年上半年的事,我从高桐、杨诚(华政1981 级研究生)等同学那里得知,陈老师患急性胃出血,住院了。这消息让我吃了一惊:陈老师身体一直非常好,他怎么就生病了呢? 我想去探望他,但不知具体地址,又怕给老师增加负担,犹豫了两天,还是下决心,即使给老师带来麻烦,也要去探望他,表达自己的尊敬和牵挂之情。但此时,陈老师已经出院,回到了家里。于是就联系了中法史的研究生胡银康(华政 1982 级研究生,和陈老师的关系很好),去陈老师家里,探望病中的老师。

陈老师住在泰兴路上一栋老式小洋房,沿着窄窄的楼梯上去,我们到了二楼,我一眼就看到,陈老师躺在床上,师母冯老师守护在他边上。看到我们,陈老师特别高兴,虽然身体很虚弱,但还是和我们说了许多话。而谈得最多的,就是如何保重身体。我问陈老师:您身体看起来很好,为什么会胃大出血呢?陈老师说,是啊,我是足球运动员,体质极好,平时身体非常棒,这次不知什么原因,可能是工作太紧张了,也可能是年龄渐渐大了。他说那天回家时,身体很不舒服,后来连一层楼梯都爬不上来,不断恶心,肚子特别痛,去医院一检查,就发现是胃大出血。这次探望陈老师,不仅加深了我和陈老师之间的了解,还进一步体会到了健康的重要和宝贵。

读研究生时,我最大的愿望就是能够参加老师的课题研究,并发表自己的或合作的科研成果。虽然,早在1980年,在北大法律系读大三时,就和老师、师兄一起合作在《法学研究》上发表了第一篇学术论文《试析买卖婚姻》,但此文主要是在李志敏老师的指导下由我们四个人合作完成的,并不是我自己一个人的作品。我自己独立完成并发表的第一篇论文,是在读研究生期间,由陈鹏生老师推荐,在《江海学刊》(1984年第6期)上发表的,论文题目就是《〈唐律〉债法初探》。

当时,我听了陈老师的中国法律史课后,先写了一篇《论中国古代法官责任制》的论文,作为课堂作业送给陈老师看,他虽然给予了肯定和赞扬,但表示此文还达不到公开发表的水平。受此鼓舞,我继续努力,在第二个学期写就了《〈唐律〉债法初探》一文,作为这门课的考试作业,交给了陈老师。陈老师拿过后看了一下标题,没有说什么。过了几天,我记得是1983年7月9日,陈老师给了反馈意见,我当天的日记是这么记的:"自从家里回到学校,同学们就和我说,陈鹏生老师让我去一次,他有事找我。我听了很兴奋,就去教研室和《法学》编辑部(陈老师当时兼任《法学》杂志编辑)找他,但连着几次都没有能碰到。昨天下午,陈老师又让人带信来,叫我去找他。结果我吃完饭拿着饭碗见到了他。他说:我的这篇考试作业文章《〈唐律〉债法初探》写得不错,让我再复写两份交给他,他有用。派什么用处,我没有问,他也没有说。文章拿回来后,我一鼓作气,至今天上午,就复写好了。因为要回家(当时家在浦东,回家单程需要四个多小时),故交给胡韵琴老师,让她转给陈老师。"

又过了几个月,大概在 1983 年底的时候,有一次陈老师看到我,就非常高兴地对我说:你的文章我推荐给了江苏南京的《江海学刊》,编辑部决定在明年(1984 年)第 5 期(后推迟到第 6 期)刊用,你知道一下,不要再和其他刊物联系了。我连连说感谢老师。陈老师客气地说:没事,下次有好的文章再帮你推荐。陈老师提携后学的精神溢于言表。我事后知道,我们这一届杨诚同学的一篇文章,也经过陈老师的推荐,在《江海学刊》上登出来了。

《〈唐律〉债法初探》经陈老师推荐发表了,除了高兴以外,我感觉上也有一些失落:我这个外国法制史专业的学生,能够发表出来的却都是中国法制史方面的成果,而不是外法史的。当时有一个感觉就是,法制史论文比部门法的难发表,而外国法制史的论文比中国法制史的更难发表。因为此前我也写了几篇外国法制史的专业论文,如《论十二表法》《论希伯来法》和《试论伊斯兰法形成和发展的特点》等,徐轶民老师也都帮我仔细修改过,认为已经够上公开发表的水平,但投出去都被退了回来。

在研究外国法制史的同时,发表中国法制史的论文,这一点(即中外法史两栖作战)对我以后的学术成长道路有很大的影响,我后来在《中国社会科学》《法学研究》和《中国法学》等权威刊物上发表的论文,大部分都是研究中国法律史的,这和陈老师当初推荐我发表中法史的文章是很有关系的。但不管是中国法律史还是外国法律史,我的论文写作是在陈鹏生、徐轶民和余先予等老师的帮助下,才慢慢达到了能够公开发表的水平,并进入了一个比较顺手的境界。

陈鹏生老师担任华政副院长后,研究生教育工作也属于他分管。到我们1984年底毕业留校时,研究生科的领导班子也发生了重大变化。老科长胡韵琴老师到龄退下来,由部队转业来的张龙冠老师接替。同时,胡老师不担任书记后,党支部还需要一位书记。胡老师就向陈鹏生老师推荐,让我担任此职。

廖:党支部书记是个很重要的职务呢!您听到这个消息,是什么样的感觉呢?

何:听到这个消息我十分犹豫,担任党支部书记职务吧,要耽误许多时间,自己的业务发展肯定会有影响;而且暂时也不能去日本进修法制史了,必须在国内待上几年时间。拒绝这一任命吧,一则违拗了胡老师,等于不给她面子,她平时对我又那么好;二则也是失去了一个接受组织教育、考察的机会。

正在我犹豫不决之时,1986年3月22日上午,陈老师托人将我叫了去,做我的思想工作。他希望我担任这一职务,说留在教研室教书的同时,兼一点行政或党务工作可以锻炼人,对个人的成长有好处。他鼓励我在党务和教学科研两个方面都不要放松,都要做得很优秀,都要争取拔尖。陈老师的谈话,给我以很大的信心。我当场表示,接受组织上的这一任命,一定把工作做好。

没过几天,党委的正式任命就下来了,我担任了研究生科直属党支部书记。现在回忆起来,我走上这一条"双肩挑"的道路,陈老师是我的引路人之一。

廖:原来如此,想不到陈鹏生老师还是您走上"双肩挑"道路的引路人呢,那么陈老师在科研方面对您有什么帮助呢?

何:陈鹏生老师不仅通过他上的课程,指导我们搞科研,而且还鼓励我们将硕士论文修订后,汇集出版,从而为我们出版成果提供一个平台。当时,陈鹏生老师把我们几位已经留校的研究生召集起来开会,提出了将我们这三届研究生的论文汇集起来出一本论文集的设想。那时候出版书和发表论文都十分困难,所以陈老师的建议极大地鼓舞了我们,大家就推了两个人负责这件事,一个是我,代表第一届、第二届研究生,另一位是曹建明,他代表第三届。

由于各位研究生积极性非常高,很快就将自己的论文修改好交了上来,统一由陈老师负责审定。当论文集出版时,我们希望由陈老师出任主编,陈老师很谦虚,说这是华政研究生的第一本论文集,今后还会出第二本、第三本,这第一本论文集的主编应该由德高望重的史焕章院长担任。

这样,1988年由上海社会科学院出版社出版的《华东政法学院法学硕士论文集》由史焕章主编,曹建明、何勤华副主编。非常可惜的是,由于种种原因,第一本论文集出版后,第二本、第三本论文集就没有能够再编写出来。但陈老师在这件事上对我们研究生的指点、引导和帮助,则在我们心里留下了美好的回忆。

廖:陈老师真是一位值得尊敬的师长。我了解到,"中国儒学与法律文化研究会"是您协助陈老师成立的,您可以跟我们分享一下这个经历吗?

何:那是我去日本进修回国后的事情。回国后,我和陈老师有过几次深谈,陈老师告诉我,他现在终于可以从繁忙的行政事务中脱身出来,做一些自己一直想做的事了。他说,现在最想做的事,就是成立"中国儒学与法律文化研究会",希望我能够协助他完成这个夙愿。

在接下来的日子里,陈老师就指导我做了一些研究会成立所必须做的事,如和日本法律思维株式会社(东京 LEC)进行联络,探讨学术交流之事。而他自己,则亲自与我国台湾地区的弘儒学会、孔孟学会、老庄学会,日本日中经济文化交流发展基金会,以及我国香港的孔教学院、南怀瑾国际文教基金会等进行接触,商量合作的具体措施。经过一年多时间的筹备工作,经民政部门批准,"中国儒学与法律文化研究会"得以成立,陈老师出任研究会会长,他让我担任秘书长,做一些具体的事务。

1991 年 4 月 25 日,陈老师和我以及当时负责会务的刘忠霖等,专门讨论了研究会的成立大会暨第一届年会的事,决定会议于 1991 年 6 月底在无锡召开,规模在 70 人左右,我国台湾地区的弘儒学会、孔孟学会、老庄学会等都派代表前来参加。

6 月 26 日,年会正式在无锡华东疗养院召开,日本日中经济文化交流发展基金会提供了会议经费,该会会长三浦一志先生还专程前来参加了会议,日本法律史学者鹿儿岛大学教授石川英昭、日本行政研究所所长青山登志郎,淡江大学教授、老庄学会会长杨汝舟,辅仁大学教授王宇清,以及学界 30 多所高校的法律史和儒学学者如张国华、刘新、杨鹤皋、李贵连、俞荣根、武树臣、刘作翔、杜钢建、马小红等,都参加了这次会议。

对于学术研讨会,不管是国际性的,还是国内的,陈老师有一个观点,就是要么不开,开则一定要开得像样、体面,要有规格、有成果,要给前来与会的代表创造吃得好、休息得好、旅游得开心的条件,同时,更重要的是要创造一个开展学术对话、学术争鸣的平等、宽松、和谐环境,并且每次年会必定要出论文集,要使会议讨论的成果得以保存下来,有一个学术传承。

在陈老师的这一理念指导下,我们"中国儒学与法律文化研究会"每一次年会(如 1991 年无锡会议、1993 年南京会议、1995 年黄山会议、1997 年开封会议等)都开得非常成功,非常有档次、有规格,但又非常平等和宽松,前来与会的年轻人都感到可以畅所欲言,慢慢地在陈老师周围形成了一个学术共同体。

廖:陈老师真是有目标就放手去追求的人,"中国儒学与法律文化研究会"的成立对学术的发展是有很大意义的。

何:是的!陈鹏生老师多才多艺,不仅著书立说勤奋刻苦,学术成果丰硕;而且善于演讲,口才极佳,课讲得好,发言有激情,说话有逻辑、有思路、有吸引力;此外还特别擅长与别人交往,以诚待人,以心交人。因此,不仅国内的法律史学界的专家学者都和陈老师关系很好,许多都是挚友,而且和我国台湾地区的弘儒学会、孔孟学会、老庄学会的一些老先生也是关系密切,感情很好。最为神奇的是,陈老师并不懂得日语,但有一批关系极好的日本朋友,日本神户学院大学校长仓田先生就是其中之一。

1991 年 10 月,陈老师应仓田校长的邀请,赴日本神户学院大学法学院做一年的客座教授,为该法学院讲授东方法制史和法律思想史,在此过程中,他又以中国儒学与法律文化研究会会长的身份,课余往返于神户和东京之间,与日本政治、经济和文化各界人士广泛交往。促成了日本日中经济文化交流发展基金会的成立,进一步扩大华政与日本学术界特别是神户学院大学之间的合作。

1992 年 9 月 20 日,就在陈老师一年访问期满即将回国之际,他又促成了神户学院大学和华东政法学院之间的实质性合作。史焕章院长接受仓田校长的邀请,赴日本缔结合作协议。当时,陈老师为了能让我也去一趟日本神户,故在邀请信中明确指明让我担任此次史院长访问日本神户学院大学签署协议的翻译,陪同史院长一起出访(同行的还有杜志淳老师,他当时虽然已是校党委副书记,但因为兼了经济法系的党总支书记,故以经济法系的教授身份出行)。

我们一行三人到了日本后,陈老师看到我们非常高兴,他说服了仓田校长全程陪同我们。在商谈完合作协议签完字后,陈老师又和仓田校长陪我们去了日本最著名的名胜古迹,如有着非常漂亮的建筑的姬路市、大阪,以及日本历史文化胜地奈良、天皇的居住地京都等参观游览。当时,华政的青年教师朱芒正在京都大学法学部读博士,故也一路随行。我感觉到,我们在日本的那几天,陈老师特别的开心。

这次访问,使我校和神户学院大学的合作有了一个良好的开端,之后,我们两校的愉快合作持续了许多年,我们还派出了若干名青年教师到神户学院大学做进修生和访问学者,仓田校长也多次来华政和上海访问,并举办了数次日本民商法的讲座(仓田校长的专业是民商法)。而陈老师,正是促成我们两校友好合作的使者。

廖:陈老师对外交流的能力真的很强,难怪这么受学生爱戴了。

何:陈鹏生老师之所以受到学生的拥戴和热爱,除了他具有上述各项优秀品质之外,还在于他数十年始终如一地对年轻人的培养和提携。无论他是一个普通老师,还是在任副院长之后,抑或退休后忙于社会事务之时,他对年轻人的关照和提携始终如一。

我记得,在我们读研究生时,我们这一届的同学高桐、杨诚、蒋迅等,都是在陈老师的帮助下,出国的出国,读学位的读学位,发论文的发论文。接下去的几届研究生,如我们的老校长曹建明;原任华政副校长,后任上海市委宣传部副部长、金山区区长、香港特别行政区党工委常委与宣传部长的郝铁川;曾任闵行区委书记、贵州省高院院长的孙潮等人,都曾得到陈老师的鼎力相助。此外,华政教授、博导徐士英,《法学》原常务副主编、后任上海证券公司董事长的郁忠民,以及曾任全国政协委员、段和段律师事务所主任的段祺华等等,他们的进步成长也都离不开陈老师的提携。

尤其让我感动的是,1992 年,我和郝铁川等合编了《中西方法律文化通论》一书,出版资助经费有点困难,陈老师就从"中国儒学与法律文化研究会"的活动经费中拿出 3000 元给了出版社,使该书得以顺利出版。一方面,在当时,3000 元不是一个小数。另一方面,"中国儒学与法律文化研究会"完全是一个民间学会,政府没有一分钱的补贴,都是靠陈老师到处化缘、募捐获得的一点经费开展活动。当然,在我个人的成长过程中,陈老师所给予的其他诸多培养和提携更是无法一一道明了。

华政的校训是"笃行致知,明德崇法"。意思是说人应该沉于思考,勤于实践,彰显善德,崇仰法治。华政以此为校训,就是希望为社会、为国家培养这样一种高品位的法律人才。而要培养好学生,我们老师必须首先做到这一点,至少应积极往这一方向努力。陈老师他确实是以一己之力,践行着"笃行致知,明德崇法"的华政校训,勤于教书育人,勇于提携学生,从而为我们树立了一个追求完美人生之最高境界的楷模。

(3)淡泊明志的王召棠老师

廖:接下来想请您讲一下王召棠老师。您和王召棠老师是怎么认识的呢?

何:王召棠老师是我国著名的法律史学家,也是新中国法律史学科的奠基人和创建者之一。尤其是华东政法大学法律史学科六七十年的发展历史，与王召棠老师的名字是分不开的。王召棠老师是浙江东阳人。而东阳一地，山清水秀，充满了灵气，多出才子。自古以来人文荟萃，英才辈出，孕育了一大批仁人志士，如北伐名将金佛庄、新闻先驱邵飘萍、科学泰斗严济慈、植物学家蔡希陶等。王老师成长在这一地区，自小就受到了浓厚的文化氛围的熏陶，1947年21岁时就考入了安徽大学法学院读书，当时的法学院院长，就是民国时期著名的法律史学家陈顾远（1895—1981）。

王老师在中国人民大学读研究生毕业后留校任教，1954年调到华政任教时，都是以外国法为自己的专业（主要讲授"法国政府"的课程），1972年华政撤销合并到复旦以后，也是以讲授"法国政治"为主业，还担任复旦大学西欧研究室副主任。但1979年华政复校后，王老师则一直从事着中国法制史的教学和研究，要不是王老师聊天时和我们说起上述这些事，我都一直以为王老师是科班出身的中国法制史老师。

由于我是外法史专业的研究生，王老师没有做过我的指导老师，也没有直接给我上过课，但我和王老师认识却很早，这个机缘，就是我报考研究生时和王老师的两次谈话。

那是1981年11月24日下午，经过华政原国际法系老师孙进丰的引见，我第一次拜访了王召棠老师。王老师的家在华政老校区东风楼的后边，一座老式的连排花园洋房里面。我去王老师家主要是讨教研究生面试（复试）应对的方法，以及了解华政招考研究生的政策。当时，我已经通过了笔试，这次赶回上海就是要参加一周以后进行的面试。虽然在事前我已经见过徐轶民老师，但王老师是教研室主任，故我想他掌握的考研政策会更加全面一些。

王老师话不多，但非常实在，说的每一句话，都是一层很明白的意思。虽然他不参加外法史的面试,也不知道外法史具体考哪些问题,但他还是关照我好好复习华政的外法史教材,特别是要好好复习英语,因为华政的外语教研室在陈忠诚老师的主政下,对考生特别严格。见过王老师之后,虽然对面试的问题并不清楚,但自信心增加了不少。

11 月 31 日,面试结束后,我第二次拜访了王老师,这次是去教研室。当时好像是在东风楼的东侧,是二楼,现在国际法学院老师办公的地方。我一是询问面试的情况,二是向他道别,因为我马上要回北大。这一次王老师同样很热情地接待了我,他说他主要负责考中法史的学生,但听外法史的老师透露,我的专业面试成绩很高。外语面试的口语表述一般,但复试中的外语笔试成绩也很好,平均下来估计问题不大。总体而言,教研室的老师们很看好我,录取应该没有问题,等通知吧,回北京后安心处理毕业事务就可以了。

王老师的这一席话,很朴实,很暖人,给我很大的信心,如今回忆起当时的情景,仍历历在目。后来事情的发展,果然如王老师所言,我以高分考入了华政,就读第一届研究生。

廖:王老师既然没有给外法史的同学上课,有什么事让您印象深刻吗?

何:王老师虽然没有直接给我们外法史的研究生授课,但他作为教研室主任,对我们的学业也很关心。我记得那是 1983 年 4 月 9 日,教研室开会,专门讨论我和其他两位同学写的三篇论文,王老师谈了两点很重要的观点,对我非常有启发:第一,写论文必须注意资料的积累,不能讲空话、套话,一定要有的放矢,用史料说话;第二,写论文一定不能重复别人已经写过的、论述过的东西,一定要在别人研究的基础上有自己的创新。

王老师不仅这样要求学生,他自己就是这么做的,并一直坚持到生命的终点。我记得那是1982年,王老师和陈鹏生老师合作在《法学》(1982年第2期)上发表了"社会主义中国法系初探"一文,观点鲜明地提出"法系"不应是资产阶级法学的专用语,而应是整个法学领域中应该着重研究的一个课题。强调我国的社会主义法系,既不是英美法系,也不是大陆法系,而是从井冈山建立革命政权开始,根据中国革命的实践独创的社会主义法系。此文由于观点新颖,内涵丰富,功力深厚,故一发表就轰动了我国学术界,影响还波及了日本,许多日本学者到中国来访时,还专门提出要拜访王老师,交流对此问题的看法。同时,王老师还花费了大量时间和精力,专注于《唐律疏议》的点校、注释和翻译工作。此外,王老师对魏晋南北朝时期的律学研究,也做出了很大贡献。

正是因为王老师教学、科研、人品都好,后来华政成立法律系时,王老师众望所归地出任了法律系主任。之后,王老师又担任了华政的工会主席,其为人做事的品格都受到了大家的充分肯定。

光阴似箭,一转眼王老师满70岁了。他反复表示,自己应该退了,不能再干了。1996年12月11日中午,我们教研室聚餐,欢送王召棠、徐轶民两位老师光荣退、离休(徐老师离休)。那天场面很热闹,教研室的人几乎都到了,有陈鹏生老师、王立民、徐永康、丁凌华、赵元信、殷啸虎、周伟文、李秀清等,法律系的党总支书记刘正浩也参加了。大家谈得非常开心。我记得平时话不多的王召棠老师,那天也很兴奋,说了许多话。大体意思是法律史的教学和科研都要有改革,体系上也要改,内容上也要改。法律史的教学和科研一定要有创新。而这些工作,我们年龄大了,已经退休了,无法完成了,就要靠在座的你们这些年轻人了。他特别指着王立民、我、徐永康、李秀清,再次强调说,就靠你们了。

1999 年 9 月 18 日,华政举行了复校 20 周年庆典,王召棠老师和徐轶民老师双双获得了"华政功勋教授"的荣誉称号。庆典上,我记得是由王立民向王老师献花的。那天,王老师也是非常兴奋和开心。之后,我也到王老师家里去看望过他几次。但由于平时杂事、琐事缠身,以及后来每年春节,对老领导、功勋教授我们都搞团拜会,大家聚在一起吃顿饭,拜个早年,不再一个一个单独家访,故我就很少去王老师家里了。

王老师退休后,我虽然和王老师见面不多,但心是相连的。王老师最可贵的品质:厚道、朴实、善良,淡泊名利,甘当人梯,都深深地影响着我。他培养的学生,如王立民、殷啸虎、徐永康、程维荣、姜永琳、胡银康、杨心明、蒋集耀、李本森、金敏、顾俊杰等,目前都已经是我国法律教育和法学研究第一线的中青年骨干了。

2008 年开始,我组织一批研究生,陆续采访了我国各位著名的法学家,访谈录于 2010 年初由北京大学出版社出版,王老师是第一批接受采访的法学家,其访谈收录在该书第一卷之中。王老师在访谈最后,说了一段很动情的话:"我觉得,作为一门学科,无论中外法制史都是很重要的学科,所谓法制史这门学科的存与废,那是无稽之谈。问题是我们现在的中国或外国法制史研究的目的性和内容、体系的组织都存在不少问题,这不是一两个专家所能解决的,应该有计划地专题讨论,尽快解决。"王老师对自己所从事的学科——法制史的钟情和执着,尽显于此矣。

（4）才气昂扬的余先予

廖:那么余先予老师呢? 你们的认识是怎样一个契机?

何:考上研究生以后,我结识了在华政任教的余先予老师,因为都是北大毕业的,故共同语言比较多,余老师就让我参与他的一些科研项目。但余老师的专业是国际私法,平时喜欢的也是法理,所以他的项目和外国法制史离得很远。当与余老师合作写第一本书《大众法学常识》时,我悄悄地问余老师,要不要和徐轶民老师说一声。余老师对徐老师也很熟悉,说你先不要对他说,说了徐老师肯定反对,会说你不务正业。不如你先写起来,徐老师人是严格的,但心肠很好,看到你最后写出来了,他也就不会再责怪你了。

虽然没有向徐老师汇报,但老师最后还是知道了。他就把我叫了去,对我说,你和余老师一起写书,此事我不反对,只要你不耽误正常的学习就行。只是你写这种书没有多大意思,对自己帮助提高不大,现在是出版了一本书,但过了若干年后,你回过头来审视时,就会感觉到付出这么多时间其实是不合算的。当时,我们年轻人也是急于想出名,所以老师的话一时也听不进。同时,写作此书,对自己写作水平的提高也确实有帮助。但这本书耗费了我三年研究生的大部分时间。在过去了 20 多年后的今天再来看,虽然得失肯定都有,但老师所说的话无疑是更有道理的。

余先予老师曾指导我写过多篇习作,除《大众法学常识》外,还合作出版了《东京审判》《家庭法律大全》,也曾帮我向杂志推荐过数篇论文,但没有成功。或许是因为我给他的都是外国法制史专业的。如上述《论十二表法》一文,就是经徐轶民老师修改,余先予老师推荐给了《法学》,但在编辑部被压了两年,始终没有能够发表。因是手工抄写,后来连稿子也找不到了。

(五)留学日本

何勤华 1984 年底毕业留校,担任法律史专业教师。1985 年和 1987 年被选派去上海外国语大学和大连外国语大学的日语系接受了日语强化学习。1988 年 4 月至 1989 年 4 月,1993 年 5 月至 1994 年 11 月作为国家公派留学生和访问学者,赴日本东京大学法学部进修日本法制史。

1. 第一次留学日本

廖:您先后两次赴日本东京大学进修,这一经历对您来说,应该具有很重要的意义吧。

何:确实如此。从 1981 年考入华东政法学院读研究生起,我就知道在国外对法制史研究最发达的是日本,所以研究生期间,我选择了日语作为第二外语。1985 年至 1986 年,我在上海外国语大学日语系强化学习了一年。1986 年通过国家日语考试,又于 1987 年作为国家教委公派出国人员在大连外国语学院日语系进修了半年日语。1988 年,我被派送到东京大学法学部进修。

廖:作为您的第一次出国经历,行程中有什么感受呢?

何:行程中主要是对派出人员与其所属单位的依存关系也有一番新的理解。一上飞机,前后左右的同行们就开始互道姓名及派出单位,有北大的、清华的、复旦的、交大的,声名显赫,令人羡慕。当我说是华东政法学院派出的时,周围的人都眨着眼睛,说尚未听说过此校。有的人问我华政是在南京还是苏州,也有的颇有体会地劝我说:你以前既然是北大毕业的,到日本后不妨就说是北大派出的,这样,日本人就会另眼相看。真令我无言以对。也正是从这一天起,我暗下决心,要用实际行动,表明中国还有一个华东政法学院,华政派出的人素质绝不比名牌大学差。

廖:那么为此您做出了什么实际行动呢?

何:那年上海发生震撼中外的"三·二四"铁路行车事故,日本高知市修学旅行团师生 28 人因此死亡,多人负伤。事故发生后,承运责任方上海铁路局就损害赔偿问题与日方代表团进行了谈判。首次交涉恰好在我居住的日中友好协会会馆举行。中方代表团提交给日方的作为谈判依据的7份法律文件的翻译工作也由居住在会馆的访问学者、进修生承担。我虽未直接参加翻译工作,但作为法律咨询人员也有幸看到了这些文件。

当我一拿到这些文件时便吃了一惊。因为7份文件中有2份上面没有颁布时间、单位;有1份是"文革"时代的,上面充满了"革命委员会"字样;还有1份满纸尽是错字、别字与漏字漏句。这样的文件怎么拿得出手!我立即通过翻译人员向会馆领导及大使馆提出,建议收回其中特别糟糕的2份,并补充、核准了另外2份的错别字和漏字漏句,说明某些关键词的日文含义。

这些,都得到了有关领导的肯定和支持。谈判结束后,他对我说,想不到华东政法学院派出的老师不仅有政治头脑,而且有扎实的法律专业知识,这次真是帮了我们的忙。

廖:可以看出何老师的法学功底很是深厚啊,也为华政争了面子!那么之后还发生了什么事情吗?

何:1986年,在日本的中国文科留学生组织了"中国社会科学研究会",定期举行专题报告会、讲演讨论会,出席者有中国留学生、进修生和访问学者,也有美国、日本、韩国等有关人士。由于研究会成立以后尚未举行过法学方面的报告会,故我应邀于1989年2月为研究会作了一次题为"当前中国法学新思潮述评"的讲演①,与会者就此题进行了热烈的讨论。会后,组织者满意地说这次讲演讨论会很成功,你们华政看来很有实力,也很有希望。她表

---

① 全文已被收进研究会编《东瀛求索》第3期,1990年1月由北京商务印书馆公开出版。

示,她以及她的几位在念博士的朋友今后回国时可能想来华政工作。

这些生活小事使我体会到,在外面要想得到别人的尊重,有一个响当当的派出单位固然很好,但更重要的是靠我们自己认真老实的学习态度、广博扎实的专业知识、谦虚诚恳的待人品质。同时,无论我们到哪里,都应记住自己是华政的人,我们做了错事,除自己倒霉外,还会连累到华政的声誉。反之,我们工作得出色一点,就不仅会得到别人的尊重,也会给学校争光。

那时候,我在华政学习工作已有7年多时间,我对它产生了很深的感情。虽然我很清楚,华政目前与北大、人大、武大、西南等法律院系相比还有一定差距,但其发展还是很有希望的,这种希望寓于我们每个青年教师的努力之中。只要我们团结一致,华政可以建设成为一所有特色、有实力、有名望的法科大学。那时,我们出去时就可以更加自豪地说:"我是华政派出的。"

廖:何老师也是很有华政情怀了,您做了那么多事情,一定能打响华政的名声!那么我们回到您的留学生活,去日本之后的学习又是怎样的呢?

何:到了日本,在石井紫郎教授的指导下,我系统地听取了《日本民法》《日本法律思想史》《日本行政学史》等课程。同时,在国外,文科的留学生、进修人员和访问学者,除听课、参加学术讨论会之外,不必每天去学校。

日本各大学中的资料储备也非常丰富,而且管理很人性化,非常便于利用。东京大学法学部的图书都是开架的,教师、研究生、留学生、进修学者都可以自主查找,填写好卡片后,将书带回研究室,整个过程没人监督,完全依赖学者和学生的自觉自律。

我为了抓紧这有限的时间多学一点,除听课、参加各种学术活动外,还天天去学校图书馆、阅览室,有计划地查阅资料、记笔记、做卡片,阅读了许多经典的法制史文献。半年以后,东京大学法学部的老师、办公人员等就开始对我另眼相看,愈益热情。就这样,我把东大法学部上千种杂志、几十万册藏书中与法学相关的文献几乎全部梳理了一遍,与我研究课题有关的,都复印了下来。回国时,我花了不少钱把复印的资料用船托运回来。

法学部对我的表现很满意。他们说,如果你们华东政法学院的学生和教师都像你这样用功和老实,我们将非常乐意接受他们来我校留学、进修。进修快结束时,石井先生问我愿不愿意考他的研究生。虽然在日本念博士是一个非常好的机会,但由于东京大学不承认国内的硕士学位,即我必须再从硕士念起,到博士毕业至少再花五年时间。加上当时自己家里的一些原因,所以我向石井先生表示了马上回国的想法。对于当时的这一选择,我至今没有什么后悔和遗憾。

一年进修结束,法学部授予我一张结业证书。我看上面的编号为"1",说明在赴东京大学法学部进修的留学生中,我是第一个拿到这种进修证书的人。这种证书虽然比不上那种毕业证书和学位证书,但也是对我这一年学习进修的肯定,所以我对它也是非常珍惜的。

廖:何老师真的很用功了,是我们学习的榜样!那么在进修期间,您有什么比较深刻的体会吗?

何:在日本进修期间,我学到了日本学者做学问的精神。我所接触的日本法制史学界的学者,如东京大学法学部的滋贺秀三、石井紫郎、和仁阳、高见泽磨等教授,明治大学法学部的冈野诚教授,鹿儿岛大学法文学部的石川英昭教授等,都是非常刻苦勤奋的。可以说,他们将一生都献给了自己的研究事业。

在出国以前,我常常以为自己在同龄人中间是相当刻苦勤奋的。出国一看才知道,与日本学者相比,自己还差了一大截。日本的大学,研究条件比国内的要好,一般讲师以上①都有一间单独的研究室,里面放满了书。教师不在家里搞研究、备课,所有写作都在研究室里进行。所以他们也像一般的上班族一样,早上从家里赶到学校,晚上从学校赶回家里,当然在时间上没有一般的上班族那么严格。

令我感动的是,东京大学法学部的许多老师,每天上午 10 点到研究室后,中饭和晚饭就在学校吃,一直工作到晚上 10 点左右才回家,星期六和星期天、其他节假日甚至大年三十晚上也是如此。当 1988 年岁末晚上 10 点,我整理书本资料准备回后乐寮②,看到许多教授研究室的灯光还亮着时,我就明白为什么有些日本教授的成果是如此之多,有些研究搞得是如此之深。至今回想起当时的情景,我就告诫自己:不能松懈,搞学术研究是要全身心投入的。

另外就是知道了更多做学问的方法。应当承认,1949 年新中国成立以后,中国的法制史研究,基本上是宏观的,是定性而不是定量的,也就是说,缺少微观的、个案的、考证性的研究。这种研究的缺点是出版的教材和专著往往大而广之,笼而统之,至于具体到某个问题,则谈不深,说不透。而日本学者的研究方法,刚好与我们相反。他们选择的题目一般都不大,但挖掘得比较深。比如仁井田陞和牧野巽合作的《故唐律疏议制作年代考》(载《东方学报》1931 年第一、二册),仅仅为了考证《唐律疏议》的制作年代,就花了十几万字的篇幅。平井宜雄的《损害赔偿法的理论》(东京大学

---

① 有些大学如东京大学等没有讲师,教师的起点是副教授。
② 当时我住在后乐寮,即日中友好会馆。

出版会 1971 年版)一书 30 余万字的篇幅,探讨的也仅仅是日本民法典第 416 条这一条所涉及的损害赔偿问题。

这种研究方法,对我的影响很大,我后来的有些论文,如《汉语"法学"一词的起源及其流变》等,也是采用这一方法。当然,我运用这种方法时,有了一些自己的创造,即将其与宏观研究的方法结合了起来。我认为,只有做到既有面又有点,才能在此基础上构造一幅点与面相映生辉的绚丽画卷。

再有,我收集了大量的资料。研究社会科学,前提是必须掌握资料。能够去东京大学进修,对我收集资料来说,是一个最好的机遇。因为,东京大学的藏书在全日本是最为丰富的。

一般而言,东京大学所藏的资料对教师、学生和进修生全部开放。所以,只要东京大学有的,我都可以借到。关于资料的保存,在东京大学分为两类,一是由大学综合图书馆保存,二是保管在各个学部研究所内,但在综合图书馆查找卡片时都能找到。综合图书馆的借阅方式,与国内图书馆的一样;而法学部的借阅方式,则和国内有巨大区别,即所有藏书都是开架的,教师、研究生和进修生(包括留学生)都可以自己进去查找,找到后将书带出来,然后自己填写卡片,写好后将卡片放入出纳台的抽屉里,把书带回自己的研究室。整个过程没有人监督你,图书馆的工作人员都在忙着干自己的活:新书的采编、分类、上架等。换言之,整个借书的过程,全凭你的自觉性。还书也是一样,你将书放在图书馆出纳台角落里一个指定放置"归还之书"的书架上就可以了,没有人来监督你。

这种管理方式,对于不怀好意、试图窃书的人来说,是一个非常好的机会。但是在东京大学法学部一百多年的历史上,大概还没有发生过偷书的现象,否则,他们肯定会采取防盗的措施,不会让你们自由拿取了。尤其是有些书是非常珍贵的孤本,在法学部也都可以自由借取。这从一个侧面反映了法学部教师和学生的素质。

由于只有一年的进修时间,靠传统的卡片式、笔记式抄录,是无法收集多少资料的。必须利用最先进的方法,即复印机复印的方法。当然,一些线装书仍然要靠人工抄写。好在图书馆和法学部研究室到处都有复印机,所以我是一边查,一边复,一个一个书架地进行。东京大学法学部上千种杂志(从创刊号开始)、几十万册藏书几乎都被我梳理了一遍,凡是与我进修课题相关者我都把它们复印了下来。

进修生按规定一年只能免费复印 400 张,超出部分自己负担,每张纸 10 个日元,而我则超过了此数几十倍。回国时,虽然由于石井教授的帮助,法学部免掉了我一部分费用,但仍不得不支付了一笔昂贵的复印费。这些复印的资料,回国时没有办法带,所以全部用船托运。在我后来的研究中,它们发挥了重要作用。至今,我对它们的利用,还只能说是冰山一角。

2. 第二次留学日本

廖:接下来想请您谈一谈第二次去日本留学的经历。

何:1993 年 4 月,以申报课题的方式,我第二次获准赴日本做国家教委公派访问学者,单位仍是东京大学法学部,合作教授仍是石井紫郎,只是这一次他刚从法学部长任上下来,担任了东京大学的副校长,所以比以前更加忙碌。尽管如此,他对我的事情仍是非常关心,从专业学习到日常生活。

由于第一次进修结束回国(1989 年 4 月)后,我对国内各大图书馆的藏书情况作了进一步的调查,所以更加清楚了哪些书国内是有的,哪些书国内还没有。这样,我收集资料时更加有的放矢。同时,我法学史系列研究的第一卷《当代日本法学》此时已经出版,所以我主要是为第二卷《西方法学史》(当时已有了讲义稿)和第三卷《中国法学史》以及构思中的其他几卷法学史系列收集资料,目标非常明确,所以效率也比较高。

第二次赴日,我在日本停留了一年半。在这一年半的时间中,除了上述进一步收集资料外,我还与周桂秋小姐一起翻译了庆应大学法学部教授、日本著名民事诉讼法专家石川明教授的《破产法》一书(1995年上海社会科学院出版社出版,改名《日本破产法》)。周小姐当时尚在神奈川大学法学部念本科(第二年便考上了横滨国立大学国际经济法专业的硕士研究生,现在日立公司本部就职),是一位品学兼优的高才生。我们合作得非常顺利和愉快。同时,经过李宁先生的介绍,与日本东京法思株式会社进行了些合作,帮助他们编写、翻译一些函授用的教材。

两次进修访问的经历,对我在学术上的成长起了极为重要的作用。我深切地体会到,在国际交往如此频繁、广泛的今天,搞科学研究的人,如果不到国外去进修学习一段时间,不收集国外最新的资料,不与国外同行进行交流、切磋,是无法使自己的研究成果达到一个比较高的水准的。

在这里,我认为主要有两个问题需要注意,一是国家应当加大资助教学和科研工作者出国的力度,放宽出国学习进修访问的条件,这点本钱花下去,从长远角度看,绝对是一本万利的事业。二是已经获得出国机会的同志,一定要珍惜在国外短暂的时间,利用它做对自己的研究最重要的事情。比如,其他事情,在国内也是可以办到的,但收集复印资料尤其是当地国家特有的资料,回国后是再也没有机会办到了。因此,我认为对出国进修、访问的同志来说收集资料是第一位的任务。当然,在时间和精力允许的情况下,广交一些国外朋友,也是一个重要工作。

　　总之,两次留学日本的经历对我的影响很大,我收集了许多国内没有的法制史资料,我撰写《西方法学史》《中国法学史》这两本书,相当部分的资料都是在日本收集的;我也学到了日本学者做学问的态度和方法:严谨、刻苦、不浮夸、不急躁、踏踏实实、一步一个脚印地前进。

二、外国法制史的学术世界

何勤华是一名严格而又和善的修行者,他常常说,法学是一门古老而又博大精深的学问,需要一大批学者为此献身。他是一位淡泊宁静之人,坐得"冷板凳",守住"象牙塔",远离尘世喧嚣,在历史的尘埃中寻找思想的光芒,也擦拭自己的心灵。

(一)丰硕的学术成果

1. 从事的研究领域

何勤华在学术领域的研究集中在外国法制史、法学史、法律文化史以及国际战犯审判研究等几个方面,其理论贡献之大,令人赞叹不已!

(1)外国法制史

廖:何老师好,接下来想请您介绍一下您在外国法制史方面的研究状况。

何:在外国法制史方面,我的研究主要涉及三个领域。

第一,关于外国法制史的基础研究。我先后写作了《论希伯来法》①、《论外国法制史学的研究对象、体系和方法》(1986年)、

---

① 1983年撰写,1990年发表。

《略论罗马法形成和发展的特点》(1987年)、《试论伊斯兰法形成和发展的特点》(1988年)以及硕士论文《论德国民法典》①等。其中,《论希伯来法》一文在当时属于填补空白的作品,受到了由嵘等几位外国法制史学科带头人的好评。而《论外国法制史学的研究对象、体系和方法》一文则提出了外国法制史的总论和分论的体系,这后来为一些院校编写教材时所采纳。

第二,关于外国法制史的现状与改革思路。外国法制史这门学科在我国真正得到发展,是在1982年以后。这一年,我国成立了全国外国法制史研究会,编写了第一本外国法制史的统编教材,并招收了第一届外国法制史专业的研究生。但是在商品经济浪潮的冲击下,作为一门历史学科,外国法制史的发展遇到了许多困难。在人才培养和出成果方面,均落后于其他兄弟学科。

因此,如何使这门学科充满活力,获得更大发展,对每一个从事外国法制史教学和研究的学者来说,都是一个不可回避的问题。我比较早地参与了这一问题的思考。前述《论外国法制史学的研究对象、体系和方法》事实上也是为此目的而作。在接下来的《外国法教学和研究的现状及改革意见》(1987年)、《新中国外国法制史学的回顾与展望》(1989年)、《外国法制史教学和研究:危机与出路》(1992年)以及《法律史研究需要方法论的变革》(1995年)等论文中,我对如何繁荣我国的外国法制史学科进一步谈了自己的想法。包括将外国法制史化整为零,开出多层次、多种类的课,如外国经济法制史、外国科技立法史、外国公司立法史,以及韩国法制史、越南法制史等;运用多种形式筹措经费,出版外国法制史多卷本,编写论文集,以及引入文化学、社会学、经济学、文献学、

_____

① 1984年完成,1988年发表。

考据学等相关学科的方法,推动外国法制史学科的发展。

第三,关于日本法研究。日本法研究是我国外国法制史研究中的重点,这一方面是因为日本作为一个东方国家,在近代比较落后的基础上,通过学习、吸收西方先进的法律制度和文化,迅速地走上了法律近代化的道路,建成了法治国家,挤入了世界强国之林,它的经验对我国具有很大的参考价值。另一方面,也是因为我第二外语学的是日语,且两次赴日本进修,积累了比较多的资料。

我在研究日本法方面发表的成果主要有《东京审判始末》《日本防治卖淫法》《论日本的健康保险制度》《论战后日本恢复和发展经济的法律措施》《日本教育立法述评》《日本编纂六法全书的历史与现状》《论日本行政立法及其对我国的借鉴意义》《日本破产法》,以及一些关于日本法学史和法律文化史方面的论著。这些成果,基本上都是介绍性的,自感尚未能拿出一些有研究深度的、说理比较透彻的作品。但其中的《东京审判始末》和《日本破产法》两部作品,自己认为还是下了一些功夫,且是填补国内空白之作,对发展我国的日本法研究是有所贡献的。《东京审判始末》这本著作是我国第一本系统论述 1946 年 5 月至 1948 年 12 月东京审判的著作,2015 年出至第三版,改名《东京审判》,蔡东丽参与撰稿,由商务印书馆出版。

1996 年 3 月,我接受司法部的委托,主持编写了国家"九五"规划教材(基础系列)中的《外国法制史》一书,至今已经出到了第六版。第六版的撰稿人为西北政法大学的余辉、兰州大学的马明贤、同济大学的陈颐、浙江大学的方立新、中南财经政法大学的郑祝君、中国人民大学的王云霞、华东政法大学的周伟文与李秀清诸君,他们都是目前我国外国法制史领域里的中青年骨干。我们彼此取长补短,合作得非常愉快。该教材出版后,受到了各高校法律专业师生的欢迎。2004年,该教材在台湾出版了繁体字版(韦伯文化出版公司出版),向港、澳、台及海外华人社会发行。

廖:除了这本教材外,您还主编了哪些外国法制史的教材呢?

何:除了法律出版社的统编教材之外,2002年,我与李秀清一起主编了《外国法制史》;2004年,主编了研究生教材《外国法律史研究》;2006年,与贺卫方合作主编了《西方法律史》;2008年,主编了《外国法制史》;2010年,与李婧一起编著了《新编外国法制史》等。

廖:我经常阅读您的著作,似乎从1996年起,您还主持编写了世界主要国家法律发达史系列?

何:是的。1998年起我与李秀清教授、王立民教授和张寿民教授等一起开始主编了"世界各国法律发达史丛书"。1998年,该系列中的第一本——《美国法律发达史》出版。1999年,《英国法律发达史》和《日本法律发达史》同时出版。从2000年起,该系列在法律出版社先后出版了《德国法律发达史》《法国法律发达史》《俄罗斯法律发达史》《东南亚七国法律发达史》《澳大利亚法律发达史》《加拿大法律发达史》《意大利法律发达史》及《非洲法律发达史》(和洪永红合作主编)。该系列的最后一本《拉丁美洲法律发达史》,也在2010年由法律出版社出版。

廖:真的是蔚为大观,令人钦佩。

何:这套系列丛书出齐后,共有十二卷,基本上覆盖了世界各主要国家和地区的法律发展历史。它们的作者,除少数是外地法律院校的教师之外,绝大多数是华东政法大学法律史教研室的老师和该专业的博士生和硕士生。这也充分体现了这一专业的团队作风和合作精神。

廖:我注意到,世界主要国家法律发达史系列丛书出版后,不

仅受到大陆读者的欢迎,也为港、澳、台及海外学术界所看好,在台湾也再版了,这是非常不容易的。

何:是的,这也是让我感到比较欣慰的地方。目前,台湾韦伯文化出版公司已经向法律出版社购买了全套书的繁体字版权,已经出版的几种(英国、法国、德国、俄罗斯、东南亚)开始在台湾、香港、澳门的书店里出售。

廖:您还在北京大学出版社出版了一套西方法制史丛书吗?

何:是的。自 2006 年开始,我还主持编写了"西方法制史系列",和张海斌、夏菲、魏琼主编的《西方宪法史》《西方刑法史》《西方民法史》《西方商法史》填补了我国外国宪法史、刑法史、民法史和商法史研究的空白,其中《西方商法史》获司法部第三届全国法学教材与科研成果奖著作二等奖。

(2)法学史

廖:何老师在外法史方面的学术成果真是令人惊叹!那么接下来想请您介绍一下在法学史领域的研究。从新中国法律史学科的发展状况来看,在 20 世纪 90 年代以前,只有法制史、法律思想史的研究,从 90 年代起,开始出现了法律学说史即法学史的研究。在这方面,您发表的成果最早,也最为集中。那么,您当初从事法学史研究的动机是什么呢?

何:在中国,与法制史、法律思想史的研究相比,法学史的研究要迟缓一些,因为对法律学说史的梳理,比对法典、法律文献的梳理要复杂、困难一些。

从西方来看,近代法律史学科是由以德国的萨维尼、英国的梅因等为代表的历史法学派所创立的。而该学派的代表作,基本上是法制史的作品。比较早研究法学史的学者,在美国是麦克道纳尔和曼逊,他们于 1914 年创作出版了名著《世界上伟大的法学家》;在英国是舒尔茨,他于 1946 年出版了《罗马法学史》一书;在丹麦是安德逊,他于 1974 年出版了《中世纪以后法学的复兴》一书;在日本是碧海纯一、伊藤正已、村上淳一,他们于 1976 年主编出版了《法学史》一书。

从中国的情况来看,20 世纪初叶诞生了中国法制史和外国法制史学科,当时,在京师法律学堂和各地方的法政学堂中,都开设了这两门课。20 世纪 30 年代,诞生了中国法律思想史学科,主要标志是杨鸿烈的《中国法律思想史》(商务印书馆 1937 年版)一书的出版。至于西方法律思想史,大体上也是在民国时期中叶诞生的,当时出版了一批译著,如阿尔哇列兹著、方孝岳编译的《大陆近代法律思想小史(上、下)》(商务印书馆 1921 年版),小野清一郎著、何建民译的《法律思想史概说》(上海民智书局 1932 年版)等。此时还出现了国人自己编写的作品,如凌其翰编著《大陆法律思想史讲义》(东吴大学法律学院)等。民国时期,虽然也曾出版过一本名为"法学史"的译著,即庞德著、雷宾南译《法学史》(商务印书馆 1930 年版),但其内容却是法制史。

我从事这一领域的研究,始于研究生时代。20 世纪 80 年代以后,随着法律史学科的发展,法制史和法律思想史的教材和著作虽然不断面世,但关于法学史的作品则一直没有出现。为了填补这一空白,我开始注意这一领域的信息和资料。但我对法学史真正发生兴趣并开始进入角色,在某种意义上是受西南政法大学林向荣教授的启发。

廖:这是怎样一个契机呢? 请何老师分享一下。

1986 年 11 月,第四届全国外国法制史研究会年会在上海召开,会议期间我们组织代表参观了中国共产党第一次全国代表大会的会址。在参观的途中,我和林老师两个人迷路了(虽然我是上海人,但平时基本不上街),为寻找其他代表,我们一边沿着会址周边的街道信步乱走,一边就谈论各自的学术。林老师告诉我,他为研究生开设了"法学史"课程,用的教材是前述碧海纯一等人编写的《法学史》日语原版著作,他用日语讲授。我听了以后很受启发。林教授对法学史研究重要性的强调以及对该学科之重要学术地位的见解,又强烈地感染了我,使我对这门学科产生了浓厚的兴趣,并为中国到目前只有法制史、法律思想史,而没有法学史而感到遗憾。

就是在这迷路的两个多小时内,我确立了研究法学史的意念。会议结束不久,我就开始了比较系统的法学史的教学和研究工作,开始收集资料,构思体系,为撰写法学史系列,创建法学史学科而做准备。

我研究法学史的起步是与徐永康教授合著的《法学新学科手册》(浙江人民出版社 1988 年版)。该书首次对在我国迅速崛起的法哲学、法社会学、法心理学、比较法学、经济法学、公司法学、国际经济法学、司法口才学、人民调解学、经济刑法学、被害人学、社会治安综合治理学等 135 个新兴学科作了论述,对各门法学新学科的含义、基本内容、主要特点、代表人物和作品、思想基础和实践价值以及发展趋势等作了说明。

现在回过头来看,该书的论述还是很粗浅的,它主要是对其他学者研究成果的归纳和总结,对法学新学科也还停留在介绍、说明阶段,未能展开更深入的理论研究。它的价值,主要在于它在国内第一次单独以法学新学科为研究对象,使学术界意识到法学研究必须深入到对法学自身的研究之中,必须对诸如法学学科或法学学派等这些对法学发展起重要作用的因素进行实证的研究。

1990 年,我为本科生开设了"当代西方法学",为研究生开设了"西方法学史"的课程。1991 年,我与徐永康、郁忠民又主编了《当代中国法学新思潮》(上海社会科学院出版社 1991 年版)一书。在该书中,我们在法学新学科研究的基础上,进一步对党的十一届三中全会以来对中国法学产生巨大影响的若干理论思潮作了系统阐述。全书共十七章,着重分析、评述了法治与人治论争、法学更新论、法制建设协调发展理论、法治系统工程论等学说。对每股思潮的形成、代表人物和作品、基本内容、理论价值和社会影响、存在的问题以及今后的发展演变趋势等作了研究。我国已故著名法学家、中国法学会前会长张友渔先生对本书的评价为:尽管本书的研究"还是初步的,不够成熟,观点和论断不一定完全为人们所能同意,但毕竟开了一个很好的头,对法学乃至整个社会科学研究均有启迪作用",它是"一件开拓性的工作"。

事实上,该书的风格还是介绍性、归纳性的,缺少深层次的分析和讨论。但该书毕竟是国内研究法学思潮的第一本,它促使学术界将视线移到法学自身的发展上来,而且由于其涉及的范围相对比较集中,所以,可以比前一阶段的法学新学科研究要深入一些。

我独立进行的研究法学史的第一部作品是《法学史研究 I·当代日本法学——人与作品》(上海社会科学院出版社 1991 年版)。在该书中,我将研究的视野移向西方,并对当代西方法学之集大成的当代日本法学作了解剖。全书在对战后 45 年日本各个法学学科的发展变化和特点作概述的基础上,重点对日本当代 35 位法学家的 35 部作品(原著)作了评述。

该书是我国法学界第一本研究日本法学的著作,首次比较系统、全面地对一个发达国家的 45 年法学的发展、现状和趋势进行研究,从而填补了我国关于外国法学研究的空白。我自己认为,该书的缺点是还没有完全摆脱笔者之前一直采用的介绍、归纳、总结这种写作模式,优点是在内容上,该书所使用的材料大部分是新的、第一手的,从而为我国学术界提供了比较丰富的资料和信息,为其他学者的进一步深入研究奠定了基础;在方法上,该书在我国首次采用了宏观概述和微观解剖相结合的研究方法。就某一个学科而言,既有对该学科的历史和现状的全面描述和介绍,又有对其若干代表作品的解剖和分析。我感到这种方法在法理学、法律史和比较法研究方面都是可以采用的一种较为理想的方法。

该书在2003年出第二版,改名《20世纪日本法学》,由商务印书馆出版,获上海市哲学社会科学优秀成果著作类三等奖。此书分基础法学、公法学、私法学、社会法学和国际法学五个部分,分别对20世纪日本16个法学学科,即法律哲学、法社会学、法史学、比较法学、宪法学、行政法学、刑事法学、民法学、商法学、经济法学、劳动法学、国际法学等的内涵、特征、发展演变及其规律作了探讨。同时,对16个学科中如穗积陈重、仁井田陞、美浓部达吉、梅谦次郎、牧野英一、我妻荣、金泽良雄和高野雄一等43位代表人物及其代表作品作了比较系统的评述。

1996年由中国政法大学出版社出版的《西方法学史》,是我独立完成的法学史系列研究的第二卷,在2003年出了第三版。该书运用马克思的历史唯物主义,对西方2500多年法学发展的历史作了比较系统和详尽的阐述。内容涉及古代希腊的法学思想、罗马法学的产生及其特点、中世纪西欧的法学、中世纪以后法德英美日等国法学的发展与特点,以及二次大战以后西方法学发展的概况和一般规律,并对西方各个国家、各个时期和各个部门法学学科的代表人物和代表作品作了评述。

由于该书是国内第一本专门研究西方法学史的著作,而且其体系有一定特色,所以出版以后受到了读者的欢迎。该书填补了我国在西方法学研究领域的空白,1996 年出版后获出版界的最高奖:第十一届中国图书奖。

但我知道,该书还有许多缺陷,比如,有些章节由于资料的缺乏,只能粗粗带过;有些内容如二战后西方的法哲学,由于国内的研究相对比较充分,所以我就不再深入挖掘,而是用一些注,指明让读者去看某某学者的著作。这在体例上当然是允许的,但实质上反映了本人的偷懒思想。所以,后来我对该书进行了认真的修改和补充,在 2016 年由商务印书馆出了第三版(改名为《西方法学史纲》),在 2022 年又由商务印书馆出了第四版,并纳入了"中华当代学术著作辑要"之中。

之后,我又投入撰写《中国法学史》一书,试图在法学史研究方面开辟一个更加广阔的领域。

廖:关于《中国法学史》,我有问题想请教您了。学术界许多人认为,现代法学是西方法治传统的产物,是西方文化的体现。它的精神是民主、自由和平等,核心是权利意识与法律的至尊与至上,而中国古代并无这种精神和传统。您为什么认为中国古代也有法学,并写出了洋洋洒洒 150 余万字的《中国法学史》呢?

何:你这个问题提得非常好。的确,近年来,一些学者认为,中国古代没有法学,法学是至近代才传入中国的"舶来品"。梁治平、张中秋、贺卫方等都认为,中国古代只有律学,而无法学,因为法学以正义为核心,律学中则无正义的位置,而离开了正义来探讨法律的学术,不应该被称为法学。

实际上,对法学的这种认识是可以商榷的。因为法学作为一种哲学的、历史的、文化的、社会的现象,它本身是在发展变化的,它也有高级、低级之分,它是一个由各种要素组合而成的有机的体系,其中有些要素带有普遍性并通行各种形态的法学,有些要素则只是某一种法学才有。带有普遍性的要素,如成文的立法活动、法学世界观、法律注释学、法律教育活动、法学研究方法等,中国古代都已具备。

但是与古代罗马和近代西方相比,中国古代的政治和经济基础是专制皇权和小农经济,权利意识不强甚至没有;法学世界观的基点是伦理、专制、刑罚,没有保护公民的价值取向;成文法典虽然出现很早,但一以贯之的是刑法典,民事法律规范并不发达;中国古代的法律教育始终没有独立的地位,难得出现的几次百花齐放、百家争鸣的局面也没能维持多久,职业的法律家群体也没有出现,等等上述这一切,都使中国古代的法学呈现出一种不同于古代罗马与近代西方的性格和风貌,所以我们如果以古代罗马和近代西方的法学为参照系,那么中国确实没有什么法学可言。

但是,问题也出在这里,法学本身具有丰富多彩的形态,它不可能是一种模式、一种样态。我们不能以古代罗马和近现代西方的法学作为标准衡量世界其他国家是否存在法学,认为凡是与其相同者,就是法学,不同者,就不承认是法学。中国古代法学与古代罗马法学以及近现代西方法学的不同,不是"是或不是法学"的区别,而是法学形态的区别,就像文化一样,我们不能说中国的文化与西方的文化不同,就否认中国文化的存在。

廖:原来如此,文化有姹紫嫣红之分,法学形态也是如此!那么是什么原因驱使您来写这本著作,可以请您介绍一下这本书的写作情况吗?

何:因为对中国古代丰富的法律典籍,至今还没有人从法学史角度认真进行过梳理。所以,《中国法学史》是我国法学史研究领域中的第一部专著。2000年出版的是第一卷、第二卷,为古代部分,分六章,比较系统地描述了中国古代法学的萌芽、诞生、发展、繁荣、衰落的整个过程,阐述了这一过程中在法学发展演变背后所起作用的各种要素,并进而探讨了世界各国法学发展演变的普遍性与特殊性。

该书在资料的梳理、中国古代法律制度和思想、学说的整合等方面用力甚巨,为中国法学史的研究奠定了基础。2006年,除修订第一卷、第二卷予以再版之外,我又推出了第三卷。该卷研究的对象是中国近代法学,主要内容为西方法学观在近代中国的传播,外国人、法科留学生与中国近代法学,中国近代法律教育与中国近代法学,法理学、法史学、宪法学、行政法学、民商法学、刑法学、民事诉讼法学、刑事诉讼法学、国际法学等部门法学的发展,沈家本等100名对近代中国法学作出突出贡献的法学家。

该书出版后,也受到了法学界同仁的认同和厚爱,于2009年获得中国法学会首届法学优秀成果著作类一等奖,2016年英文版由威科出版社出版,是中华学术名著外译项目之一。

下面我想对这本书的一些早期成果稍微作一些说明。

《汉语"法学"一词的起源及其流变》发表在《中国社会科学》上,写这篇文章前前后后花掉了我约三年的时间。它是《西语"法学"一词的起源及其流变》的姐妹篇,构思写作几乎是同时开始的。当时写作的动机是,既然要研究法学史,首先就应当将"法学"这个词本身的来龙去脉搞搞清楚。

但是,后者的资料在日本期间(1993—1994年)就已收集完毕,而前者在当时只是收集到了几位日本友人提供给我的有关"法学"一词在日本发展演变的资料,对"法学"一词在中国古代的发展演变线索的追踪,一时无从下手。后来,我在中田薰的《论支那律令法系的发达》一文中，读到了他引用的《南齐书》中孔稚珪的一段话，其中提到了"法学"一词。我就马上找出《南齐书》，在《孔稚珪传》中的确看到了有："寻古之名流，多有法学。故释之、定国，声光汉台；元(帝)〈常〉、文惠，绩映魏阁"的文句。但在《南齐书)之前的文献中，有没有出现过"法学"一词呢？为了查清这一问题，回国以后，我花了近一年的时间，重新认认真真地通读了在《南齐书》之前面世的各种主要的史籍，如《史记》《汉书》《尚书》《国语》《左传》《论语》《孟子》《荀子》《墨子》《管子》《韩非子》《淮南子》《吕氏春秋》等。通读完以后，才有了信心，知道"法学"一词的确是在《南齐书》中第一次出现。

写作该文遇到的第二个难点是搞清在日本产生的近代日文汉字"法学"一词是如何从日本传入中国的。为此，也花费了诸多时日。最后，这篇文章通过对古代罗马"法学"一词的产生，至中世纪在意大利博洛尼亚(Bologna，也译"波伦那""波伦亚")大学得到复兴，在法国、德国和英国等近代国家中得到传播，并经由日本传至中国的线索的梳理，对中国古代魏晋南北朝汉语"法学"一词的产生，以及在唐代的运用，宋以后的消失的状况的分析，现代汉语"法学"与古代汉语"法学"的区别的阐述，论述了汉语"法学"一词发展演变的曲折历程，并对在这一历程背后所体现的中国和西方法的精神之间的异同作了阐述。

《法学形态考—"中国古代无法学论"质疑》和《先秦法哲学论考》是《中国法学史》第一、二章部分内容的提炼。前者主要阐明中国古代存在法学，并且这种法学还是一种比较发达的形态，只是由于中国社会特定的历史条件，使中国古代法学具有了与古代罗马和近代西方的法学所不同的形态。该文的写作，当然是为我的中国法学史研究鸣锣开道的：假如中国古代不存在法学，那么还研究什么中国古代法学史呢？我的观点未必能为大部分学者所接受，但我是经过认真研究之后才得出上述结论的。后者主要是对先秦时期的法哲学作出一番梳理，因为在这个领域，国内的研究已经很充分，我只是对这种法哲学的性质和特点发表了自己的一些看法。我自己认为，中国古代法哲学实质上是一种伦理法哲学、刑法（罚）哲学和政治哲学。我认为这个观点是对中国古代法哲学性质的一种比较适当的概括。

廖：听了您的介绍，我对法学史有了更深的了解了。那么之后您有什么计划呢？

何：现在我的计划就是想把《中国法学史》第四卷完成。写完前三卷之后，我就一直在写第四卷，主要论述新中国 70 多年法学发展的历史。但由于行政事务缠身，写作进展比较慢，实际上是停顿下来了。这一卷的难点是新中国法学各个学科的带头人、各部代表作品的作者，大部分都还健在，评价也好、批评也好，都不太好展开，这也是考验我的勇气和智慧的时候。我想，以学术为重，以历史为准，我会处理好这个问题的。

廖：还有一个问题经常困扰我们，即中国古代法学与律学有无区别？两者是否为一回事？

何：对此问题，学术界有各种理解，有认为中国古代法学就是律学的，有认为中国古代只有律学没有法学的，也有认为律学就是中国古代法学的表现形态或核心部分的。我个人的观点是：律学是中国古代特有的一门学问，是秦汉时期随着成文法典的出现，统治阶级为了使法典得以贯彻实施而对其进行注解诠释而形成的一个学术研究领域。

律学与中国古代法学的区别在于：前者是后者的一个重要组成部分，但两者并不是一回事。它不包括中国古代法哲学（法律思想),不包括法史学(如历代刑法志等)和法医学,也不包括以律注经等学术活动。顺便说一句,就中国学术界的现状而言,尽管律学已经存在了近两千年,尽管注释法律的律学著作数量众多,但对律学本身进行的研究非常落后,从清末至今,除了有一些零散的论文之外,完整系统的著作一本都没有。为了填补这一学术空白,我从 20 世纪 80 年代末开始收集中日两国学术界在近 100 年中关于律学的研究成果,共收集到了 29 篇论文,经点校、翻译、整理,编成一本集子,取名《律学考》,由商务印书馆 2004 年出版。最近,我又将自己近十几年研究相关问题的文章整理了一下,编成一本《律学新考》的专著,即将由人民出版社出版。

廖:据我所知,您在法学史领域还有许多巨作。

何:巨作说不上,但确实还率领我们法史学科团队,整理出版了许多文献史料。如 2000 年出版了《二十世纪百位法律家》;2002 年至 2003 年,出版了西方法学史三部曲:《西方法学家列传》《西方法学名著精萃》和《西方法学流派撮要》。

与此同时,自 2002 年起,我和其他老师推出了两套比较大型的丛书。一套是和李秀清一起主编的"民国法学论文精萃",主要是整理、校勘、出版民国时期优秀的法学论文。我们调查过,民国时期共发表了一万余篇法学论文,对此,我们按照部门法的分类,编成六卷,每卷全文收录的论文平均有 50 余篇,剩下的论文以目录的方式附在正文之后。其主要目的是将分散在民国时期各种刊物中又深藏在少数图书馆的论文汇编在一起,重新出版,既有利于保存中国近代法学的珍贵文献,也方便读者阅读使用。另一套是由我主编的"中国近代法学名著译丛"。

廖:您能谈谈当时为什么会想到出版"中国近代法学名著译丛"这套丛书吗?出版这样一套大型的译丛,肯定也需要很多的经费,恐怕出版社的选择也是不容易的吧?

何:经过我们的调查,发现自清末至 1949 年,中国共出版了约 400 种法学译著,这当中,不乏直至今日仍有重要参考价值的名著和精品。但这些作品,一方面因大多被各少数图书馆作为馆藏书,读者一般不易借得到,另一方面也因为出版年月久远,加上当时印刷水平比较低、纸张比较差,故到现在也已经破旧枯脆,面临即将灭失的危险。所以,希望通过我们的工作能把一些名著和精品继续传承下去。

出版这套译丛的最早动议是我的学生陈颐提出的。当时,他有一个朋友在机械工业出版社,他们提出了建议。那一年(2001年)我刚好在中共中央党校学习,我感觉法学译著在机械工业出版社出版不是太合适,加上工程浩大,费用肯定很大,故就把中国政法大学出版社的李克非编辑约来,我们坐下来一起谈,结果谈得非常融洽。这样,在中国政法大学出版社李传敢社长的支持、责任编辑李克非的具体负责下,我们就拟了一个方案,将上述 400 余种译著中最有价值的 100 种点校(勘校)后重新出版。至目前已经出版了 53 种,里面有近代西方传入中国的第一本法学作品《万国公法》、日本学者织田万的名著《清国行政法》、牧野英一的《日本刑法通义》、美浓部达吉的《公法与私法》和《宪法学原理》、寺田四郎的《国际法学界之七大家》、富井政章的《民法原论》、冈村司的《民法与社会主义》、法国学者狄骥的《〈拿破仑法典〉以来私法的普通变迁》、英国学者布勒德的《英国宪政史谭》、比几斯渴脱的《英国国会史》、美国学者莫理斯的《法律发达史》、孟罗·斯密的《欧陆法律发达史》、芮恩施的《平民政治的基本原理》、齐林的《犯罪学与刑罚学》、密拉格利亚的《比较法律哲学》等。

（3）法律文化史

廖：最后想请您介绍一下最后一个领域——法律文化史。

何：法律文化研究，在我国勃兴于 20 世纪 80 年代中叶。陈鹏生、武树臣、梁治平、贺卫方、俞荣根、张中秋、刘作翔等学者在这个领域均作出了许多贡献。我的研究，基本上是在他们的影响之下，就自己所熟悉的外国法制史和法学史领域，作出一些法文化的初步探索。我在这方面的成果主要体现在三个方面。

第一，关于日本法律文化的研究。这一方面的成果有《论战后日本法律文化研究的现状与特征》（1989 年）、《石井紫郎与日本传统法律文化研究》（1991 年）、《大木雅夫与日本比较法律文化研究》（1992 年）、《川岛武宜与日本当代法律文化研究》（1992年）、《关于远东法观念的误解》（译文，1992 年）、《日本法文化现代化的特点及其启示》（1993 年）等。这些作品，有些收入了《当代日本法学》一书，有的是译文，基本上都是介绍性、归纳性的，说不上有多少自己的观点。

第二，中外法律文化的比较研究。这方面的成果主要有《行政诉讼的比较法透视》（1989 年）、《中日法律文化近代化之若干比较》（与陈鹏生合作，1992 年）、《儒学法文化对日本的影响》（译文，1992 年）、《中国古代伦理法观念的渊源及其流变——兼与西方宗教伦理法观念的比较》（1992 年）、《中国古代等级法观念的渊源及其流变兼评西方法的等级观和平等观》（1992 年）、《法律秩序的模式及其历史选择》（1993 年）、《泛讼与厌讼的历史考察——关于中西方法律传统的一点思考》（1993 年）、《〈论语〉与中国亲子法文化》（1995 年）、《试论儒学对日本古代法文化的影响》（1996 年）以及与郝铁川等合作的《中西法律文化通论》

（1994年）。

与上述日本法律文化研究成果相比,这些成果的水准要高一些。比如,《中国古代伦理法观念的渊源及其流变——兼与西方宗教伦理法观念的比较》《泛讼与厌讼的历史考察——关于中西方法律传统的一点思考》以及《试论儒学对日本古代法文化的影响》,在发表当时均属于填补国内研究空白的作品。《中日法律文化近代化之若干比较》一文,比较详尽地叙述了中日两国法律文化近代化的经济基础、政治条件和社会背景,分析了其形同实异的各个方面,指出了日本法律文化近代化的成功、中国法律文化近代化的失败的原因所在。而在《法的国际化与本土化》(1996年)一文中,笔者则对法这一文化现象在各国之间的移植流转,法的国际化与本土化的含义以及两者之间的内在联系等作了阐述。

第三,法律文化史研究。国内学者对法律文化史的研究早已开始,许多搞法制史、法律思想史的同志发表的法律文化研究成果,事实上都是法律文化史成果,只是大家没有对它作出明确的界定而已。

为此,我在《法学》(1996年第10期)上发表了《法律文化史论》一文,对法律文化与法律文化史的内涵作了阐述,即"法律文化是指与法律有关的各种活动的创造性成果的积淀,包括物质的和精神的两个方面。法律文化史,就是关于法律文化发展的历史过程及其规律的描述的学问(科学),具体包括对历史上各种法律事件的出现和演变,各种法律制度和原则的兴衰,关于法律的名词、概念、术语,法学人物、学派、学说、理论等的形成和发展,以及在法律文化发展中它与经济、政治、道德以及其他社会文化现象的关系等的阐述"。

当然,我的观点未必会得到其他学者的完全赞同,因为我将法制史、法律思想史和法学史都纳入了法律文化史的研究范围之内，可能失之泛泛。但我认为，除此之外，还没有更好的界定方法，暂且充作一家之言吧。我认为这样理解可以更加开阔研究视野，不束缚自己的手脚，在实践上我也是照着这样去做的。

法律文化研究在我国方兴未艾，其魅力不减的原因在于，无论从事法学中哪一门具体分支学科的研究，若要深入剖析该学科中法律规定、原则和制度的背景，探寻其最终的决定力量，或者研究某个法律思想家、法学家的思想和作品，深入说明这种思想和作品诞生的原因和时代背景，就必须从整个社会文化入手。况且，法律制度、法律思想和法学学科本身也是社会文化的重要组成部分。因此，法律文化学作为一种方法，将是我们深化法学研究的必不可少的手段，我也想在这一领域继续努力，以深化自己的法律史研究。

2004年，我将《法律文化史论》（法律出版社1998年版）出版以后所发表的一些新作，编成了一本文集，取名《法律文化史谭》，已经由商务印书馆出版。本书收录了我近些年来发表在法学各核心期刊上关于法律文化史研究的20余篇作品，内容涉及"清代法律渊源考证""儒学与中国传统法律文化""清末民初华洋诉讼与中国近代社会""中国与西方法律文化的异同""日本古代法文化的发展与儒学的影响""中国近代法学的死亡与再生""传教士与中国近代法学"以及格劳秀斯、杨鸿烈、丘汉平等著名法学家的传记与评述等。

此外，从2004年开始，由我主持编写的《法律文化史研究》以连续出版物的方式，由商务印书馆定期出版（至今已经出版了5卷）。里面开设的栏目有：中外法制史、中外法律思想史、法律学说、比较法、法律事件、法学人物、法学名著评述、重要法典评论、法律文化的中外交流、法律文化史研究文献索引等。

廖：我看您还出版了一批法律古籍（包括判例集）的点校本，您能为我们介绍一下这方面的情况吗？

何：好的。大概从 2003 年前后开始吧，我和张伯元共同主持，陈重业、沈天水等老师以及一批博士生参与，开始了对中国古代一些著名判例集的点校工作。我们认为这也是法律文化史研究的重要领域之一。根据我们的调查，中国古代比较系统完整并有学术史料价值的判例集主要有三部：清代祝庆祺等编纂的《刑案汇览》、全士潮等编纂的《驳案汇编》、许梿和熊莪编纂的《刑部比照加减成案》。《刑案汇览》近两年已有多个点校版本面世，因此，我们就对后两部判例集进行了点校和整理，日前此项工作已经结束，点校本已于 2009 年 4 月由法律出版社出版。

廖：说到法律文化，我还想起一件事，就是您和贺卫方、田涛老师一起举办的"法律文化三人谈"系列讲座。这一系列讲座，无论是在华政，还是在北京，还是在西政，都是听众如潮，盛况空前。在西政的那两场，听众简直就是里三层、外三层，据说有的同学为了听这两场讲座，在寒风中站着排了十几个小时的队？太让人感动了。

何：是这样的，但那主要是卫方教授的功劳，因为他的崇拜者（粉丝）太多了。这个事情是从 2008 年就启动了。当时，在北京大学出版社副总编蒋浩先生的策划下，我与贺卫方、田涛两位老师合作，在华东政法大学、北京师范大学和西南政法大学举行了六场"法律文化三人谈"的大型讲座，我们从法律文化的形成和发展、西方法律文化的起源及其流变、中国法律文化的近代化、"风从西方来"、法律文化的意义与价值等主题，穿透古今、横贯中西，阐述各自的见解，并与在场的大学生和研究生相互讨论、沟通，取得了非常好的效果。现在,"法律文化三人谈"的现场记录稿已经由北京大学出版社、台湾元照出版公司公开出版。

廖:何老师,近些年来法律移植、西法东渐等课题成为法学界比较关注的热点,您认为这些热点是否属于法律文化史研究的内容呢?

何:是的。中国法影响外国,外国法影响中国,法律在各国之间的移植,是法律文化发展演变的一种普遍现象,也是世界法律发展的规律。

我想再多说几句的是,就中国的情况而言,自 19 世纪 30 年代由普鲁士传教士郭实腊于 1833 年 7 月在广州创办中国近代内地第一份中文期刊《东西洋考每月统记传》①,大力引入西学,包括西方宪法学和诉讼法学等学科知识之后,一百多年的中国近代法律文化史,就是一部移植、消化、吸收西方法和法学的历史。认真总结、反思这一过程,不仅对于我们加深认识这一段历史有着重大的价值,而且对我们今天的法治建设和法学研究也具有现实的指导意义。

抱着上述想法,我与李秀清教授于 2003 年合作出版了《外国法与中国法——20 世纪中国移植外国法反思》一书,从宪法、民商法、刑法、司法制度、国际法等几个角度,对中国近代移植外国法的历程进行了比较细致的梳理。2004 年,发表了《传教士与中国近代法学》(《法制与社会发展》2004 年第 5 期),从西方传教士在近代中国从事的创办学校、学术团体、报纸杂志,翻译西方法律著作、撰写法律论著等一系列活动及其成果入手,阐述了西方传教士在西方法学传入,中国近代法学观、法律制度和原则以及概念术语等

---

① 1837 年以后,出版地迁至新加坡。

的诞生,中国近代法学人才的养成等各个方面所起的奠基作用,并对传教士的这种作用的特点与历史贡献作了阐述。另外还有《外国人与中国近代法学》(《中外法学》2004 年第 4 期)和《法科留学生与中国近代法学》(《法学论坛》2004 年第 6 期)等论文。

廖:从书店里看到您还在上海人民出版社主持出版了一套"世界法学名著译丛"?

何:是的。与法律移植、西法东渐等课题的研究相联系,我在上海人民出版社的支持下,组织翻译出版了一套"世界法学名著译丛",第一本是我与张智仁合作翻译的柏拉图的《法律篇》(2001年)。到目前,这项工作已经进行了 20 年,但因为我们比较仔细、谨慎,故翻译速度比较慢,出书不多。

至今已经出版的有九种,除了柏拉图的《法律篇》之外,还有德沃金的《自由的法》(2001 年)、维拉曼特的《法律导引》(2003年)、威格摩尔的《世界法系概览》(2004 年)、格劳秀斯的《战争与和平法》(2005 年)和《捕获法》(2007 年)、布莱克斯通的《英国法释义》(第一卷,2007 年)、梅特兰等的《欧陆法律史概览》(2009年)、麦克唐奈和曼森合著的《世界上伟大的法学家》(2012 年)、梅因的《早期法律与习俗》(2021 年)。正在翻译的有埃利希的《法社会学的基础理论》等。由于这套书都是名著和精品,所以我认为宁可慢也要把它做好。

(4)国际战犯审判

①纽伦堡审判

廖:何老师,您对于国际战犯审判也是颇有研究,您的研究成果《纽伦堡审判》以及《东京审判》填补了国内研究的空白,可以请您谈一谈这两场审判吗?

何：好的，我先说纽伦堡审判吧。1945 年 11 月 20 日至 1946 年 10 月 1 日，对纳粹德国首要战犯的审判在德国中南部城市纽伦堡举行。纽伦堡审判，是人类历史上第一次大规模正式进行的对国际战争罪犯的审判，也是人类法律文明史尤其是国际法发展史上的一座丰碑。对维护世界和平、发展现代国际法以及预防世界大战的再次发生，具有极为重大的意义。

20 世纪上半叶，在短短的 30 余年间，人类爆发了两次世界大战，给全世界的人们带来了前所未有的灾难。为了吸取历史的惨痛教训，也为了使未来不再重演这种悲剧，在第二次世界大战期间及结束之时，美、英、苏、中等深受侵略战争伤害的国家的领导人以及法律界人士，就开始认真思考和详细讨论战争结束后如何惩治战争罪犯的问题。而这些思考和讨论的第一项成果，就是纽伦堡国际军事法庭的建立，以及对德国首要战犯的审判。

廖：可以请您讲一下纽伦堡国际军事法庭的建立吗？

何：纽伦堡审判得以顺利开庭，首先应该归功于美国首席检察官杰克逊。杰克逊是宾夕法尼亚州人，曾在纽约州从事律师工作，1940 年任美国司法部部长，之后担任联邦最高法院大法官。1945 年 5 月 2 日，杜鲁门总统签署第 9547 号行政令，正式任命他为美国代表和起诉轴心国战犯的首席检察官。接受任命后，杰克逊迅速组成了起诉的美国团队，并与英、法、苏三国进行了反复的协调磋商工作。在杰克逊的推动下，1945 年 6 月 26 日，关于国际审判的伦敦会议召开。一共举行了 14 次会议，以及大量的非正式会谈。经过艰苦的谈判，同年 8 月 8 日，美、苏、法、英四国代表签署了《伦敦四国协定》和《国际军事法庭宪章》。该宪章包括 7 个部分，详细阐述了法庭的组成、管辖权和审判程序。其中第 6 条是整个宪章的灵魂。该条规定，法庭有权审理和惩处所有战犯，"不论其为个人或为某一组织或集团的成员","破坏和平罪""战争罪"和"违反人道罪"是三项基本的可起诉罪行。

1945年8月29日,被告的名单正式公布,包括:戈林,德国空军总司令;博尔曼,希特勒的秘书,因下落不明而被缺席审判;赫斯,帝国副元首;克虏伯,德国军火大王,克虏伯康采恩的总裁;里宾特洛甫,德国外交部部长;卡尔滕布龙纳,帝国中央保安局局长;罗森堡,纳粹东部占领区部长;弗兰克,纳粹占领下的波兰总督;牛赖特,德国前外交部长;赛斯-英夸特,纳粹荷兰占领区长官;弗里克,纳粹内政部长;席拉赫,希特勒青年团的负责人;巴本,希特勒上台前任德国总理;雷德尔,1943年前任德国海军总司令;邓尼茨,海军元帅,被希特勒指定为继任人;凯特尔,德国国防军最高统帅部司令;约德尔,陆军上将;施特赖歇尔,《冲锋队员》的主编;沙赫特,国家银行总裁和经济部长;冯克,帝国银行总裁和经济部长;绍克尔,纳粹党图林根大区领袖;施佩尔,德国军需生产部部长;莱伊,德国劳工阵线领导人(纽伦堡审判开始前自杀);弗里切,纳粹宣传部电台行动小组的负责人,共24人。此外,还控告了以下6个组织:(1)盖世太保,即国家秘密警察;(2)党卫队及其警察、情报机构和军事部队;(3)冲锋队,即纳粹党的私人军队;(4)德国内阁;(5)参谋总部和国防军最高统帅部;(6)纳粹党的领袖集团。

被告名单正式公布后,按照原来的任命,杰克逊继续领导美国的起诉工作。马克斯韦尔·法伊夫代表肖克罗斯爵士领导英国的起诉工作。苏联政府任命鲁登科中将为首席检察官。法国任命的首席检察官是德芒东。重新组建的各国起诉团聚会伦敦,起草起诉书,详细陈述对被告的指控,并准备提交法庭的起诉案。从各处收集来的档案资料已经堆积如山,需要仔细审查。经过辛勤的劳动,完成了起诉书的起草。经4名总检察官签字后起诉书具有了法律上的效力。

廖：那这个纽伦堡国际军事法庭是怎么组成的呢？

何：纽伦堡国际军事法庭由 8 名法官组成：第二次世界大战欧洲战场的四个胜利国（美、苏、英、法）各任命两名法官（其中一名是助理法官）。美国法官是比德尔，担任过美国战时司法部部长；助理法官帕克。英国法官是劳伦斯爵士，助理法官伯基特。法国的助理法官法尔科和法官德瓦布尔都是法国索邦大学的法学教授。苏联法官与以上三个西方国家的法官形成鲜明的对比。助理法官沃尔奇科夫，立场强硬，对西方法律体系一无所知；其同伴，法官尼基钦科则完全相反，聪明、幽默，熟悉西方法律，为人温和敦厚。四个国家的法官经过协商，选举劳伦斯爵士担任法庭庭长。

1945 年 11 月 20 日上午，国际军事法庭按照既定安排正式开庭。首先由首席检察官杰克逊发表开庭演说，开始了检方的起诉。他指出："我们要谴责和惩罚的罪行是如此计划周密、如此恶劣、如此具有毁灭性，我们的文明对此不能放任不管。如果任由这些罪行在今后重复发生，人类文明将无法生存。因胜利鼓舞和被伤害刺痛的四大国，停住复仇之手，自愿把俘获的敌人交给神圣的法庭审判。这是人类理性行使权力的最好证明，向人类文明致以的最高赞礼。"纽伦堡法庭适用的是英美法上的对抗制诉讼程序，也适当采纳一些大陆法的规则。法庭适用英、德、法、俄 4 种语言。经过检方的法庭陈述、律师的辩护陈述，至 1946 年 8 月 31 日，法庭共举行了 403 次公审。检方所指定的 33 名证人口头提出了对各被告个人的证言；辩方除被告中 19 人的供词外，有 61 名证人提出证言。辩方另外还有 143 名证人以书面形式提出证言。法庭指派被委任的法官听取了有关各组织的证据。各被委任的法官听取了辩方 101 名证人的证言，并收到了其他证人提交的 1809 份宣誓证书。此外,法庭还收到了 6 份综述其他许多宣誓证书内容的报告,对各政治领袖提出的、有 155000 人签名的 38000 份宣誓证书,对党卫队提出的 136213 份宣誓证书,对冲锋队提出的 10000 份宣誓证书,对党卫队保安勤务处提出的 7000 份宣誓证书,对参谋总部和武装部队最高统帅部提出的 3000 份宣誓证书,对秘密警察提出的 2000 份誓证书。在法庭上,法官们听取了 22 名证人向各个组织提出的证言。为控诉各个被告和组织而提交的证明文件达数千件。所有在法庭上的发言都用速记方式作成完整的记录。此外,整个审讯都录了音。

经过长达 10 个月的审理,法庭最终于 1946 年 9 月 30 日进行了宣判。判决书分为 7 个部分。法官们在第一天共宣读了前 6 个部分的内容,即审判的总体状况,包括法庭组建和进行审判的法律依据;纳粹的"发迹史";纳粹政府准备、策划与发动侵略战争的各个阶段;给策划和发动侵略战争行为定罪的法律依据;战争罪和违反人道罪;对被告组织有罪与否的认定。第二天 10 月 1 日,宣判继续进行。上午,四位法官按照起诉的顺序宣读法庭对每位被告的判决。除了沙赫特、巴本、弗里切被判无罪外,其他被告均被判处有罪,其中 12 名被告被判处绞刑,他们是戈林、里宾特洛甫、凯特尔、卡尔滕布龙纳、罗森堡、弗兰克、弗里克、施特赖歇尔、绍克尔、约德尔、赛斯-英夸特和博尔曼(其中博尔曼缺席)。赫斯、冯克和雷德尔被判处终身监禁,席拉赫和施佩尔同是 20 年监禁,牛赖特和邓尼茨分别为 15 年和 10 年监禁。下午,纽伦堡欧洲国际军事法庭宣布闭庭。

10 月 15 日晚,即执行死刑的前夜,戈林服毒自杀。第二天凌晨,盟军开始执行其他被告的死刑。为了处理这些战犯的尸体,管制委员会于 10 月 10 日就已作出决定:将全部尸体火化,并秘密抛撒骨灰。在执行死刑后的第二天,管制委员会正式宣布:11 具尸体(包括戈林的在内)已全部被火化,骨灰也被处理掉了。

廖:那么纽伦堡审判是根据什么原则来进行的呢?

何:纽伦堡审判同时承担着结束第二次世界大战和开启战后和平的历史重任,它所创建的若干国际法原则于 1946 年 12 月 11 日为联合国大会所确认,并于 1950 年 12 月 12 日由联合国大会公布,这就是"纽伦堡原则":一、任何人实施了在国际法上构成犯罪的行为,都应为此而承担责任,并受到惩罚。二、即使国内法不处罚在国际法上构成犯罪的行为,行为人的国际法责任也不能由此而得以免除。三、个人以国家元首或负有责任的政府官员身份行事,实施了国际法上构成犯罪的行为,其官方地位不得作为免除国际法责任的理由。四、依据政府或上级命令行事者,假如他能够进行道德选择,就不得免除其国际法责任。五、任何因实施了国际法上的罪行而受到起诉的个人,都有权在事实和法律上得到公平的审判。六、国际法上应受处罚的罪行是:(一)违反和平罪:1. 计划、准备、发起或进行侵略战争或破坏国际条约、协定或承诺的战争;2. 为完成上述第 1 项所述任何一种行为而参与的共同策划或共谋。(二)战争罪,系指违反战争法规或战争习惯的罪行,包括但不限于,屠杀或虐待占领区平民,或以奴隶劳动为目的(或为其他任何某种目的)将平民从占领区(或在占领区内)放逐,屠杀或虐待战俘,屠杀或虐待海上人员,杀害人质,劫掠公私财产,肆意破坏城镇乡村,或无军事之必要而予以摧毁的行为。(三)违反人道罪,包括在实施违反和平罪或战争罪的过程中,或与违反和平罪或战争罪相关的如下行为:对平民进行的屠杀、灭绝、奴役、放逐或其他非人道行为,或基于政治、种族或宗教的理由而进行的迫害。七、实施上述犯罪过程中的共谋行为也是国际法上的罪行。

纽伦堡审判及其确立的基本原则不仅具有持续的历史意义，而且对人类社会的今天和未来具有不同凡响的重要性，尤其是对国际法的发展产生了决定性和持续性的影响。应该说，在人类历史上发生的所有对战争罪犯的审判中，纽伦堡审判是最为彻底也是最富有创造性的。纽伦堡审判除了创建以上原则之外，还在两个方面，为惩罚和威慑战争罪犯、维护世界和平做出了贡献。一是它宣告战争本身就是犯罪，当国与国之间发生了争执和纠纷时，应该通过协商和仲裁，而不是诉诸武力的方式来解决问题；二是它以自己的实践表明，审判战犯并不是战胜国报复战败国的狭隘的、原始的心理和行为，而是警示后人：国家的发展和崛起要走和平发展之路，走互助合作之路，试图通过战争这一罪恶途径来扩张领土、掠夺他国财富，必须承担相应的战争责任和代价。

关于纽伦堡审判，2005 年我和朱淑丽、马贺合著出版了《纽伦堡审判》一书，是我国法学界第一本系统论述 1945 年 11 月至 1946 年 10 月纽伦堡审判的著作，2015 年出至第二版，由商务印书馆出版。

②东京审判

廖：何老师，接下来想请您谈一谈东京审判。

何：好的。第二次世界大战结束后，从 1946 年 5 月 3 日至 1948 年 11 月 12 日，在日本东京进行了历时两年零七个月的"世纪大审判"。来自同盟国 11 国的法官组成了远东国际军事法庭，对日本甲级战犯进行了清算战争罪行的审判。

在这次审判中，共有 28 名被告①，419 名证人出庭作证，法庭处理的书面证据达 4336 件，判决书长达几十万字，是人类历史上

---

① 其中 3 人因各种原因没有被实际审判。

规模最大的一次国际审判活动,也是第二次世界大战结束后世界上发生的重大政治事件之一。

廖：您认为东京审判的历史意义是什么？

何：尽管已过去 70 多年,但是东京审判的历史意义不容置疑。

第一,东京审判基本铲除了日本法西斯军国主义势力,是正义战胜邪恶的伟大历史事件。东京审判是一场世界人民对日本法西斯的政治审判,揭露了日本对外侵略战争的罪行,追究了战犯个人的战争责任,伸张了正义,惩治了邪恶。

第二,东京审判促进国际社会和平解决争端,是包括中国在内的全体亚太地区人民对日本侵略者所犯滔天罪行的清算,也是对 3000 多万亡灵的告慰,维护了世界和平。

第三,东京审判发展、丰富了国际法的基本原则,继承了纽伦堡审判的成果。1945 年《伦敦协定》及其附件《欧洲国际军事法庭宪章》、1946 年《远东盟军最高统帅部特别通告》及其《远东国际军事法庭宪章》以及纽伦堡和东京国际军事法庭的判决书,是关于战争法的重要文件,这些文件中包含的各项原则对现代国际法尤其是战争法的发展有重要贡献。

这些原则最终于 1950 年由联合国国际法委员会根据联合国大会的决议确定了下来,主要包括:(1)从事构成违反国际法的犯罪行为的人应承担个人责任,并受惩罚;(2)不违反所在国的国内法不能作为免除国际法责任的理由;(3)被告的官职地位,不能作为免除国际法责任的理由;(4)政府或上级命令不能作为免除国际法责任的理由;(5)被控有违反国际法罪行的人,有权得到公平审判;(6)违反国际法的罪行包括危害和平罪、战争罪和违反人道罪;(7)参与上述罪行的共谋是违反国际法的罪行。之后于 1967 年和 1968 年,联合国大会还确立了"战争罪犯无权要求庇护"和

"战争罪犯不适用法庭时效"两项原则。

第四,东京审判揭露了大量日本政府和军部策划侵略战争,并在侵略战争中犯下的种种罪行,极大地震撼了日本人民,教育了战争发起国乃至全世界人民,使长期以来受到日本舆论欺骗的日本人民认清真相。

第二次世界大战是人类历史上残酷程度绝无仅有的战争,特别是日本作为战争发起国,对亚洲人民实施了罄竹难书的罪行。东京审判在反思战争责任、用国际法手段解决国际争端、惩罚战争犯罪上功不可没。

廖:东京审判的历史意义重大,您对东京审判还有什么评价呢?

何: 我认为,东京审判还存在着诸多遗憾。

第一,许多重要的战犯未列入起诉名单,比如731部队的罪魁祸首石井四郎逃脱了审判,同样情况还有九一八事变的策划人石原莞尔。特别值得一提的是,当时的裕仁天皇并未被列为被告。当时盟军最高统帅麦克阿瑟认为,审判天皇会造成日本国内的动乱。1945年9月27日,裕仁天皇秘密会见麦克阿瑟,但谈话内容至今没有公开,事后麦克阿瑟只用一句话概括这次会面:天皇从此走下神坛。日本学术界,如井上清教授等学者也认为天皇有战争责任。

第二,美国独揽检察权。东京审判与纽伦堡审判都是由美国主导,适用英美法程序,其最大的特点是奉行当事人主义原则。

第三,没有对犯罪组织进行审判,为犯罪组织的复活埋下了祸根。纽伦堡审判把财团作为战犯,把经济界的纳粹势力作为战犯都进行了起诉。但是,日本的三井、三菱、住友等在战争中发挥重大作用的财团,都没有被起诉。纽伦堡把盖世太保组织、政治领袖集团都作为犯罪组织进行审判,但日本的军部、樱会等都没有被起诉。这为日本军国主义的复活和右翼势力的抬头埋下了伏笔。

廖:尽管有这些遗憾,那么您认为东京审判有什么现实意义呢?

何:东京审判至今仍有现实意义。日本《朝日新闻》2015年4月就日本社会对东京审判的了解情况进行调查,其中非常了解的人数仅占3%,有些了解的占30%,认为审判公正的占16%,不公正的占32%。而相比之下,德国人认为对纽伦堡审判非常了解的占21%,大部分德国人认为审判公平,认为其不公平的仅有8%。这在某种程度上说明德国与日本对战争反思程度不同。

之所以如此,主要有以下几种原因:第一,德国的首要战犯希特勒在战争结束之前就自杀了。第二,德国盖世太保、冲锋队、内阁、总参谋部等都被确定为法西斯组织,而日本并没有这种情况。第三,德国由于英、美、法、苏四国的分区占领而导致了分裂,东德成为社会主义国家,法西斯主义难以复苏,而日本仅被美国一国占领。第四,德国后来的审判和二战后的发展,是受到美、英、法、苏等欧美国家的监督,这种监督非常有力。日本仅由美国占领,美国因国家利益对日态度发生转向,对日监督不力。第五,德国一直在追诉逃脱审判的战犯,而这在日本从未发生过。即使经过法庭判决有罪的战犯,对其刑罚的执行都没有坚持到底。1956年甲级战犯被释,1958年乙级战犯被释,某些人还重新出任重要的领导职务。第六,日本有靖国神社祭祀战犯,有200多万军人的家属,这些遗属希望自身权益受到保障而到处活动,对日本政坛影响很大,而德国不存在这种现象。

2. 国家社科重大项目的研究

（1）法律文明史

2011 年，由何勤华担任首席专家的国家社科基金重大项目"法律文明史"获得立项。项目成果共 16 卷，至 2022 年，已经出版 12 卷。"法律文明史"是对人类五千多年法律文明的起源、发展、演变的系统梳理，它的编写、出版将填补我国在法律文明研究领域的空白。国家社科基金规划办公室对其评价很高，在办公室发表的年报上，专门对该项目进行了报道和表扬。

廖：何老师，您好！"法律文明史"项目是您作为首席专家的国家社科基金重大项目。您能否介绍一下是什么原因推动您以"法律文明史"为主题申请该项目并写作、主编这套规模巨大的系列丛书？

何：之所以研究"法律文明史"这个主题，存在几个方面的考虑。

一方面，探讨文明相关的问题是近几年学术界的一大热点，当然近两年这种热潮已经有所减退，但是人类文明的起源、各种不同文明的发展阶段等一直是学术界关注的内容。特别是中华文明与欧洲的文明，或是与巴比伦、埃及、印度的文明是什么关系，这更是值得思考的问题。而关于文明的探讨，自然应当包括法律文明。

另一方面，法律史研究到现在，从中国学界而言，出版了一些代表性的丛书，如中国社科院以杨一凡先生为主的团队，主要着力于珍稀法律文献资料的整理，以考证为主，出版了数套多卷本丛书。又如中国政法大学以张晋藩教授为主的研究团队，推出了十卷本的《中国法制通史》（法律出版社 1999 年版）。再如中国社科院的李光灿和北京大学的张国华两位先生总主编的《中国法律思想通史》①。就外国法制史而言,华东政法大学的法律史团队出版了 12 本各个国家的法律发达史(法律出版社 1999 年至 2012 年出版)。此外,我还出版了《中国法学史》(全 3 卷,法律出版社 2006 年版)。但所有这些成果,总还有点分散的感觉,即制度、思想和学说各自为政。因此,我们希望通过法律文明史这样一个体系,把这些内容全部纳入其中,推出一套综合性的法律文明通史。

廖:原来如此。那么何老师,您能否介绍一下项目从构思到成形的情况?

何:好的。该项目我们大概构思了有十多年时间,但一直没有机会动手,因为编写这样一套大型丛书需要众多的人力、物力和财力。2007 年,华东政法大学法律史学科被批准为国家重点学科,我们有了一定的经费。于是我们开始组织队伍、启动编写工作。2009 年,项目获得商务印书馆领导王涛、于殿利等先生的支持,纳入了商务印书馆的出版计划。2010 年,选题又被纳入国家新闻出版总署的国家"十二五"重点图书出版规划。2011 年,在国家社科规划办领导以及法学界同行的全力支持之下,项目最终获得了国家社科基金 2011 年度重大项目的立项。

廖:确实不易。所以,何老师,是什么动力支持您克服困难,去做这样一个规模宏大的项目?

何:实际上,我希望通过这样一个项目,对整个人类法律文明的诞生、发展和演变的过程进行梳理和探究。虽然,这些梳理比较辛苦,而且我们的研究也只能是初步的、肤浅的,但这个工作总得

---

① 《中国法律思想通史》有四大本,由山西人民出版社在 1994 年至 2001 年期间陆续出版。

有人去做。

需要强调的是,我们应当感激这个时代。长期的构思写作能够化成作品出版,多年的编纂愿望能够得以如愿以偿,对学者而言可谓最幸福的事情。而这样的幸福来源于我们生活在中华民族重新崛起的盛世。当今中国实行依法治国,全力推进社会主义法治建设,重视法学研究对立法、司法等部门的作用,这对我们法学学者而言是极为幸运的。想想众多学界前辈、法学精英,未尝不想编撰规模宏大的系列丛书、形成系统化体系化的研究成果,但因国家的长期动荡等因素却终成未竟之事。而我们这代人有幸完成了这样一项重任!我想,这种感恩的心态,将永远激励我们在学术道路上奋进。

廖:确实,我们现在可以有这样的机会去做我们想做的事,得益于这个时代、得益于我们伟大的祖国。那么能否请您介绍一下这个项目的概况?

何:好的。中华人民共和国成立以来,经过 70 多年的发展,法律史研究(包括中国法制史、外国法制史、中国法律思想史、西方法律思想史、各国法律发达史、比较法等)已经取得了不少成果,从各种角度对人类法律文明成果进行了梳理和研究。

"法律文明史"项目旨在吸收前贤成果,并进一步发扬光大,从文明史的整体角度,系统阐述法律文明的起源、发展和演变。项目第一部分,研究法律文明的起源,尝试用法学原理,解析考古学、人类学的最新研究成果,阐述在人类进入文明社会之前的行为规范及其转化为法律的过程。项目第二至十五部分,依次分为古代法的足迹,包括近东、远东和西方;中世法的遗产,包括宗教法、世俗法和中华法系;近代法的成长,包括英美法系、大陆法系、苏联法、中国近代法、亚非拉近代法;现代法的变革,包括公法、私法和社会法的变革。最后一部分是法的国际化和本土化,描绘和分析人类法律文明的未来发展方向,揭示世界各国法律文明的趋同化浪潮及其与各国家各民族本土特色的交叉互动现象。

当代中国的法治建设,正处于转型时期,尤其应从长时段的视角,看待世界法律发展的潮流和趋势。部门法学研究中,由于受实务界的影响,甚至受到利益集团的干扰,很多时候花费了很多时间,研究成果出来没多久,却又过时了。法律文明的研究注重从长时段的视角看问题,可以弥补单纯部门法研究的不足。

文明是人类发展漫长历程中的产物,现实也是文明进程中的一小部分。"法律文明史"这个项目就是从这一意义上来开展研究的。我们编写的队伍阵容涉及全国法学研究各个领域,参与的高校科研机构有 25 所,参与的全国各地的法学学者共 220 人。我很高兴能在他们的帮助支持下,负责组织和实施这项研究。

该项目由 16 个子课题组成,完成后将以 16 卷专著的形式面世,各卷题目是:(1)法律文明的起源;(2)古代近东法;(3)古代远东法;(4)古代西方法;(5)宗教法;(6)中世欧洲世俗法;(7)中华法系;(8)英美法系;(9)大陆法系;(10)苏联法;(11)近代中国法;(12)近代亚非拉地区法;(13)现代公法的变革;(14)现代私法的变革;(15)社会法;(16)法的国际化和本土化。我的任务是主持整个项目以及担任其中法律文明的起源、宗教法、中华法系、大陆法系四卷内容的撰稿。

在此过程中,我们培养出了一批优秀的青年法学人才。作为项目的主持人,我倍感工作的艰辛,也为成果的陆续完成和人才的茁壮成长感到欣慰。在这个项目的研究中,我们构建了一个全新的总体研究框架,将极其丰富、精彩纷呈的人类几千年法律文明的起源、发展和演变的内容融入其中,以期有助于对这一文明史领域的了解和理解。

有些问题,学术界还没有触及,我们这里提出来了,也进行了史实论证。如法律文明的起源问题,我们将其界定在人类社会进入比较经常性的群居生活,产生了行为规范但还没有凝练提升为法律的层次,我们将处在这一阶段的社会规范,视为"法律文明的起源"。

还有一些问题,学术界虽有所触及,但尚无定论,也没有较成熟的观点,我们再次提出来讨论,并试图提出自己的见解。如公法、私法和社会法的三分法与二战以后世界法律的结构演变问题,刑事诉讼法归入公法、民事诉讼法归入私法是否适合当下中国的问题,"法的国际化"和"法的本土化"能否概括法律文明进步与进化的规律问题,等等。我们希望通过自己的研究,提出见解,抛砖引玉,追求共识。

廖:何老师,就"法律文明史"项目内容而言,如前所述,您将其分为 16 个子课题。能否请您介绍一下为什么要做出这样的构思?

何:实际上,我们的构思,是经过深思熟虑的。其中有些部分的名称及内容争议不大,如第一卷《法律文明的起源》、第七卷《中华法系》、第八卷《英美法系》、第九卷《大陆法系》及第十二卷《近代亚非拉地区法》。但其他子课题可能都存在需要解释说明之处。

比如说,第二卷《古代近东法》中,"近东"这个说法带有欧洲中心主义色彩。欧洲殖民主义者以西方为中心,将距离其近的地方称为近东,距离其远的地方称为远东。当时有些专家对此有疑义。但我们感觉这种说法已是约定俗成,在以往的文献当中使用得也比较多,能够为大家所理解。古代近东主要是指西亚两河流域地区。又如,在《古代远东法》一卷中,我们将印度法列入其中了。印度作为四大文明古国之一,其法律历史也比较悠久,但如果单独作为一卷则在整个体系里面显得比较单薄,那么应当如何处理?最后考虑到它也是亚洲国家,总体上也在东方,所以就将印度法纳入进来了。

廖:《古代西方法》之后就是第五卷《宗教法》。研读您书中的介绍可知,此处的宗教法不只包括教会法,还包括伊斯兰法和佛教法。对此,您又是如何考虑的?

何:我的考虑是,此部分如果只讲伊斯兰法和佛教法,则不足以反映整个世界的宗教法的发展。因此,必须把教会法纳入进来。但是,一旦将教会法纳入后,中世纪欧洲的法律则缺失了一个重要部分,这也导致有学者提问说为什么已出版的第六卷叫《中世纪欧洲世俗法》而非《中世纪欧洲法》。如果是《中世纪欧洲法》,对整个中世纪欧洲的法律面貌可以阐述得更全面一点。因为教会法从公元5世纪到15世纪一千多年,始终在欧洲占据重要地位。但出于体系安排的考虑,我们只能这么做了。

廖:听了您的叙述,倍感振奋!那么,在这个大项目的研究中,您有什么特别的体会和感悟吗?

何:有的。在项目16个子课题的研究中,我的一个深刻体会是:法律与社会的互动、人类的精神思维与物质活动交融,是人类法律文明形成、发展和演变的基本事实和主要线索。时代发展,法律也会随之变化。历史上某些重要的法律,现在可能不再那么重要了,甚至消失了。历史未曾存在过的法律,可能会不断产生、丰富和发展。更为复杂的是,某些法律在历史上曾经存在过,影响力日渐减弱,到了新的时代又产生出新的影响力。

比如宗教法,过去我们在研究中关注就不够多。改革开放以来,中国文化与世界各国文化的交流日益增多,对基督教、伊斯兰教包括对佛教的认识也日益加深,信仰宗教的中国人也增多了,要求我们更深刻地认识上述问题。英国著名历史学家阿克顿勋爵(Lord Acton,1834-1902)曾说过:"宗教是历史的钥匙",这句话很精到确实,宗教信仰与人类文明几乎是相伴而来的。

一种信仰得到一批信众的认同和追随,就会逐渐形成一系列的行为规范和主流观念,从而推动法律的发展和变革。尤其是近代以来,工业革命的发生,教育科学技术的进步,一大批民族国家的兴起,人们对宗教信仰的质疑、批判也日益增多,文艺复兴和启蒙运动中成长起来的人道主义、科学民主等意识得以勃兴,宗教法也跟着发生了巨大的变迁,走了一条"之"字形的道路:18、19世纪,宗教法受到了世俗法的巨大冲击,作用空间大为缩窄;但20世纪至今,却又出现了令人瞩目的新变化,宗教法在许多领域得以复兴,带来了相当多的不确定因素。

进一步加强对这些问题的研究,特别是注重宗教学、社会学、法学等领域的交叉互动式研究,为当代中国政治社会的健康发展提供科学的理论支持,是我们尤其是有志于从事宗教法研究的法律学者的重要使命。

廖: 能否请何老师给我们介绍一下其中几卷呢?

何: 好的。第三卷《古代远东法》主要是关于中国法的起源、变迁及其对整个远东地区的辐射影响,从夏商周到公元5世纪左右的法律文明史内容均有涉及。

第五卷《宗教法》主要讲述古代及中世纪宗教法的起源、内容及特点,三大宗教法(基督教法、伊斯兰教法和佛教法)的彼此消长及相互影响,宗教法和社会的内在关系,宗教法与世俗法的联系与差异,宗教法在现当代的变异及影响,以及三大宗教法的主要内容、基本特点、对社会民众生活的影响等内容。宗教法具有两种不同的含义。一种含义是指国家作为主体,制定、颁布、实施的关于宗教的法律、法规和规章等,是国家管理宗教事务的规范性文件,如《中华人民共和国境内外国人宗教活动管理规定》等。另一种含义则是指以宗教教义(信仰)为基础、约束信徒(在某些情况下也包括其他社会成员)行为的、有强制力保障执行的、形成一定规模且较为严密完整的规范体系。第五卷《宗教法》中的研究对象,是第二种含义的宗教法。

第六卷《中世纪欧洲世俗法》讲述中世纪欧洲世俗法的起源、内容与特点,欧洲几大世俗法渊源相互影响及此消彼长、世俗法与宗教法的关系以及欧洲世俗法对中世纪欧洲社会发展的推动作用。

第九卷《大陆法系》主要讲述大陆法系的概念、大陆法系的历史基础和理论渊源、大陆法系的形成与发展、大陆法系的基本特征、21世纪大陆法系国家法律的进步与变化、大陆法系的主要成员和分支以及大陆法系在世界法和法学发展史上的地位和影响等内容。

第十二卷《近代亚非拉地区法》主要讲述亚洲(如菲律宾、越南、新加坡、马来西亚、泰国、印度尼西亚等国家)、非洲(如埃及、利比亚、阿尔及利亚、苏丹、肯尼亚、尼日利亚、南非等国家)和拉丁美洲(如巴西、墨西哥、阿根廷、智利、秘鲁等国家)的法的近代化过程,包括西方法的入侵、西方法学观的传播及西方的宪章、民商事法律制度、刑事法律、诉讼法律、法律教育模式、法学作品等传入与本土化,拉丁美洲法近代化的成就与问题等。这些国家的法律同样非常重要,因为其与中国有密切的关系。

廖:谢谢何老师的分享! 此外,第十三到十五卷是关于现代法的内容,请何老师也就其中的争议问题做一下介绍。

何:首先,需要指出的是,在《大陆法系》一书中有些国家的内容介绍到了现代,如北欧、西班牙、葡萄牙等;有些国家的介绍则只到近代,这是因为《现代公法的变革》里面只包括英、美、法、德、日、俄、中7个国家,因此其他国家如果前面有涉及,介绍其法律文明时就一直论述到当代,否则在后面几卷中介绍法律文明因为只限于7个发达国家,其他国家法律文明的介绍和评述就没有机会了。

同时,在《现代公法的变革》中,将宪法、行政法、刑法及刑事诉讼法四个方面都纳入了其中。这实际上也是有争议的,如学界对于刑法、刑事诉讼法是否可以纳入公法领域就存在争议。但为了体系构建的方便,所以做出了这样的处理。

此外,《社会法》一卷中包括经济法、劳动法和社会保障法三方面的内容。对于劳动法和社会保障法属于社会法毋庸置疑,而对于经济法是否属于社会法则存在着争议。但考虑到经济法中的市场规制、宏观调控、反垄断法等是为了确保国家的经济秩序,保护社会公益,所以也将其放在该卷之中。

廖:何老师,"法律文明史"项目主要在于探究法律文明。实际上,关于文明一词的定义学术界众说纷纭。请问您是如何定义文明一词的?

何:文明一词,虽然在学术界尚有不同的理解,但我赞成大部分学者的观点,即文明是社会发展到一定阶段的产物,是较高文化的结晶,具体表现为物质生活水平(方式)、精神文化产品、典章制度规则以及社会组织机构等,因而有了我们平时所说的物质文明、精神文明、制度文明和政治文明等诸种形态。

廖:法律文明是人类文明的重要组成部分,同时又对制度文明和政治文明的发展与完善起到重要作用。何老师能否详细说明下法律文明史研究的意义所在？

何：首先，法律文明史的研究，可以为我国的法学研究梳理出一条人类法律文明发展进化的历史线索，提升我国法学研究的完整性和系统性，为新时期我国学术研究的进步与发展积累知识。正如前面所说，我们已经在法律史研究的具体领域，都有了多卷本专著的出版，但法律文明通史的研究，则刚刚开始，需要我们做出努力来予以推进。

其次，法律文明史的研究，可以帮助我们吸收和借鉴古今中外法律文明发展的成果，为我国新时期的法治建设实践和法学研究进步所用。在法律文明的诞生与进化过程中，人类创造了辉煌的成就，如古代近东地区的成文法典，埃及的司法审判制度，希伯来的契约精神，希腊的宪政文化，罗马的私法文化，中世纪欧洲基督教会法中关于法律面前人人平等的精神以及近代部门法的萌芽，中华法系的制度遗产，伊斯兰法中的务实精神，近代资产阶级法律体系崛起过程中得以广泛传播和确立的法治传统和法治理念，第二次世界大战以后现代法的各项变革，如公民权利的尊重、政府权力的限制、国家公益事业的法律推动，以及人性化法律政策的出台，等等。所有这些人类法律文明发展过程中凝聚着的法律精华，都是我们现在建设法治中国所应当挖掘、吸收、利用的宝贵遗产。

除了这两个意义之外，从整体上、从全局上来理解和把握法这一社会文明现象的产生、发展和演变的规律，以及推动我国与其他国家间的法律文化交流，也是我们研究法律文明史的重要意义之所在。

廖：对于"法律文明史"项目的重要意义，何老师的讲解得已经很明晰。那么，该项目的学术价值体现在哪里？对我国乃至世界法学研究的贡献又有哪些方面？

何：一方面，我们构建了一个全新的总体研究框架，将极其丰富、精彩纷呈的人类几千年法律文明的起源、发展和演变的内容融入其中，以帮助学术界对这一文明领域的了解和理解。从这个角度而言，我们的研究起到了拓荒与补白的作用。

另一方面，有些学术界还未触及的问题，我们也提出来了，并且进行了一定的史实论证。比如，关于法律文明萌芽的确定，实际上存在着相当大的难度。我们将其定位在公元前 200 万年的非洲能人"奥杜韦（Olduvai）遗址"，其被考古学家初步认定为游群社会，已经出现了"权力""国体"等意识之萌芽。

此外，我们还从新的角度，对一些法律上的问题进行了探索。比如，将古代希腊法和罗马法整合在一起，作为一个整体的"古代西方法"，对其进行了描述和评述；又如，通过将人类法律文明的进步划分为"古代法的足迹""中世法的遗产""近代法的成长""现代法的变革"四个阶梯，将其糅为一个有着内在发展逻辑的整体，对其进行了全方位的梳理，并通过设计《古代近东法》《宗教法》《中华法系》《英美法系》《大陆法系》等卷，将其精华和亮点予以突出、彰显，以"法的国际化和法的本土化"两条发展线索，来概括总结人类法律文明进化和进步的未来趋势，给学术界提供比较宽阔的思考路径和分析空间。

廖：确实如此。那么，"法律文明史"的研究成果，对于当代中国的法治建设，有哪些方面的作用？

何：近几十年来，英美法系、大陆法系在法律渊源、诉讼程序、法律分类等方面都已取得了非常重大的进展。发展是硬道理，法律的发展是世界文明进步的重要组成部分。法学研究为法治建设服务，法律史研究也肩负着为法治建设提供历史经验和智慧的使命,只不过其服务的方法、角度与部门法有所不同,视野更为长久些,角度更为宽广些。

晚清修律以来,中国已成为一个比较典型的大陆法系国家,以法典法为主要特征,司法领域也以成文法为渊源,不承认判例的法源地位。然而,现代世界日新月异,我们在发展,其他国家也在发展。必须踩准步点,走在时代发展的前沿,才不会像19世纪的中国那样落后挨打。

尤其是我们必须注意到,20世纪后半叶,大陆法系本身已发生了很大变化,非1804年《法国民法典》、1900年《德国民法典》时代可比。主要表现在以下几个方面:

一是迅速吸收英美法系的发展成果。19世纪前半叶,法国法律(法典派、法典注释学)占据领导地位;19世纪后期至20世纪初叶,德国法律(历史法学、学说汇纂派)取而代之;20世纪30年代以后,德国法律的领导地位迅速衰落,世界各国法学界的注意力转向了美国。在民法、刑法、商法、知识产权法等各个领域,大陆法系各国也都受到了美国法的巨大的影响。这是中国最近几十年向英美法系学习的基本背景。

二是判例在司法审判中的指导地位更加明显。大陆法系的传统特征之一,就是重视成文法典,不重视司法判例。法国大革命时期雅各宾派领袖罗伯斯庇尔(Robespierre,1758-1794)曾说过"法院的判例(jurisprudence des tribunaux)这样的用语,应该从法语中抹掉"。二战以后,大陆法系的这一传统特征发生了很大变化,各个成员国对判例的意义更加认可,对判例在发展完善成文法典、推动法制进步中的作用,也有了更加清晰的认识。这几年中国法院刊行的"案例集"也是这一潮流的产物。

三是更注重发挥法官的作用。大陆法系形成之初,受孟德斯鸠、卢梭等启蒙思想家的理论影响,对法官解释法律、创制法律有严格的限制。18 世纪末的《普鲁士邦法》用 19000 多条条文,试图对各种法律关系进行详细规定,以便法官审理案件时能随时引据法典,从而排除法官解释法典的可能性。二战以后,大陆法系国家法官日益活跃,在审判领域中发挥的作用越来越大。

四是立法方式更加灵活,新兴的部门法迅速增加。二战以后,大陆法系成文法典的稳定性受到冲击,《法国民法典》《日本民法典》《德国民法典》和《瑞士民法典》等经典法典,都出现了大规模的修订。刑法、诉讼法等也频繁修订。日本著作权法,更是几乎一二年就修订一次。彼此独立甚至相互冲突的单行法也层出不穷。

与此同时,英美法系也有向大陆法系靠拢的迹象,在其内部,英国法与美国法的差别也在缩小。英美法系原来崇尚渐进的、自生自发的、演进性的发展,反对变革性的、主动性的、建构性的发展模式,这种模式与 20 世纪以来政治经济的高速发展以及各民族文明广泛深入的交流互动,已经越来越不适应。二战以后,英美法已明显出现依赖制定法的倾向,制定法成为其重要的法源。20 世纪60 年代,英国制定和实施的制定法已数以千计。时至今日,这个数字又大了很多。在美国,制定法地位的提升更为激进,1787 年颁布了世界上第一部成文宪法。

尽管 19 世纪以后美国的判例法仍占主导地位,但制定法的作用已占据重要位置,尤其是"罗斯福新政"后,制定法进一步拓展领域。学者将这一转变,称为美国法律的"制定法化"。著名的《美国统一商法典》(UCC),是美国制定法的代表,其结构和风格深受德国法影响,被称为"普通法历史上立法的最好篇章之一",现在几乎已为美国所有的州采用。

此外，更为深刻的是，20 世纪中叶以来，英美法系在法律解释方法上，也有了革命性的进步。20 世纪 40 年代以前，英国法官通常采取较为保守的文义解释方法。二战以后，英国上议院开始作出变革，在疑难案件的法律解释中，由传统的文义解释转向对法律的立法目的的解释。这当然并非二战以后的英国上议院在法律智慧方面超过了他们的前辈，而是时代使然、世界性的趋势使然。

著名法官丹宁勋爵就曾不断呼吁，采取探究立法意图的目的论解释。这种观点得到越来越多的人的赞同。1969 年英格兰和苏格兰法律委员会提出允许法官在解释法律时参考立法准备材料的建议，于 1992 年成为现实：在"佩珀诉哈特案"（Pepper v. hart）中，英国上议院确认在法律解释中严格排除《议会议事录》原则的例外原则，允许在符合限制条件的前提下，参考《议会议事录》以解释法律含义。

当然，改变只是手段而不是目的，发展才是目的。法律是否真正实现全球化，要看未来世界发展的趋势，它本身并不是目的，而是实现法律进化的手段。世界各大法系之间的互动交流，并不意味着它们之间完全消灭差异，绝对等同起来。在发展至上、保持特色的基础上，应当保持开放、进取的心态。每个国家都有其特色，也都处身于世界的大舞台上，没有一个国家可以完全不考虑世界发展的基本趋势和潮流，在法律方面也是如此。

比如英国与欧盟的关系。作为欧盟成员国，英国须受欧盟法的支配，这种指令日益增多，推动了英国法与欧洲大陆的法国、德国等国家法的趋同。如《欧洲产品责任指令》（European Product Liability Directive）催生了英国 1987 年的《产品责任法》，欧盟《平等待遇框架指令》（Equal Treatment Framework Directive）使英国于 2003 年通过法律宣告：基于性倾向和宗教信仰的原因而导致的工作场所的差别对待非法。英国的遵循先例原则,也受到欧盟法的影响,英国下级法院认为其上级法院的某个判决与《欧洲人权公约》不一致,即可拒绝适用。

我们看到,英国法官审理人权案件时,反复诉诸的是《欧洲人权公约》而非英国判例。这些同化已使英国与欧陆各国的法律差别日益缩小。虽然,英国现在脱离了欧盟,但在相当一段时间内,尤其是在当下法律全球化的格局下,英国法受欧盟法影响的情况还会持续下去。所有这些变化,都不受任何政治家、法学家主观意志的主导,是时代发展、经济社会日趋复杂的必然结果。

我们必须认清这种发展趋势,走正确的道路,才能在落后多年之后追赶进而超越传统法治先进国家,实现民族繁荣和民生幸福。尤其是中国目前正在建设社会主义法治国家,并绘就了“法治中国”的宏伟蓝图。而“法治中国”的各项元素,都来自人类法律文明的进步与发展,其成果如法律至尊至上(法治)、法律面前人人平等、法律是公意的体现、法律的目的是为绝大多数人谋幸福、人民是政府的主人(主权在民)、权力分立与制约、司法独立(审判独立)、罪刑法定、无罪推定、法不溯及既往、刑罚必须人道、保障人权等,将会是我们今后建设法治中国的基本理念和前进目标。

因此,“法律文明史”的研究,对中国当前的法治实践也是意义重大。

(2)中华法系与中华法律文化问题研究

廖:“法律文明史”的项目尚未结束,您又申请到了另一项国家社科重大项目“中华法系与中华法律文化问题研究”,能否请您介绍一下这个项目的情况?

何:“中华法系与中华法律文化问题研究”这个国家社科重大

项目是国家社科基金办委托我来承担的。

委托的时候,国家社科基金办当时联系的是上海社科基金办公室的同志,是上海的同志转告我的。当时转告我的时候,是给我发了一段文字,发的文字里面,提到习近平总书记在几次会议场合提出的,我们现在编纂通过的民法典是中华法系、中华法律文化五千年的成果结晶,所以我们要加强对中华法系、对中华法律文化的研究。

在这种情况下,因为我在"法律文明史"这个重大项目中很多卷都涉及中华法系研究,而且我们中华法系单独有一卷的。还有中华法律文化,包括整个法律文化的研究,我又出过主编的专著、教材、多卷本的系列丛书。所以国家社科基金办的领导在征求中国法学会领导张文显教授的意见后,这个项目委托给了我。

但是上海市社科基金办开始没讲清楚,把这一段文字发给我,只是说让我搞一个委托的重大项目,那么我就拟了个题目。因为我看习近平总书记讲的是民法典编纂,所以我一开始拟的题目是"民法典编纂和中国古代民法文化",我把精力放在民法文化,因为民法典肯定就是民法文化。

"民法文化"这个题目弄了以后,我报给上海市。上海市跟我联系的同志看了以后,没提出意见,说"好的"。那么我就把这个题目展开来了,花了将近一个月来准备申报。因为尽管是委托的项目,但也要履行申报程序。我把我们其他拿到过重大项目的申报书拿过来,按照它们的格式,研究目的、研究意义、研究路径、子课题设置、各个课题组成员的分工、资料的来源、参考文献等,大概弄了 10 万字,花了一个月。

结果报上去呢,北京国家社科基金办说,"不对,我们让你做的就是中华法系与中华法律文化研究,不是只限于民法文化"。

那么好了,前面将近一个月工作就白费了,我就傻眼了。但我想,既然做到这一步了,只能继续下去。

后来我再重新仔细把他们发给我那段文字看了一下,它里面有这句话(中华法系与中华法律文化)的,所以它里面的原话就是"我们要加强中华法系和中华法律文化问题的研究"。这个时候我才弄明白,领导实际上要我做的是这个题目,以这个题目来立项。

所以,又花了半个月时间来整理资料。好在有一些材料是相通的,因为中国古代民法文化也是法律文化的一部分。写了申报书以后,我就把申报书寄到北京去。北京这方面效率真的很高,我7月8日把纸质的材料寄到那边。当然电子版是提前了一两天发给他们,电子版发过去那天他们就说收到了,马上给领导审核,如果领导同意,那么就给你立项。然后8日把纸质版寄到,到了7月13日,立项批准的通知书就发送回来了。而且发回来我一看,下面署的时间是7月8日,实际上就是纸质版寄到当天,领导已经看过电子版了,当天批准的红头文件就签发了。

至于为什么要研究这个题目呢?就是因为现在我们在建设法治国家的时候,不能光吸收西方的法律文明,也要注意我们中国历史上的法律文化和法律文明,包括中华法系。

廖:那么"中华法系与中华法律文化问题研究"项目和"法律文明史"项目的区别在哪里呢?

何:"法律文明史"重点阐述的是文明史,现在这个是文化史,是讲的法律文化。

法律文明和法律文化的区别主要在于,文明是具有普世价值的,全世界基本上相通的,都是人类创造的成果,这个我们一般叫"文明"。那么人类创造的、法律领域的成果,我们就叫法律文明。

而法律文化是带有个别性、特殊化的,是各个民族自己创造的法律方面的成果,不管是思想方面、制度方面,还是设施,还有其他的物质方面的,这些成果一般叫法律文化。

厘清文明和文化的区别后,这个项目和我之前承担的"法律文明史"的区别就是:第一,它更加注重中国的特色,更加注重中国本土的变迁、历史发展、起源以及成果,就是更加强调中国本土化、中国本身的特点。第二,"法律文明史"因为涉及面宽,涉及全世界,所以我们是从法律文明的起源开始讲起。在这里我们是只讲中华法系,但在"法律文明史"里面还有英美法系、大陆法系,其他如苏联、亚非拉、拉丁美洲所有国家和地区,还有公法、私法、社会法这些领域。"法律文明史"的视野更宽、领域更广、容量更大,所以"法律文明史"我们是有 16 个子课题,"中华法系与中华法律文化问题研究"我们只设立了 5 个子课题,比较单纯,从中华法律文化产生、诞生、变迁、消亡,最后中华法律文化通过蜕变,改头换面继续往前发展,来进行研究。

研究这个题目是因为,只要中华民族存在、中国人存在,中华法律文化是不会消亡的。但中华法系,因为它要附带其他国家来相信你、追捧你才可以形成法系,所以由于我们国家近代的落后,以前那些追随我们的国家不再追随了,那么这个法系就消亡了。

3. 其他代表作品

何勤华是一位勤奋的老师,每天晚上 10 点睡觉,早上 4 点起来备课、写作,坚持 30 多年,至今没有改变。由于抓紧点点滴滴的时间,因此科研成果十分丰硕,已出版独著和合著 120 余部,在《中国社会科学》《法学研究》《中国法学》《学术月刊》《中外法学》

等核心刊物上发表论文 190 余篇。他的很多研究成果,填补了我国法学研究的空白。

（1）译著

廖：何老师，可以介绍一下您翻译的外国经典法律著作吗？

何：我在这里简要介绍四本译著吧。2001 年，我和张智仁教授合译出版的柏拉图的《法律篇》，是我国第一本完整版的古希腊思想家柏拉图《法律篇》（The Law）的中译本，2017 年出了第二版，由商务印书馆出版。

2004 年我和徐震宇等合译，出版了格劳秀斯的《战争与和平法》，是我国第一本完整版的近代西方启蒙思想家、国际法之父格劳秀斯《战争与和平法》（The Rights of War and Peace）的中文译本，在 2013 年出了第二版，由上海人民出版社出版。

2004 年我和李秀清、周伟文、陈灵海、朱揽叶、林燕萍等合译，出版了《世界法系概览》，是我国第一本完整的约翰·亨利·威格摩尔（John Henry Wigmore，1863-1943）的《世界法系概览》（Panorama of the World's Legal Systems）的中文译本。这本书简要地介绍了世界上存在的或者曾经存在过的法系，并以更广阔的视角去审视我们历史上存在过的法律。为以后法学研究尤其是比较法学研究提供了很好的素材。

2013 年我和屈文生、陈融等合译，出版了《世界上伟大的法学家》，是世界法学名著译丛中的一本，是约翰·麦克唐纳（Sir john macdonell）和爱德华·曼森（Edward Manson）合编的《世界上伟大的法学家》（Great Jurists of the World）的中译本。在 2017 年出了第二版，两个版本都是由上海人民出版社出版。

（2）点校作品

廖：何老师，接下来可以介绍一下您的点校作品吗？

何：点校的作品，第一个是清朝时期法律作品的点校工作。我主持点校了清政府自光绪朝以后颁布的法律、法令：《大清新法令》（11卷，商务印书馆2011年出版），为中国近代立法史研究和清末法律变革研究提供了基础文献。点校出版《驳案汇编》和《刑部比照加减成案》，这两个是清朝的判例集。清朝最著名的判例集有三：《刑案汇览》《驳案汇编》《刑部比照加减成案》。当时已经有北京、深圳的学者在做《刑案汇览》的点校工作了，但是另外两部的点校还没有人做，所以我就牵头，带上我们的博士、硕士，还有法律古籍所的老师一起，将它点校出来。

第二个是有关民国时期的作品的点校。从2003年开始，我和李秀清老师、陈颐老师还有冷霞老师一起，点校出版了民国时期中国引进翻译的53部著作。民国时期中国翻译了大概400多部著作，这些著作里面，有些随着时间、地点的变化，现在不一定有价值了，我们后来挑选出100多部感到有价值的著作，准备将它们重新点校出版。当时和中国政法大学出版社订立了合同，点校工作做了几年，到目前为止是出版了53部著作，后来因为经费的问题，以及出版社的人员变更，新上任的编辑对这个项目不太感兴趣，于是就停止了。

民国时期的法学名著，是由我和当时的图书馆馆长殷啸虎牵头点校的，我们点校了一批我们认为有价值的著作，比如王宠惠的《中华民国刑法》，黄右昌的《罗马法与现代》，以及后来当了东吴大学校长的丘汉平的《罗马法》等。总共出了2辑，每一辑大概有20多本，第一辑的封面是古建筑的那种红颜色，第二辑是黑底白字的封面,取名"华东政法学院珍藏民国法律名著丛书"这个对我国的法学研究也是有价值的。

另外,我们对民国时期发表的论文进行了梳理,梳理出大概一万多篇文章。对于这些文章,如果全部点校,容量太大,而且有些可能到现在没有价值了。所以我们就挑选出还有参考价值的文章,进行全文的点校,如果是价值不大的,我们就仅仅列举出作者、文章题目、年份、发表在什么杂志上等信息,列一个目录。这样,我和李秀清老师从中精选出 500 多篇优秀论文,按照基础法律、宪政法律、民商法、刑事法、诉讼法、国际法的分类,编了 6 卷,以《民国法学论文精萃》的名义编辑成册,陆续出版。

除此之外,我们还点校了中华民国时期的法律法规,就是国民党政府时期所有的法律法规,现在大家都可以看得到的。

还有我和李秀清老师、陈颐老师一起,主持点校了"清末民国法律史料丛刊",共 4 个系列:法律辞书,共 5 卷;法律汇编,共 4 卷;朝阳大学法科讲义,共 28 卷;京师法律学堂讲课笔记,22 卷。由上海人民出版社出版,为中国近代法学史研究和法律教育史研究提供了基础文献。本套丛书获上海市第十三届哲学社会科学优秀成果奖著作类一等奖(2016 年)。

第三个是主持点校了中国近代翻译的外国法律、法规大全:《新译日本法规大全》(共 11 卷,商务印书馆 2007 年出版),为中国比较法律、法规研究和近代立法史研究提供了基础文献。

(3)其他作品

廖:何老师,您可以和我们分享一下其他代表性的学术成果吗?

何:2002 年,我和李秀清教授、陈颐教授一起编辑了《新中国民法典草案总览》,是三卷本,法律出版社 2003 年初版,北京大学出版社 2018 年出了增补版,将我国自 1954 年起开始的民事立法文献全部收集汇编在一起,为我国民法典编纂和民法学研究提供了第一手的基础文献。

2010 年至 2014 年,在国家重点学科经费的支持下,我组织华东政法大学法律史学科的青年教师和博士、硕士,采访了芮沐、沈宗灵、马克昌、高铭暄、王家福、江平、陈光中、张晋藩、王召棠、苏惠渔、陈鹏生等我国 500 余位著名法学家,其成果结集出版了《中国法学家访谈录》(10 卷,北京大学出版社出版),在中国法学研究中以口述历史的方式进行了有益的探索。

论文方面比较有代表性也比较有影响的是三篇。《清代法律渊源考》(《中国社会科学》2001 年第 2 期),文章在研读《刑案汇览》《驳案新编》《汝东判语》《吴中判牍》《樊山判牍》《徐雨峰中丞勘语》等一批有代表性的清代判例汇编的基础上,对清代司法实践中适用的法律渊源作了系统考察。我认为,在清代,不仅《大清律例》等国家正式法典在法院审判活动中是得到严格遵守的,而且成案、习惯法、情理、律学著作等也是司法官判案的重要依据。文章指出,清代法律渊源的表现形式尽管是多元的,但在适用时,统治阶级又将多元的法律渊源锤炼成一元的准则体系,以维护统一的社会秩序。清代各级审判机关在审理案件时都比较认真仔细,这是清代司法运作的主流,草率马虎,滥杀无辜的现象确实存在,但它不代表法律适用的整体状况。

《比较法在近代中国》(《法学研究》2006 年第 6 期)分四个部分,比较系统地论述了比较法这门学科、比较法这一用语在近代中国的传播和使用过程,指出比较法在近代中国的传播和发展,主要是与中国近代打开国门、向西方学习,引进西方先进的法律理念和法律制度,以及翻译和引入西方的法学观和法学理论的过程相一致的必然产物。在这一过程中,近代法科留学生以及由他们翻译和写作的论著,发挥了重要作用。文章指出,与其他国家不同,中国近代比较法的产生、发展和演变的过程,具有传统的法律比较与现代的比较研究相互交叉、比较法的发展与近代中国学习西方的大背景息息相关、受日本法的影响比较深、比较法分论的作品比较多而总论性质的作品比较少、没有出现专门的比较法学家、对先进法律理念的崇尚和对先进法律制度的追求是研究中的一根主线等特征。

《论新中国法和法学的起步》(《中国法学》2009 年第 4 期)从 1949 年中国共产党宣布废除国民党"六法全书"的决定说起,阐述了这一决定以及 1952 年我党开展的"司法改革运动",对新中国成立初期法和法学发展的重大影响,说明:这两个事件,并不只是个别人的行为,而是我们党的一贯立场,而我们党之所以要这么做,是受当时我国社会经济、政治、文化、执政状态以及中国革命胜利的性质和阶级斗争形势所决定的,具有历史的必然性和正当性。这两个事件,虽然对当时新生的人民民主政权的法制建设具有一定程度的推动作用,但其对中国法和法学发展的消极影响也是非常明显的,一方面,它们中断了中国法和法学近代化的进程,为苏联法全面进军中国留出了巨大的空间,也促进了全国政法院系的调整,改变了中国法和法学发展的基本进程和整体面貌;另一方面,它们助长法律虚无主义在中国的蔓延、横行,并使中国法和法学的发展游离于世界法和法学发展的主流之外。因此,反思新中国初期我国法学界所发生的这两个事件,进一步探索法和法学发展的规律,是我们目前法学研究所应关注的热点。

（二）学术研究与治学体会

钻研学术多年,何勤华有着许多治学体会,总结起来是十句话,分别是:"学术姓公不姓私""学术研究必须规范""应当边述边作""研究面不要太宽""应提倡学术批评""自己走自己的路,不要去羡慕别人的成功""要多读书,要有思考的时间""只要付出了,总会有所收获""痛苦是事业成功的母亲,寂寞是学术辉煌的父亲""在人类寻求智慧的旅程里,永远是山外有山"。

1. 治学体会

廖:何老师,您做了那么多年学术研究,有没有什么心得体会可以和我们分享一下呢?

何:回顾这些年的学术研究,我有如下体会:

第一,"学术姓公不姓私"。当代日本著名法制史学家泷川政次郎(1897—1992)曾针对有些学者垄断学术资料的现象说过:学术是公众的事业,而不是某个学者乃至权威的私有物,某一研究领域或研究课题,大家都可以去参与。

泷川政次郎的批评是否实有其事,我们无意去考证,但他提出的这一观点,可以供我们参考。在学术领域各个学科、各个方面以及各个专题,都不是某个专家或某个权威的垄断物,每个人均可以去研究、去耕耘。即"学术面前人人平等"的含义,不仅包括年长者与年轻人、教授和讲师、学术权威与刚入门者之间地位平等,展开自由的对话和讨论,而且还包括研究领域、课题的公开化。不能认为在某个领域的研究中起步比较早,成果比较突出,就可以将该领域视为自己的私有物,而禁止别人来"插足"。如果这样,我们的学术就会停滞不前,就会走向衰亡。如同一句老话所说:"一枝独秀不是春,百花齐放春满园。"

第二,"学术研究必须规范"。学术研究的规范化是学术发展的条件之一。这当中,当然包括了学术用语、学术文体等,但核心问题是引文和注解的规范化。前些年,许多教材包括一些论文和专著,没有或很少有引文和注解。有些名称很好听的书,如《外国民商法》等,竟然没有一个注解!使人全然不知这洋洋洒洒的几十万言到底源自何处。现在,这种情况好了很多,但仍需要引起重视。

我认为,没有引文和注解,一是对他人成果的不尊重,甚至是侵权;二是无法与其他学者进行对话,就有关专题的研究继续深入讨论、磋商;三是不利于知识集中和学术积累,因为带有详尽的引文和注解的一篇论文或一本专著,可以将有关这一问题的文献汇集在一起;四是容易使读者误入歧途,因为一旦在引用数据或资料时搞错了,而又未注明出处,读者也就跟着错,无法查对原始资料;五是使学术发展的链条就此中断。因为任何人的研究都是在既定的历史条件下,在前人研究的成果上继续前进,引文和注解使人们可以知道这一学术发展的线索。如今到你这里,由于没有引文和注解,人们不知道你以前的链条是什么,你的东西源自何处,学术研究到你这里也就突然中断了。

从这里也就可以知道,没有引文和注解,最终对你本人也没有什么好处,因为没有出处的资料和结论,别人是不敢引用的。因此,我对那些没有引文和注解的论文和著作,常常是不敢引用的。总之,关于学术研究的规范化问题,现在是愈演愈烈,确实已到了应该解决的时候了。

第三,"应当边述边作"。孔子说"述而不作"后,还说了两句话："信而好古,窃比于我老彭"(《论语·述而》)。意思是说,周代的礼制已非常完备,稍事损益即可行用,他传承周礼,就像商初的贤大夫老彭传承夏礼一样。这种"述而不作"的观点,有其特殊的时代背景,但与当代学术创新的基本潮流是格格不入的。

中国近代史学家范文澜(1893—1969)说:"板凳甘坐十年冷,文章不写一句空",就是说要有创造、要有新见,陈词滥调的东西、千篇一律的东西,一概不讲。我体会这句话的中心思想是规劝学者尤其是年轻人先不要急于发表成果,而应把专业基础打得扎实一点,把学术功底练得厚实一些。所谓"不成熟的东西不要发表,"所谓"说说不要紧,发表一定要慎重"等,都是这个意思。对于这一传统和精神,我一直深表赞同,并且也一直将其奉为座右铭。但是,随着现代社会的发展,我感到必须对上述传统作一些修正,即在信息爆炸的现代社会,大家也应提倡学术界的广泛交流与合作,主张学术批评和反批评,主张学者之间的思想火花的碰撞。

我主张可以"边述边作",鼓励将不太成熟的作品拿出去发表,我自己这些年也是这么走过来的。因为,将不成熟的作品拿出去发表,让学术界评头论足,比放在家里自己一个人慢慢推敲,可能可以更快地成熟起来。所谓"以文会友""以文对话",说的就是这个意思。另一方面,"边述边作",将不成熟的东西拿出去发表,也可以增加学术积累,避免一些不应发生的损失。因为,现代社会汽车、火车和飞机等工具十分发达,随之而来的各种交通事故也大大增加,加上癌症猖獗,各种激素和化学物质横行,有些肚里很有学问的学者如果突然去世,他的研究成果就再也无法面世,这对学术界来说,无疑是一个重大损失。

在这方面,我是深有体会的。我的恩师李志敏教授,既精通英、法、德、俄等好几国外语,又有扎实的国学底子,并且很有思想。

但他平时遵循"述而不作"的传统,不太发表东西。结果,当癌症夺去了他的生命时,他的学问就未能留给学术界。这的确是整个学术界的损失。我认为,每个人的学术生命都是很有限的,如果只述而不作,到学术生涯的后期,再想做一点创造性的工作,或许时间也不够了,精力也不济了。汉代思想家贾谊(公元前200年—前168年)20多岁就写出了《过秦论》,唐代诗人王勃(约650年—约676年)20多岁就写了《滕王阁序》,意大利近代著名刑法学家贝卡利亚(Beccaria Marchese di,1738-1794年)二十几岁就写了《论犯罪与刑罚》。也有不少非常优秀的学者,比如被章太炎(1869—1936)称为"天王"的黄侃(1886—1935年),就是才华横溢但写作过少的典型。

这里应当注意的问题是,"边述边作"的前提是,我们对自己发表的成果要有一个清醒的认识,要有自知之明。不要认为出版了几本书,发表了几十篇论文,就自我感觉特别好。而是要经常反思自己作品中的缺陷和问题,听取学术界的批评和意见,力求使以后发表的作品质量更高。

第四,"研究面不要太宽"。我们以及我们上一代的学者,都有一个"先天不足,后天失调"的问题。即或者毕业后就遇上了各种政治运动,进牛棚或靠边站,或改行或下农村;或者在"文化大革命"中上山下乡,在农村劳动多年。因此,他们的外语水平、专业基础比起老一辈的专家学者明显要弱。

数年前我曾与复旦大学的一位政治学博士研究生导师(他当年65岁)交换过这一看法,他不无惆怅地说:在他们这一代人中,至今未能出现一位大家,这不是他们不努力,而是社会环境使然。我说,不仅是他们这一代,我们这一批人也不同程度地受到"文化大革命"的影响,虚度了许多光阴。鉴于这种"先天不足,后天失调"的状况,我一直主张,研究涉足的面不应太宽,必须根据自己的性格特点、知识结构、外语程度以及身体条件,选择一个合适的专业和领域,潜心钻研,出一些成果。这是在现代社会知识的扩张十分迅速、学科分工越来越细密情况下的唯一选择。否则的话,这也研究一些,那也去研究一下,很可能到最后一事无成。

我们都知道"读书破万卷,下笔如有神"的道理,年轻的时候,做不到读书破万卷,怎么弥补呢?办法就是追求研究的专精,通过以小见大的方式,逐渐实现研究范围的拓展。其实很多前辈学者,年轻时也是从专精做起的。最典型的就是日本法制史学者仁井田陞(1904—1966),他完成《唐令拾遗》(1933 年东方文化书院出版)这部中国法制史力作时年仅 29 岁。之所以能取得这么杰出的成就,除了其天资和勤奋以外,我想专注于唐令这一个点,也是其成功的重要因素。

第五,"应提倡学术批评"。1957 年反右运动以后,我国就很少有认真的学术批评了。对任何一部作品,只能表扬,不能批评,已成为学术界一个不成文的规矩。近几年,这种情况稍有好转,各杂志也陆续刊登一些书评之类的东西,对一些著作作出评述。但总体上还是只说好的,不讲缺点,即使讲缺点,也是轻描淡写,一笔带过,没有能够予以深入地分析、说明。

批评是学术进步的法宝。发现错误,改正错误,是进步的必由之路。如果缺少互相批评,不但有可能虚耗时间精力,有时甚至会误入歧途。近代中国学术史上,有一个通过学术批评取得重大成果的例证,就是胡适(1891—1962)、顾颉刚(1893—1980)、钱玄同(1887—1939)等人通过信件的方式写出来的《古史辨》。说得远一点,其实在人类社会的早期阶段,部落与部落之间,就已自发地形成了互相学习的习惯,在长期婚媾交往中,习得原来本部落不掌握的技能,包括种植、饲养、建筑、冶炼、医疗等技能,包括今天视为非科学的祭神拜鬼、占卜预测等技能。

随着时代的发展,人们越来越意识到,必须主动寻求批评,才能更快地改正缺点。青年学者的优点之一,是思维活跃,敢于挑战陈旧,创发奇见。优点之二,是能够接受批评,改正错误。借助今天高度发达的通信技术,如能更好地实现自由、畅达、宽松的学术批评,对于青年学者的迅速成长和成熟,有很大的好处。

我认为,开展学术批评,对于繁荣法学研究、推动法学发展,具有极为重要的意义。只有表扬,没有批评,问题就不会暴露,真理也就无从诞生。套用余英时先生的话,就是没有经过批判的观点和意见,只是"正"。"正"必须经过"反",即讨论和批判,然后才能上升到辩证法意义上的"合"。这种"合",才具有真理的成分,才会产生力量。那么,如何开展学术批评呢? 我认为应注意两点:

第一点,从批评者角度而言,应当"对事不对人",即成为讨论、批评对象的,应当是作品,而不是作者。必须针对作品的价值、优点、缺陷、它对前人的成就有否突破、与同时代的作品有何不同的地方等,由此展开认真的、说理性的评述。反之,如果不以作品为评述的对象,而将讨论、批评扩大至作者身上,就往往会造成对作者的误解或指责甚至伤害,不利于学术批评的正常开展。尤其在学术批评传统很淡薄的中国,更应当注意这一点。

第二点,就受批评的一方而言,应当有一种大度的、宽容的情怀,以及广纳百川、以成大海的思想境界。不管批评是多么尖锐,甚至可能是误解、苛刻的指责,也应当冷静地思考、反思自己作品中的缺陷和问题。应当说,一部作品引发别人的讨论、批评,本身就说明这部作品的成功,至少说明它引起了学术界的注意,成为同行中人感兴趣的课题。

第六,"自己走自己的路,不要去羡慕别人的成功"。学者之间,有些是可以相比的,有些则是不可比较的。因为每个人的知识结构、研究领域、家庭环境甚至身体状况都不同,即使是研究同一专业的人,也因具体情况的不同而不具有可比性。因此,我在这方面的体会是:"自己走自己的路,不要去羡慕别人的成功"。

学术研究类似于生命历程中的"马拉松赛跑",有些人由于聪明、勤奋等原因,可能在20多岁时就冲在了前面,取得了辉煌的成果;有些人则由于起步晚、领悟问题慢等种种原因,可能一直落在后面。但只要目标明确,方法对头,不停脚地往前赶,那么就有可能在年纪大的时候超越别人。相反,开始跑在前面的人,如果放松了,不努力了,也会落到后面。

这里,关键是不能有"白头翁"的习惯,不要因为别人的成功就去羡慕别人,而怀疑自己的路是否走错了。而应当按照自己的既定目标,一步一个脚印地前进。须知,别人的成功,虽然可能有一些机遇好的因素,但主要是别人努力的结果。资料要靠一篇篇地收集,文章要靠一个个字地写,急躁不行,羡慕他人也没有用。在学术研究上没有任何捷径,有的只是吃苦的精神,老黄牛的实劲。

第七,"要多读书,要有思考的时间"。对于从事教学和科研工作的同志,尤其是一些中青年骨干,现在各种赚钱的机会和诱惑很多。即使从学术上看,各种讲学、辅导、编讲义、写论著等机会也接连不断,弄得你整天忙忙碌碌,没有时间好好地读一些书,思考一些问题。

现代社会发展迅猛,各种机会和诱惑都会纷至沓来,常常弄得我们目不暇接、静不下心来,在此氛围下,每个人都忙得不亦乐乎,无法坐下来好好读书,好好思考。而我们都知道,人类历史上的许多科学原理,最典型的就是万有引力定律,并不是先做实验,而是先由学者冥思苦想出来,再通过实验证实的。

古人崇尚文学,所以杜甫(712—770)就说"为人性僻耽佳句,语不惊人死不休"。今天我们崇尚实践,无须故作惊人之语,但你还是必须提出你独特的见解。学术的生命在于创新,不断拓展新研究的空间,采用新的研究方法,提出新的学术观点是每一位青年学者的使命和方向。而要做到这一点,必须通过广泛阅读,吸收前人所创造的一切经验和智慧,然后予以深入思考,反复琢磨,才能成功。

就我自己而言,研究生毕业后,在相当长的一段时间内,没有时间读书,许多资料、书籍也都是为了承担某个项目、完成某个课题、撰写某本著作,才去看、才去读。比如,要写《法学新学科手册》了,就去读有关新学科方面的文献;为了编《当代中国法学新思潮》一书,就去查找这方面的资料。结果,弄得自己成为一只开始作茧的"蚕宝宝",只是不停地往外吐,而无法往里吃。即使吃一点,因为马上就要往外吐,所以也就没有时间咀嚼、消化,没有时间思考。但学术研究有它自己的规律,知识必须有积累,才能构成体系,才能不断上层次。思考不能匆忙,必须静下心来,才能形成自己的见解和创意。

廖:听您讲了这么多,我获益良多,您还有其他学习的体会可以分享吗?

何:第八句话我想分享的是:"只要付出了,总会有所收获"。我们常常讲"一分耕耘,一分收获","种瓜得瓜,种豆得豆"。这些经典语句中蕴含的真理就是你要有所收获,就必须有所付出。而且除掉一些特殊的情况,如特别聪明甚至是少见的天才,或是有着特异功能等,付出与收获应当是成正比的。我们有的时候经常会听到某人说,我已经很努力了,我已经很勤奋了,但收获总是不大,是不是自己特别笨呢。

实际上,特别笨的人不是很多。尤其是考上了大学甚至硕士、博士的人,一般都是很聪明的,至少我所接触的学生都是如此。所以,这里还是一个付出不够的问题:或是比较功利,或是比较浮躁,或是没有恒心,这点尤其重要,我们看到许多人不很成功就是因为做事情"有头没尾"或"虎头蛇尾"。如果克服这些情绪,调整好自己的心态,盯住一个目标,咬住青山不放松,长期、持续地付出,最后总是会有所收获的。

廖:这里是否也有一个入门或进行过程中的方法问题呢。当然,方法问题比较好解决,只要多读读别人的作品,多思考思考自己的问题就会很快上手的。您说是吧?

何:是的。第九句话是"痛苦是事业成功的母亲,寂寞是学术辉煌的父亲"。用"母亲"和"父亲"作比喻虽然有点俗,但我想说的意思就是:你要取得事业的成功,就必须承受痛苦和挫折;你要在学术上有所成就,就必须忍受冷清和寂寞。

经常有学生对我说:某某教授既当官员,又不断发表文章,事业成功了,学术辉煌了,人也活得很舒服、很潇洒、很滋润。我说这都是表面的现象。在世界上,真想把一件事做好,必须有认真的精神,必须投入自己的时间和精力,甚至包括感情。而一旦这么做了,痛苦也就跟着来了。

尤其是在学术研究方面,只要你一坐到书桌前,冷清的感觉、寂寞的氛围就开始包围你了。写东西和开会、吃饭、聊天、卡拉OK的确是一种不同的感受。后者在热闹的气氛中是可以完成的,甚至是越热闹越来劲。前者就不同了,哪怕是写成一篇豆腐干大小的文字,只要是自己所思与所得,也必然是在冷清和寂寞的环境中才能完成。

以前,我们常常举屈原放逐赋《离骚》、左丘失明编《国语》、司马宫刑写《史记》的例子,来说明激愤出诗才、怨恨出文人、悲怆出史家。而在目前市场经济成为大潮,法学已经成为显学的历史条件下,已经没有了那么多的激愤、怨恨、悲怆,有的只是太多的诱惑和压力。实际上我们大家都想热闹,热闹是人作为社会与政治动物的本能。天生就喜欢冷清和寂寞的人我想是不会很多的吧。因此,此时阻碍中青年法学家成长的最大痛苦,可能就是寂寞了。谁能耐得住寂寞,能够战胜自我,谁就能够坚持下去,就能获得成功。

廖:正因为搞学术研究、撰写论著的不易,耐得住寂寞的可贵,所以现在许多人都在大力提倡克服浮躁的心态,消除急功近利的情绪。我理解,您这第九句话的核心应当是这一点吧?

何:是的。当然,对我们每一个个体而言,你要热闹也好,你要寂寞也好,都是一种自愿的选择,从来没有一个人来强迫你。从这个原则出发,我也不太赞同说目前中青年学者变得浮躁了,不做学问了,忙于社会活动了,等等,并对这种现象报之以惋惜、施之以批判。因为我认为,在法制变革中的社会,是需要多种多样的人才的。埋头于书斋里撰写大部头专著和长篇论文的,是在搞学问,是社会需要的人才;游说于社会各界,鼓动于会前饭后,把法学的理念与意识灌输给每一个市民尤其是领导干部,也是在搞学问,也是社会需要的人才。

这里,我感到最为重要的是,一定要对自己所从事的研究有兴趣,如果有兴趣,甚至有着浓厚的兴趣,那么,再冷清、再寂寞,也不会感觉痛苦。所谓"苦中有乐""乐在其中"就是这样一种境界。我认为:好奇、兴趣、认真、执着,这八个字,是能与寂寞长期相伴的最好的心态。

廖:下面,我们想听听您的第十句话。

何:那是我在一个广告语中看到的。这句话是"在人类寻求智慧的旅程里,永远是山外有山"。我感到它充满了智慧与哲理。它告诫我们,不管成就多高、贡献多大,永远不要骄傲,永远不要自满。

事实上,人类寻求真理和智慧的过程是一个永无止境的漫长旅程。任何伟大的学者,都只能是处在这一旅程中的某一个点上,成就越大,贡献越多,这个点的光芒就越大,但它无法消除前人的印迹,更不能阻止后人的脚步。因为这是一个与人类相始终的旅程,永远不会完结。谁骄傲了,不再努力了,谁就会被抛在路的一边,成为落伍者,而其他人仍然在前进。

到目前的法学界,是一个百花争妍、群星璀璨的时代,是一个出人才、出成果的时代。在知识爆炸、分科越来越细的情况下,每一个法学工作者,不管他如何努力、如何勤奋,都无法穷尽每一个研究领域。要看到,我们每一个个体的能力都是非常有限的,只有坚持自己的特色,只有尊重他人的研究,只有注意吸收前人的成果,我们自己才能跟上学术发展的步伐,每个人都这样做了,我国的学术才能在整体上得到提升。

廖:听了您这一番话,真的是如沐春风,愉悦而又受到启发。我个人认为,做任何事情,包括学术在内,应当是有所为有所不为,有所执着有所放弃的。过于渴望成功很容易走上歧路,陷入功利的泥潭,导致手段和方式缺乏正当性,甚至是非法性,所谓"魔由心生"也。当然,执着不等于偏执,放弃有别于逃避。其实,重要的不是出名与否,做官与否,发财与否,发表、出版论著众多与否,关键在于,从个人来讲,你自己是否感受到乐趣,从社会、从历史等更广泛的意义上来讲,你的贡献是什么。此外,就是学者应当关注社会,关注现实,关注民生。高校是象牙塔但不仅仅是象牙塔,学术是职业但不应被视为单纯的谋生手段。

学者应当具有学术良知,恪守学术道德和学术规范,积极推动社会发展,参与社会变革。如果说法院的审判是社会正义的最后防线,是否可以说学者是社会良知的前哨和最后阵地呢?我认为真正的学者完全配得上这个说法。在这些方面,您为我们作出了榜样,是我们前进的路灯和航标。

何:你说得非常好。我很赞同你的观点。学术不能浮躁,学者应当背负历史的使命,这是我们无论在任何时候都应当谨记于心的。看到不同年龄段、不同地域、不同专业从事法学学习和研究的人能够在基本的问题——方法和态度问题上有共鸣,真是非常非常高兴。这也算是学术研究的传承性吧——不管它是自觉还是不自觉,是直接还是间接进行的。

2. 学习经验分享

廖:学习是一项终身事业,但要学习好不仅仅要投入时间,也要有好的方法。您可不可以和我们分享一下您学习的经验?比如阅读文献和论文写作方面。

何:我主要针对我们大学生来说吧。大学生学习的经验我觉得至少有几条可以跟大家讲讲。先说阅读文献吧。阅读文献方面,因为现在大量都是网络书籍,甚至微信也可以看,纸质的反倒不太多。我个人的体会,首先有一点我们要清楚的就是,每个人的精力都有限,现在如果老是强调阅读、要扩大阅读量,可能 1 天 24 小时都得在看书或者看手机。所以我们只能量力而行,在能够不影响正常学习的情况下进行文献阅读。

廖:您能不能稍微展开和我们说一下?

何：这里有几点需要注意。第一，课要上好。保证每门课按时上课，准时出席。把每门课的笔记，或者老师上课的内容能够学习好，能够领会、理解，不能不管听没听懂就过去了。

第二，量力而行。就是在课上好的基础上，根据你自己的精力量力而行。如果想继续读博士的，那么就挑选自己喜欢的专业来进行课外阅读。比如大学生刚进来，民法、刑法等，每门课都要学，但是考研的时候可能有的想考民法，有的想考刑法，有的想考法制史。所以就要在每门课学好的基础上，如果想考研究生，就要有所侧重地多看你感兴趣学科的专著、教材，可以挑选你所感兴趣的领域那些大师级人物或著名学者的著作，因为他们之所以被称为大师，肯定是因为他们的著作相对来讲会比较前沿，而且更为系统、更为深刻。

第三，学好外语。如果在前面两点做到的基础之上，还是精力充沛，有多余精力，那么我个人建议就是，外语一定要好。因为前面讲的两点，都是我们大学生的本分，不过其实外语也是本分。外语学好，四级六级通过，即使你之后不考硕士也不考博士，大学毕业就去工作，外语好的话，在用人单位里面也占有优势。因为我们现在是全球化的社会，很多企业都有海外的订单或者涉外业务。我感觉外语始终是需要的，对于要出国的学生更为重要。虽然现在因为疫情影响，出国的热度稍稍有降，但还是有很多学生希望出去的。

廖：就是说学习要分清主次，在学业任务完成的情况下再做其他事情。想考研的同学要多读专著，那么对于毕业直接参加工作的同学来说，您有什么建议呢？

何：对于毕业直接参加工作的同学来讲，看的文献就可以是一些心理学、管理学的书籍，就是说要开始培养情商，不能死读书了。

因为工作意味着要发生人际关系,到工作单位跟同事和领导都要交流。同样一句话,讲话得体一点,大家听了也会觉得这个人讲话还蛮不错的。讲话不得体,别人就会觉得这个人乱说八道,或者这个人讲话很尖刻,那么别人就不愿意和你交朋友。

廖:所以我们选择文献来阅读时要明确自己的目标是什么,想要达到什么样的效果。若目标是毕业之后出来工作,那么就要有所侧重,把时间放在培养工作能力上。

何:没错,是这样的。做任何事情都要明确自己的目标是什么。另外关于阅读文献方面,我的体会就是,在精力充沛的情况下,尽量阅读面广一点。

阅读面广一点,吸收知识的来源就多一点。比如看了两三本书,你可能会受它左右,感到他讲得好像都对;但你如果同样类型的书多看几本,可能就会发现有其他人的看法可能比他更深刻,或者其他人的看法是从另一个角度出发。所以这就要求同学阅读面要宽,阅读量要多。做到这一点的前提就是你要保证前面提到的,正常的学业不受影响。

最后,除了专业书籍之外,还有阅读杂书,像阅读武侠小说也是有帮助的,金庸写的小说也是他人生经验的体会,知识是无所不包的。我讲的这些,对于研究生、博士都可以适用的。

廖:我知道了,阅读要拓宽广度,吸收多方位的知识。那么在论文写作方面,您是怎么看的呢?

何:论文写作,我这里分三个层面来谈。

对于本科生而言,实际上就是要完成一篇毕业论文。所以本科生同学要想确定一个题目来进行论文写作,一个是可以通过老师平时的讲课好好学,另一个是根据自己兴趣,扩大阅读量进行知识积累,最后就是感到对哪个问题感兴趣,可以跟老师商量一下,确定题目。但是本科生我其实也不是太鼓励平时去写论文、发论文,毕竟学业才是主要的,而且如果有想法考研、出国、工作,还要强调写论文的话,这会花掉好多时间。所以我个人建议,本科期间的主要任务就是打好基础,扩大阅读量,增加阅读面,多看文献资料,只要到毕业时好好把毕业论文写好,拿一个好成绩,就可以了。

对研究生而言,我们是有科研要求的。研究生跟本科生的区别在于:第一,研究生是专业化的,本科生是普及性的,本科阶段什么法律科目都要学,到了研究生阶段就是有专业方向。虽然法硕进来时也没有分方向,但其实是有方向的,就是选了相应的论文题目之后会有相应的老师指导你的。第二,本科生可以不写文章,研究生必须写文章。像我们学校的科研要求,如果要让硕士论文顺利答辩的话,你必须先公开发表一篇论文,如果达不到这个要求,就没办法参加毕业论文答辩,然后毕业不了。当然这个公开发表的要求也不高,只要普刊(普通刊物)就行。

至于博士生,因为是专业人员,就是专门搞研究的人员了。博士生的要求和之前本科、硕士的要求都不一样。博士生要达到毕业的条件有两个,一个是完成一篇博士论文,我们专业至少要 20 万字,我们管这个叫大论文。除此之外还有 1 篇 C1,或 2 篇 C2。要做到这个不是那么容易的,因为总共才 3 年时间,要完成一本专著(博士论文)还有 2 篇 C2 论文,基本上是没有时间偷懒的,偷懒就只能延期毕业,甚至毕业不了。

廖:不同阶段的学生确实要求是不一样的。那么何老师,您从事学术研究这么多年,在论文写作方面有没有经验可以分享给我们呢?

何:在论文写作方面,我个人的体会就是——由近及远。就像滚雪球一样,首先把最重要的任务完成,然后再一点点往远处推。

比如读博士,首先要把博士论文完成,因为这个是核心任务。在完成博士论文的基础上,再完成2篇论文。如果你真的特别优秀又特别精力充沛,那么你还可以有其他心思,写点其他文章,但是绝不能本末倒置,不能博士论文没完成、2篇论文没完成,却去写一些其他文章。

硕士也是一样的道理。我总结硕士毕业之后只有三条出路:一是考博,二是出国,三是直接工作。对于这三条出路,你也要清楚对自己最重要的是什么? 比如考博的同学,那些实习的机会,既抛头露面又占用时间的,即使再想去参加,也要放弃,你必须将全部精力放在对读博有帮助的地方。要考虑到,如果我要顺利读博,挡在我前面还有多少障碍? 然后再一个一个克服掉这些障碍。

廖:谢谢何老师的经验分享,这对我们的学习大有裨益! 那么我想问一个更专业一点的问题,您在进行法史研究的时候,是采用什么方法的呢?

何:关于法史研究的方法论的问题,我认为,能把史料和论证结合得天衣无缝固然最好,但多数情况下做不到,史料的比例大一些好,如果史料部分做得好,即便若干年后观点已经不再被需要,但翔实的历史资料还是会留下价值,这总比空话连篇的文章价值要大得多。历史材料让法学变得更为厚实、历史观让法学变得更有灵气、历史方法让法学变得更加成熟。在法史领域,实证的方法是我最认同的,用证据说明一切。

譬如我在《中国法学史》第一卷中论证古代中国是否存在法学这个命题,就运用了列举历朝的法律活动与法律文化表现、法律文献记载、"法学"一词在汉字中的起源和流变等多项史料来证明"中国古代确实存在法学"这个观点。

现在的证明方式更为多元了,过去大多只能依靠传世历史文献记录,缺乏相对应的考古发现,而历史文献就存在着被篡改、记录不完全或因年深日久而产生错误等不利因素,有一定的局限性。现在由于国家的重视,大量考古文献的公布或新被发现,使得我们的论证较之单纯依靠传世文献要准确得多。当然,各方面的资料运用在研究中都要兼顾,偏执于任何一种都是不可取的,正所谓"孤证不足信"!

廖:用证据说话,是我们法律人都应具备的素养。那么何老师,您认为法史研究者要怎么样来进行研究工作呢?

何:对于这个问题,我有两个观点。

第一个基本观点是——法史研究者应该要能把内容融会贯通,不能把自己的研究限制得太窄,既然做了法史,就要对这些东西广泛涉及,然后才重点选择自己最感兴趣的范畴。第二个观点是要善于组合研究,鉴于现在学科的体系越来越大,门类越来越多,而个人的精力有限,需要术业有专攻——在宏观知识结构完整,具备了给普通学生授课的能力之前提下,自己再拥有研究专长,可以实现优势互补。譬如在一个中法史的教研室内,有人搞先秦文献、有人搞唐律、有人搞明清法律史等,单独每一个人都是专家,而组合起来又是研究中法史的最强团队。外法史也是如此,宏观和微观相结合,才能达到最优化的科研力量配置。

廖:谢谢何老师的分享!您从事法史研究这么多年,法史又是一门"冷门"研究,对此,您有什么体会呢?

何:虽说一开始是因为择业的彷徨才报考,但在考上后对这个领域的研究兴趣却是一发而不可收,迅速进入了一种"学术重积累,枯坐十年冷"的忘我境界,以至于那时候别人说什么我们的待遇不如普通产业工人之类的话也不当回事,更没有想到改行、换专业之类的事情,我一门心思地认为——既然选择了这个方向,就让它成为我一辈子奋斗的目标吧。

廖:何老师,您从事法学研究、教书育人工作这么多年,贡献非凡,您都获得哪些荣誉呢?

何:从 1984 年研究生毕业后留华政任教,至今已经有 38 个年头了,我一直在法律史教研室研修法律史。1992 年,作为对国家有突出贡献的专家,享受国务院政府特殊津贴,1997 年获得中组部、人事部、教育部等"百千万工程人才",1999 年我从林榕年教授手里接任了全国外国法制史研究会会长职务,也就在这一年,被评为第二届"中国十大杰出中青年法学家"。同年,我执掌华东政法大学帅印,担任校长职务至 2015 年。

期间获得的荣誉有:全国优秀留学回国人员、上海市优秀留学回国人才、国家级教学名师、上海市教学名师等荣誉称号。所著的《西方商法史》获得全国第三届优秀教材著作成果著作类二等奖,《中国法学史》先后获得上海市哲学社会科学优秀著作一等奖、中国首届法学优秀成果著作类一等奖。

三、教学行政"双肩挑"

在《中国法学史》一书的扉页里,何勤华感触万千地写道:"世上可贵的并非完美与不朽,而是不停地创新与追求。"这段话,无疑是何勤华治校为学的真实写照。

(一)平衡学术与行政

廖:何老师,我知道您是在 2015 年因年龄原因才从校长的位置上退下,专门从事教学与研究工作,那么您之前都担任过什么行政职务呢?

何:在学校里面,我在 1994 年 11 月任华东政法学院科研处处长、《法学》杂志主编。1995 年 4 月任华东政法学院副院长,1999 年 12 月任华东政法学院院长。2007 年 6 月,华东政法学院改名华东政法大学后,任华东政法大学校长。2015 年 7 月不再担任校长,专事法律史、法学史和比较法的教学和研究工作,现在是博士研究生导师、博士后合作导师。

在社会上,我从 1995 年 4 月起任中国儒学与法律文化研究会副会长,1997 年 1 月起任中国法学会常务理事,1999 年 11 月起任全国外国法制史研究会会长。另外还有中华司法研究会副会长、中国法学教育研究会副会长、中国行为法学研究会副会长、董必武法律思想(中国特色社会主义法治理论)研究会副会长、上海市法学会副会长、上海市犯罪学会会长等职。

廖:您担任的职务可真多啊!您一定在行政方面花费了大量时间吧!但您在学术方面造诣也是很高,能否请您谈一谈行政工作与学术之间的平衡问题吗?

何:1995年4月,我担任了华东政法学院副院长,加入了每天坐班族的行列。自此以后,我的研究工作只能放在晚上和节假日进行了。尽管可利用的写作时间少了,但我对法律史专业的兴趣不减,热情反而更高了,这是不是一种在闹哄哄的行政管理工作和觥筹交错的应酬活动反衬下,对冷清寂寞的法律史研究反而更加热爱的心态,我也说不清。

对于行政与学术之间的平衡,我是这样看的,一方面,作为校长,我将学校的行政管理工作放在我关注的重心的首位。实际上,这副担子并不轻松。学校的全体师生信任我,把我推上了校长这一岗位,我要将工作做得非常出色,才对得起他们。所以这要求在上班时间,精力必须放在行政管理工作上,不能一门心思在写文章上,当校长工作时间想着写文章那就等于失职了。当校长不仅有行政管理,还有对外交往,比如公安局跟我们有合作、区或者企业想跟华政建立合作关系,有饭局需要去吃饭、参加,那也不能推脱的,不能觉得这个浪费时间我就不过去了,因为在这个岗位上,我是代表学校的,不是代表个人的。

另一方面,作为一名学者,我有自己的学术追求,也必须投入相当的时间和精力。两者如何协调,我的原则就是首先全力做好学校的行政管理工作,剩下有多少时间,就搞多少学问。由于要花大量时间处理做校长的这些事务,所以我备课、写文章、搞科研这些,基本上就只能在业余时间了,早上早点起来,晚上稍微利用一点时间,双休日尽量能利用。凡是双肩挑,实际上大家都很辛苦的,稍微有一点时间就坐在电脑前写文章。但是要练成这样一种能力不是那么容易的。比如说,你在电脑上写文章写得蛮有劲,突然一个电话进来,但这个电话是必须接的,打完电话以后重新回到凳子上,你刚才的思路接得上吗?这个就是一种训练了。一个电话时间结束以后,你能继续像刚才一样,坐在电脑前噼里啪啦打字吗?

廖:这个我现在是做不到的。

何:这个能力是要通过多年锻炼才能形成的。老师现在的水平就是,思路就像一个水龙头,电话打进来了水龙头关掉,去接电话,电话接好以后水龙头再打开,继续流下去,但这个不是每个人都做得到的。所以我如果是在家里,或者不在办公期间,思路就像水龙头,是不会中断的,这个是要不断训练的。

廖:学术研究以及行政工作都占据了您大量的时间,那么工作和生活方面,您是如何做到平衡的呢?

何:工作与生活方面的话,我是到过日本待了比较长的时间,按照西方一般的价值观,日本学者的观念是工作不影响生活,他们是分得很开的。比如教授每天都不在家里写文章的,所以教授的家里不太有书房的,老一代有,现在都不太有了。他们写东西搞学问都是在学校里面,回到家里他就开始享受生活了,比如看看电视、跟夫人和小孩聊天、谈谈国家大事或者宴请客人什么的。这些他们都有,在学校他们就是工作,即教学科研,他们这个是分得很清楚的。老一辈有在家里做学问的,就有书房,所以我之前去拜访滋贺秀三,他本来在东大工作的时候,当时考虑上班比较近,所以在市里有一套房子,那里就有书房。后来他从东京大学退休以后,就卖了市里的房子,到郊区另外买了一套。

但是这个在中国基本做不到,比如说我,我因为当校长,学校给我比较大的办公室,但是以前我们教研室的老师如果没有行政岗位,都是没有办公室的。所以老师只能在家里工作,哪怕房子再小,放几个书橱、放一张写字台,来搞学问。所以在中国这种情况,对我们老师来说,工作和生活是分不开的,即使回到家里,还是要写文章的。哪些时间不用写文章呢?比如吃饭、睡觉、做家务的时候。

廖:您还做家务的?

何:家务当然做啊!烧饭烧菜都要做的,洗饭洗菜,还要去买菜,对吧,那总得有人做。现在大家都雇保姆阿姨啊,以前我们没有这个条件的。把这些事情做完之后了,那么你又可以坐到写字台上写东西了。有的时候经常是:煤气上热牛奶,烧焦了;下面条,本来想简单吃碗面条,回到电脑前又开始写了,一开始写了之后脑子里全神贯注,等到发现时面条早就烧焦了。

所以说我们这一代人工作和生活实际上是混杂在一起的。比较勤奋、自律、自强、克制能力强的人,他还能够腾出很多时间,在生活的压力之外,大量时间可以用在工作上。如果你自制力不强,可能在家看小孩看电视蛮好看的,我也就过去一起看了,一看就到晚上 10 点了,所以可能就没那么多时间。所以工作和生活不管分得开还是分不开,关键还是看你个人,看你个人的掌控力,能不能尽量在生活上弄简单一点。我的观点就是只要不影响健康、不影响正常的交往、家庭关系,其他时间尽可能放到教学和科研上去。这是我这么多年对自己的要求,也是对青年学生、老师的一种要求。

有的学生,比如春节放假,至少有二十几天假期,如果做得好,就是初一、初二、初三,这三天不做事情,就跑亲戚、应酬,三天过了之后就关门,埋头开始工作。但是有些学生做不到,他可能整个寒假稀里糊涂就过去了,带回去一本书本来想看看,结果就在箱子里从来没打开过,等开学回学校的时候又重新背回去。学生是这样,老师也是这样。

廖:对于"双肩挑"的模式,您有什么体会呢?

何:尽管行政工作非常忙,各种要处理的问题非常多,学术研究的压力也很大,但由于我的生活比较单纯,所以心态也很平和,当时的体力和精力感到还能适应。当然,这种生活方式是不得已的,如可能的话,搞学术研究最好还是避免这种两条战线同时作战的方式,因为行政管理和学术研究毕竟不是一回事。

(二)注重公平正义

廖:对于校长这个工作,您有什么大的体会呢?

何:当校长有一个大的体会就是,有很多事情,一定要注意到公平公正,我们现在有些制度是不完善的。

廖:这一方面您有什么切身经历吗?

何:我经历过,是深有体会的。公平公正以前体现在哪里呢?以前老师之间,大家比较看重的两点,一个是开课,因为我们有的老师很想上这门课,但有的教研室组不让他上,他就自己抢着上。分配上课,这是一个容易产生矛盾、不平衡、不公的地方。还有一个就是出国。像有的老师已经出去两趟了,第三次出国机会来了,他们(已经出去两趟的老师)可能和教研室关系处得好、跟院长关系好,这一次又派到他。

出国这件事情是有点"恶性循环"的,就是出去次数越多,语言越好,语言越好就胆子越大,胆子越大就越敢开课;那么反过来,越不出去,在本土,越不好开课,开不了课那么即使有出国机会,要选拔人员出去,你也选不上。所以我说这是一个恶性循环。

像出国这个问题呢,我们现在是有很多项目,比如富布赖特计划,是去美国的,当然现在停掉了,之前是有的;国家留学基金委,还有学校会启动一些项目。所以现在这一方面相对好一点,因为现在出国比较方便了,甚至很多都自费了,但以前是有很多问题的。

廖:那么现在有什么地方是矛盾比较大的呢?

何:现在最大的矛盾,就是评职称。评职称是老师都很看重的。比如我们两个是同学,毕业五年,你早就是副教授了,我到现在还是讲师,那么心里肯定会产生一种焦虑,甚至对自己的能力、科研、教学产生一种不自信。

所以,作为学校的领导,作为校长,就要想怎么样能既鼓励大家往教学科研方面投入精力,同时通过在这种比较敏感、容易产生利益冲突、容易产生不公的地方保持一种平衡,追求公平正义。

廖:您当校长期间是怎么处理这个问题的呢?

何:我当校长 16 年,是通过制度建设来处理这一问题的。所以当时我们比较大的一个变化是什么呢? 原本评教授,准入点很低,比如 3 篇论文就可以评教授了,意思就是发表了 3 篇论文就有了评教授的资格。有了资格以后,比如说有 10 个人,争 3 个名额,这 10 个人都符合条件的,都发表了 3 篇以上论文。但是你发 3 篇、我发 8 篇,甚至有些人发 15 篇,相当于 3 篇的 5 倍。但是我们 10 个人都是符合条件的,最后通过评委投票选出,所以我们以前出现过发 3 篇论文的,最后拿到了名额,因为你人际关系搞得好,人缘好;发 15 篇的人可能恃才而傲,结果大家关系不好,最后投票可能就只有一票两票。这样一来,发表论文少的上去了,发表论文多的就来找校长了。所以我以前经常是遇到这样的情况,他(落选的老师)连门都不敲,直接就"嘣"一声(推开门),就进来责怪你了,说你们不公平,我成果这么多也没评上。

后来我们就在制度上下功夫,采用累计加分制,比如说发1篇B类的文章加100分,发1篇A类的文章加200分,发1篇C类的文章加50分,以此来计算分数,这样一来,发15篇文章的人得到的分数肯定就比发3篇文章的人多得多,然后我们就根据分数来选名额,谁分数高,谁就进。10个人要评教授,我就把线划到第3名,前3名可以评教授。

当然这个制度是后来一点点完善的,一开始没有考虑教学的因素。后来就是把上课上得好、学生反映好、每年上课的课时量多也纳入考量的因素,那也是作出的贡献呀,甚至有些评到的教学奖,也折抵分,比如拿到上海市的一个教学奖,加50分,各种分累加以后,进行选择。所以后来评职称问题,没人来找我了,这些老师都把精力放在怎么提高自己的分数上了,多发文章、怎么把课上好。所以我感到这是一个非常好的制度建设。

(三)光鲜背后的辛苦

廖:我们看到的都是当校长很光鲜,那实际上,当校长是怎么样的一种体会呢?

何:别人都是以为校长是很光辉灿烂的,就给人感觉这个肯定是很好的。实际上,校长也有很苦的地方。

比如有一次,我们要迁出长宁校区的一些居民,因为老校区的校园里本来有一些外来居民,他们在这里面居住有种种原因,比如是圣约翰大学职工、教授的子女,就是那些老职工、教授去世了,他们的儿子、孙子还住在这里面。我们长宁校区也曾经做过上海社科院,上海社会科学院当初建立的时候,就在我们万航渡路,我们的校园整个就是上海社科院,所以还有社科院职工的子女,再加上华政有些退休的老师还在那里,这样的话,就占用了学校的地方。所以我们当时就要把他们迁出去。

请他们出去,我们在市里争取了一笔经费以后,就像现在的拆迁一样,把他们迁出去。这个补偿实际上还是很高的,比外面市场上的要略高一点,这样的话,大部分居民就签了协议,之后搬出去了。但是不排除有些个别的,我们叫钉子户,他们感觉到有些要求没满足,比如说兄妹两个,按照居住面积,只能补偿一套房子,但是两个人不想要一个房子,那么他要跟你闹了,向我们学校要两套房子,就类似这样的情况。他们这样闹以后,后勤处、基建处从科级到处级到副校长都没能够谈下来,所以他们就找我。但是因为我校长权力也有限,我也要根据党委决定、学校领导一致讨论决定才能答应他们,否则我答应他们之后做不到怎么办。

廖:那后来这个拆迁问题怎么解决呢?

何: 这里有一个插曲。有一次我晚上上课,大概是晚上 9 点,我下课,回自己办公室,回去路上就感到奇怪,有几个人隐隐约约看到我走过来就跑掉了。既然跑掉了,那我就想没什么,回到办公室我开了门,把包放下,准备去上厕所,突然,啪一下涌进来几十个人——就是这些拆迁户。我的办公室不大,他们一进来就挤满了,挤得我不能动弹。然后我跟他们说,"你们至少要让我先上厕所吧,我下了课要去上厕所……""不行! 你不答应,不能走……"这个事情是给我留下深刻印象的。

后来还是跟他们谈,倾听他们的诉求,他们一些合理的要求,我们满足他们;有些不合理的,还是要做他们工作,否则你就不公平了,人家早就签合同迁出去了,1个平方补偿他们8万,你现在提出1个平方要12万,即使我答应你,那对前面的人不公平啊。

所以这个例子说明什么问题呢,就是说每一个岗位,有它光鲜的、光辉灿烂的一面,但实际上每一个岗位都有比较艰苦的、很多付出的甚至要接受人家的误解、埋怨、攻击的一面。每一个岗位都是这样的,比如导师见面会你们见到的导师,你看到的都是结果,但这个导师为了达到坐在这里成为导师这个结果,他过程当中付出的,比如发文章、出书,有的人不一定看得到,因为那是个过程。这也是当校长的一个体会。

廖:确实是这样的,台上一分钟,台下十年功,我们看到的都是光鲜亮丽的结果,却不知这背后的汗水、辛劳。那么当校长期间还有什么让您印象深刻的事情吗?

何:还有一个就是老师也会过来闹评职称的问题。那么因为我们办公室的布局,不像政府机关或者有的学校,有些学校校长的办公室设计是三分之二的空间办公,还有三分之一的地方是秘书的,秘书就是做"挡驾"工作的,就是有人进来他会先问你有没有预约等。我们在长宁,办公室小,做不到这点。

所以我们的办公室就直接对着走廊,有些人直接一下就冲进来了,指着你大骂一通,骂完之后你想和他说说,他拍拍屁股就走了,你说窝囊吧。你可能坐在沙发上半天还缓不过气来,莫名其妙就被人骂了一通。但是这样的问题可能就是因为下面的人考虑问题不周到或者态度不够好,因为这些老师都是很有个性的。这也算是当校长期间印象深刻的事情。但这个我也无怨无悔,因为既然人家选你当校长,你就要承担校长职务给你带来光荣一面的代价。

（四）在其位则谋其职

廖：何老师，您可以跟我们分享一下华政改大学的进程吗？

何：在 2001 年时，我们经过学校副教授以上教师、中层以上干部的讨论，形成共识，最后以学校名义向上海市人民政府提出了关于将"华东政法学院"更名为"华东政法大学"的申请书。与此同时，学校还成立了更名工作领导小组，由副校长王立民教授任组长，教务处处长叶青和党校办主任丁以升任副组长。

上海市领导非常重视，也非常支持，通过上海市教委系统所属的各个职能部门，按照改大学的各项要求和指标①，组织专家对华政进行了各个方面的考察和论证。最终，在上海市教育系统这一层面申请获得批准。然后，在 2006 年 9 月，以上海市人民政府的名义（具体由市教委负责）向教育部正式提出了报告②。

上海市同意华政更名，并以市政府的名义向教育部提出更名申请书，在更名大学的工作方面，只是万里长征走了第一步。接下

---

① 如办学年限，办学效益，招收人数，毕业生质量，学科专业部门与数量，学校占地面积，生均经费投入，教学与科研成果，校友对母校的认可度，毕业生接受部门如法院、检察院、司法局、公安局以及银行、企业等其他机构的意见，社会评价与影响，等等。

② 当时的申请报告主要包括如下事项：1. 上海市人民政府关于华东政法学院申请更名为华东政法大学的函；2. 华东政法学院申请更名为华东政法大学的论证报告；3. 关于华东政法学院申请更名为华东政法大学的考察报告；4. 华东政法学院申请更名为华东政法大学的申请书；5. 华东政法大学章程申请报告。还有 9 个附件：1. 博士硕士学位授予权学科专业情况表；2. 本科专业学科结构情况表；3. 近年来省部级以上科研项目情况表；4. 近年来教学科研成果获奖情况表；5. 近年来科研经费情况表；6. 省部级重点学科情况表；7. 正高职称教职员名册；8. 松江校区平面图；9. 长宁校区平面图。

来还有一系列的工作要做。如教育部会安排数批专家组来华政实地考察,访谈师生员工,开座谈会,核对各项数据,与市相关领导和职能部门约谈。走完了这些程序,最后就是上会①讨论、评议、投票通过了。

廖:那么您得知华政改名成功后的心情是怎么样的呢?

何:当然很开心的啦!将"华东政法学院"更名为"华东政法大学",是数代华政人的梦想。

说到更名大学,还有一个插曲可以叙述一下。在华政更名的2003年、2004年,国家已经决定,在大学名字前,不能再加上"中国"(国家)以及"华东""西北"(大区)等字样,只能用当地的省市的名字命名。这样,就苦了我们这几所原来就以地方大区命名的政法学院。而此时,中国政法大学和西南政法大学已经更名成功。而中南政法学院由于与中南财经大学合并,组成"中南财经政法大学",所以不存在更名大学的问题。苦的是西北政法学院和华东政法学院。据说,西北让他们改名"西安政法大学"或者"陕西政法大学"。对此,西北政法的领导和师生当然是不愿意了。华政也一样,当时让我们更名"上海政法大学"。但因为此时上海政法学院已经建立,我们如果更名"上海政法大学",如何与上海政法学院区别,问题更加复杂了(本来在社会上,很多考生家长就常常把"华政"和"上政"搞混)。

所以,当时我们校领导就反复讨论,最后比较一致的想法是更名为"东方大学"或者"远东大学",以与"法学教育的东方明珠"相一致。而且上海的确是在中国的最东面,用"东方大学"或者"远东大学",似乎也说得过去。但"东方大学"或者"远东大学",

---

① 教育部专门为更名大学所设立的专家委员会。

无论如何,给人感觉总是怪怪的。而且"华东政法学院"已经成为广大校友心中的精神家园,成为一个品牌,将华东政法学院改名"东方大学"或者"远东大学",广大校友可能也无法接受、不会答应啊。

正在痛苦犹豫中,西北传过来了好消息。西北政法学院的领导贾宇教授等,经过与上级领导的艰难沟通,反复做工作,终于保住了"西北"两字,教育部同意他们更名"西北政法大学"。既然"西北政法大学"可以成立,那"华东政法大学"也当然可以成立啦。当贾宇校长把这一消息告诉我后,我一时高兴得无话可说了。我马上将这一消息告诉杜志淳书记以及班子里的其他领导。这样,华东政法学院更名为华东政法大学的最后障碍也扫除了。在这里,我们也要向西北政法大学的领导和师生表示感谢,没有他们反复去北京做艰难的说服工作,华政改名可能还要经受更多的挫折。

廖:您可以跟我们分享一下华政这些年来的建设成果吗?

何:在学院和系之间,我们进行了撤系设院,其目的:一是加大办学空间,加强学科建设;二是方便对外交流;三是便于党建;四是有利于吸引外部人才。

在各个学位点的取得方面,我们在 1981 年获得了学术硕士的授予点。在 1995 年获得法硕专业学位授权点。这是非常不容易的,期间我们往返北京、上海,不知多少次,最终成功。全国第一批获得这个资格的只有 8 所大学:北大、人大、武大、吉大、中国政法、对外经贸、西南政法、华东政法等。虽然当时西南政法和华政一样属于司法部的大学,但当时西南已经有了博士点。所以当时 8 所大学中,华政是唯一一所尚无法学博士点的高校,实属不容易。法学硕士,是学术学位,法律硕士,是专业学位,是面向公、检、法、司、律等实务部门的。拥有法律专业硕士学位授予权,就为法律实务部门的年轻人进入职业轨道,开辟了一个新天地。当时华政获得这一授予权,是中国东南部地区法律实务工作者的福音。

法学博士点的获得,历经坎坷,直到 1998 年,才由曹建明老校长带领国际法团队予以突破。当时,这是上海地区第一个法学专业的博士点,对华政、上海地区的法学教育意义重大。有了法学博士点后,2003 年在人社部和上海市教委的领导、支持和帮助下,和华政领导班子及全体教师、校友共同努力,为华政争取到了第一个法学博士后流动工作站,这是中国南方第一个法学博士后流动站。之后,我们又取得了上海地区第一个法学领域的国家级重点学科,第一个法学一级学科博士点。全国设置法律院系的大学有 600 多所,现在拥有法学一级学科博士点的高校有 60 所,绝大多数是教育部直属重点大学,我们作为地方高校,拥有了法学一级学科博士点,就挤入了全国法学教育的第一梯队,进入了先进行列。

除此之外,我们还建设了第一个法学领域的国家级精品课程(2003 年)、第一个法学领域国家级教学团队(2006 年)等,并将华政在全国法学教育上原来十余名的名次,提升到了全国第四、第五,扩大了华政在全国的知名度和影响力。

廖:我留意到华政作为一所政法院校,不仅仅有法学专业的课程,也有非法学专业的课程,可以请您说一下吗?

何:非法学专业,比如说商学院,我们学校是在 2002 年成立的。成立商学院有很多好处,一是加强了非法学专业的学科建设;二是扩大了培养人才的范围;三是提升了服务国家、服务社会的能力;四是反过来,促进了法学人才的培养。非法学专业建设有重大意义,一是向多科性大学发展,改名大学必须是多学科的;二是更加有利于人才的培养,使学生拥有综合素质;三是满足社会需求,如经济管理类人才,华政培养的与华东师大、上海财大等培养的不同,就是拥有法学的知识、法律的素养。

廖:华政的教育不仅仅在国内进行,也有很多对外交流、与国际接轨的项目课程,可以请您谈一谈华政教育的国际化问题吗?

何:华东政法大学,由于地处上海这一特大型开放城市等,因此在华政的基因里,保存着国际化的元素。其与国外大学的交流,从建校初期就已经开始了。

最早我们是与苏联有交流。与苏联的交流,一是带来了苏联法和法学的内容和体系,从法理到各个部门法;二是带来了师资,华政的第一代外教,就是1952年聘请的两位苏联专家瓦西丽娃和塔克马林娃;三是带来了课程体系,即马克思主义法律教育的课程体系,华政到1958年完全开出;四是为华政派教师出国留学创造了条件,当时西方对中国封锁,1955年华政派年轻教师彭万林去了苏联列宁格勒大学(现圣彼得堡大学)法律系学习,之后,转入莫斯科大学法律系学习;五是国际学术交流,不仅与苏联,通过它还与东欧国家建立了交流合作关系。

从华政档案馆所保留的文献来看,仅1956年12月至1958年8月这一年半多的时间里,华政就接受上级部门委托,接待了外国代表团18个。这些外国代表团有拉丁美洲青年代表团、拉丁美洲委内瑞拉青年代表团、叙利亚学生代表团、埃及文化代表团、波兰高教代表团、捷克斯洛伐克政府代表团、南斯拉夫法律代表团、匈牙利科学院代表团、印度尼西亚学生代表团、东南亚青年代表团、日本教职员工会教育考察团、澳大利亚学生代表团、西班牙代表团、法国学生代表团、美国青年代表团等。

华政真正的、自主的、活跃的、全方位的对外合作交流,或者说法律教育的国际化,是1979年第二次复校后才开始的。此时,国家拨乱反正,逐步纠正了之前尤其是十年"无产阶级文化大革命"中的"左"的路线,实行了改革开放的国策,向世界敞开了大门,并且鼓励国人走出去。在这样一种国家政治大环境之下,华政的国际化教育、对外合作交流事业,开始迅速地、稳步地向前发展。

进入21世纪后,华政的国际化办学进一步向前发展。虽然,华政原来只是一所法学专业的单科性大学,对外学术交流活动开展起来难度很大,但华政还是克服困难,将法律教育的国际化工作,做得十分出色。到2018年为止,华政已经与160余所国外的大学签署建立了合作交流关系,涉及的国家有意大利、荷兰、德国、法国、英国、爱尔兰、比利时、西班牙、俄罗斯、瑞典、瑞士、捷克、挪威、匈牙利、奥地利、波兰、斯洛文尼亚、希腊、罗马尼亚、克罗地亚、格鲁吉亚、塞尔维亚、波斯尼亚和黑塞哥维那、土耳其、乌克兰、加拿大、美国、巴西、秘鲁、新西兰、澳大利亚、日本、韩国、新加坡、哈萨克斯坦、乌兹别克斯坦、印度、柬埔寨、阿联酋、以色列等。在上述国家中,建立交流合作关系的大学最多的是美国、日本、韩国、英国、法国和澳大利亚,几乎都超过或接近10所大学。许多大学,如罗马大学、莱顿大学、巴黎第二大学、格拉斯哥大学、根特大学、鲁汶大学、莫斯科国立大学、弗莱堡大学、蒙特利埃大学、维多利亚大学、威斯康星大学、悉尼大学、九州大学、名古屋大学、首尔大学等,都是世界名校,其法学教育水平是非常高的。

因此,现在的华政虽然只是一所多科性大学,但与其他综合性大学一样,朋友已经遍天下。在此,我们也要向常年一直默默无闻地工作在国际交流岗位上的老师们,表示华政学子的真诚谢意。

廖:何老师,华政是不是还参与香港、澳门的回归立法了?

何:这个工作,主要由北京的高校承担,华政也参与了。我们华政的贡献主要有:一是华政当时成立了港澳法律研究所,提供自己的研究成果上报中央;二是加大与港澳学术界的交流,如香港大学、香港城市大学,以及澳门大学等;三是派人参加香港澳门地区的立法工作,如刘宪权教授去香港,丁伟教授去澳门特别行政区政府法制办等。

廖:何老师,可以请您谈谈这么多年建设华政的感想吗?

何:当校长实际上是为你提供了一个舞台,你在这个舞台上能不能演出一场好戏,就要看你在这个舞台上投入时间、投入精力多少还有你的水平了。有的人可以演得有声有色,演一台大剧,但有些人也可能稀里糊涂地就过去了。我们一般一届5年,我是当了3届。

华政传统上是一所教学型的大学,也是面向实务、以培养司法实务人才为主。所以华政的本科教学,水平很高,基础很好,功底很扎实。但和北大、人大、复旦、华师大等老牌综合性大学相比,老师基本上不写文章,或很少写文章,科研的氛围不浓。所以,要提升华政的办学水平,提升华政的知名度,扩大华政的社会影响力,就必须把华政的科研同时搞上去。

经过多年努力,这个问题后来慢慢解决了。我们拥有了法学各个层次人才培养所需要的所有硬件和软件,我们改了校名,我们进入了全国法学学科的A类,这对一所地方高校来说,已经做到了极致。而且今后也不能松懈,一定要如临深渊、如履薄冰,一时一刻都不能放松努力。

(五)心血之作——松江校区

"要么不造,要么就造个漂亮程度世界一流的校园"。在何勤华担任校长的16年岁月中,带领华政从长宁校区扩展到松江校区无疑是最让人刻骨铭心的回忆,也是华政重新开启辉煌篇章的起点。正是因为美丽的松江新校区,华政校园扩大了五倍,拓展了办学空间。从2003年2月打下第一根桩,到同年10月完成教学大楼和学生宿舍楼的建设,招收进第一批入住松江校区的本科生,华政领导班子在市政府和市教委的领导下,延续了华政老校区建设的艰苦创业精神。

廖:何老师,您担任校长期间最重大的成就之一就是建设了松江校区,您可以和我们说说当时是出于怎么样一个考虑,去建设一个新校区呢?

何:当校长肯定要开疆拓土啊,要把学校做强做大。所以我在任上时,就想为华政开拓疆土。松江校区建设当然不是我一个人的功劳,是全校的师生员工加上中层干部大家一起努力的结果。但我做校长,在这里肯定是起着一个重要的作用。

我们的松江新校区建设,是有一个故事的。开始的时候,我们学校是最早提出要到松江来发展的,因为我们的长宁老校区太小了,才200亩地。在这种情况下,我们感觉应该到松江来发展,当时我们华政跟东华大学还有上海外国语大学是第一批参加的。后来倒真的要落实下来,市里要我们过来的时候,我们的老师不愿意过来,因为他们住在长宁,松江太远了。领导班子也感觉不太行,因为市里让我们置换,就是必须把长宁校区那个地方交给市里,到松江来换地方。那我们就想,老祖宗留下来的财产在我们手中被换掉,有点对不起华政的奠基人,所以我们就犹豫了。犹豫之后工技大(上海工程技术大学)就进来了,立信会计(现上海立信会计金融学院)进来了。

所以你看,第一批进松江的是上外、工技大、立信会计三所大学。后来我们发现在长宁待下去还是不行,所以下决心要过来。

所以最后来松江我们实际上是第二批,就在七拼八凑中拿到了位于大学城这宝贵的 827 亩地,但那时看也是最差的一块地——我们离地铁最远,是最西北、最偏的地方。但有总比没有好,这里有800 多亩地,长宁才 200 多亩。这样一来,我们地盘扩大了,一下子我们就变成有 1000 多亩地的学校了。后来没想到在我们这边出了一个广富林遗址,在广富林遗址北面就是国家级森林公园,所以我们这一片变得空气最好、风水最好、地段也最好,这就是祸福相依的道理吧。

廖:原来松江校区的建设还有这样一段曲折的故事,也是靠何老师您这一代华政人的智慧与决策,我们今天才可以享受这个被芳草地红砖墙包裹着的美丽校园。另外,我发现松江校区的大楼设计都很有特色,这个是怎么设计的呢?

何:在松江大学城,你之后待长了可以看看,东边的工程技术大学、南面的立信会计,都很漂亮,因为都是新校区,绿化都很好。但是从特色来说,我们是第一位的。

我们每一栋楼都是精心设计,每一栋楼都是学校领导把自己的理念讲给设计师,设计师根据我们的理念来设计的。所以当时像这个教学大楼,都是把设计师叫来开会,我把哈佛大学、耶鲁大学、斯坦福大学、牛津大学,这些大学的彩色照片让国外的留学生拍了之后发过来,把这些照片全部放在桌上让设计师看。然后设计理念就是要一个综合的效果——把这建筑设计出有中国特色,不仅要漂亮,而且要有灵气,给人感觉看了以后喜欢。

大楼设计开始的模型就是以剑桥大学女王学院为原型绘制,我至今仍保留着当初的全部原稿。我们每一栋楼包括教学大楼、图书馆、明镜楼这些,每栋建筑都不一样。最早的设计是希望建筑物不高,我们现在设计的楼层是四楼,那是因为当时没有办法。实际上按照我的想法,四楼都太高了。我的理想状态是绿树能把建筑物都挡住的,就是一进来看到的是郁郁葱葱的绿树,像走进原始森林一样,走几步才突然发现有个很漂亮的小楼。这样可以吸引考生、吸引家长,让学生想,我在这里读四年书很开心;让家长感到把小孩送到这里来是放心的。

四年大学时光并不短,如果大学建筑普普通通的,那么除非学生在某栋楼前谈过对象,否则到最后都是忘记的。所以像我们以前北京大学(燕京大学)的校园、金陵女子大学的校园、厦门大学和武汉大学的校园,那么漂亮,都是这么来的。

廖:何老师,你们这一代的华政人在松江校区的设计方面真是花了好多心思了。

何:是的,在我看来,松江校区就是一张白纸,轮到我们在上面画画了,如果设计一个很平庸的校园也很对不起学生,至少要在既有的条件下做到极致。

关于大楼的建设模型,当时也有插曲。当时我们每一栋楼都做出一个模型,放在一个很大的展厅里面。教学大楼,现在看起来像碉堡一样的顶,以前都是跟图书馆一样,都是尖顶,所以教学大楼至少有四个尖顶。但最后拍板是市领导拍板,他们来了一个分管教育的副书记、一个分管教育的副市长,他们看了以后的结论是说,这个尖顶全部要砍掉,如果不砍掉,看起来就像一个教堂,只是我们尖顶上没有十字架,有十字架就很像一个教堂。当时气氛很僵,我就跟他们力争要保留这个尖顶。为什么要保留这个呢? 我的想法就是,要我们新生报到的时候就仰视那个尖顶,因为法律要仰视,要被信仰,不能俯视,这样能提高学生对法律的信仰、尊敬,觉得法律至高无上。

但因为我们是市属高校,市领导的话我们是必须听的。所以那时候视林森书记就开始拉我衣角,意思就是让我不要再坚持了,市里怎么说你就怎么做。但我还在那里跟他们解释,跟他们讲我的观点,大约有15分钟。好在那时的市领导还是比较开明的,后来市委副书记就说,既然你讲的也有道理,学法律的要仰视法律,要抬头往上看,那就保留一个尖顶,后来就保留了图书馆这一个,教学大楼这四个就被他们砍掉了。砍掉之后,我们重新设计,现在看起来也还能接受,整体的美感还不是被破坏得太厉害,这是一件印象比较深刻的事情。

廖:原来是这样,您不说我还真看不出来明法楼的设计背后有这样的故事。

何:是啊,这个大楼建设都不是一帆风顺的,还有就是实训大楼原先的设计,是像巴黎圣母院一样带着整个华丽的大穹顶,但过度美轮美奂造成了施工困难,不得不放弃。最后,与长宁老校区中西合璧的建筑风格一脉相承,全体华政老师们一致投票选出了如今这套号称"东方霍格沃茨魔法学校"的设计模型。

我这里要强调的是,当我们徜徉在美丽如画的松江新校区时,我们一定不能忘记当年做出巨大贡献的一批建设者。虽然,点名式叙述容易造成挂一漏万的毛病,但如下一些名字我们是要记住的,如当时我们校领导班子中的祝林森、杜志淳、莫负春、张志强、童西荣、王立民、顾功耘,包括目前现任的校领导叶青,还有林燕萍、姚惠娥、翁关发、焦雅君、陆震琪、刘丹华、孙文红、赵云高、肖建国、闵辉、常永平、周立表、华青等当时一批中层干部和松江办公室的同志。这些,我在我的回忆录《华政的故事》中有更加详细的叙述。

廖:我们一定会谨遵老师教诲,铭记松江校区当年的建设者!何老师,我发现松江校区这些大楼的命名也很有特色,如明珠楼、

明法楼等,那么这些名字是怎么起的呢?

何:明珠楼,除了肖扬院长的题词之外,在中国古代,"明珠"也是一个吉祥光明的字眼。它在中国古籍中,首先表示珍珠的含义,如汉代班固的《白虎通》中说:"江出大贝,海出明珠。"延伸意思所表达的则是"可宝贵的人和物"。《梁书·刘孺传》:"此儿,吾家之明珠也。"这是指人。唐代韩愈在《奉酬卢给事云夫四兄曲江荷花行》一诗中言:"遗我明珠九十六,寒光映骨睡骊目",这是指物。因此,将华政松江校区最好的建筑定名"明珠楼"是合适的。

至于明法楼,我们首先查到了"明法"一词。该词有三个含义:第一,修明的法令。《史记·秦始皇本纪》二十九年《之罘刻石》:"普施明法,经纬天下,永为仪则"。又"皇帝临朝,作制明法"。第二,汉唐宋各代察举人才及科举取士的科目名称。汉建元初,令郡察举人才,设四科,其三曰:"明习法令",为"明法"之始。唐宋科举都有明法科。第三,宋时南诏大理段素英(昭明帝)年号。我们取了第一个含义,将教学大楼定名"明法楼"。希望在这里学习的华政学子,首先就是要"明习法令",明白为什么要在中国建设法治,只有法治才是中华民族伟大复兴的必由之路的道理。

另外还有明德楼,是教师活动中心。教师,在中国,自古以来就是一个受到尊重的职业,也是一个承受着教育青年人、将其培养成才的重大责任的群体。所以,教师的水平,就是学生的水平,教师的素质,就是未来学生的素质。在中国古籍中,"明德"表示完美的德性。《尚书·君陈》:"黍稷非馨,明德惟馨。"《礼·大学》:"大学之道,在明明德。"所以为人师表的教师,必须是品学兼优、德艺高尚的人才。为了激励华政的老师向这个目标努力,虽然全国各所大学中,以"明德"命名的大楼非常多,如中国人民大学就有一幢"明德楼",但我们最后还是给教师活动中心起名"明德楼"。

与明德楼体量、外形一模一样,只是方向反过来并且在其旁边多了一个八百人报告厅的是明镜楼。明镜的意思,在中国古籍中,并不复杂,就是指"明亮的铜镜"。但延伸内涵,十分丰富。《淮南子·俶真》:"莫窥形于生铁,而窥于铜镜者,以观其易也。"比喻高明的识见。唐代杜甫的《洗兵马》一诗说:"司徒清鉴悬明镜,尚书气与秋天杳。"《水浒》第八回也有:"林冲告道:'恩相明镜,念林冲负屈衔冤'"。

因此,明镜一词,带有高明、清明、洞察、公平正义的内涵。我们常常说的"明镜高悬"指的就是这个意思。而华政的行政办公楼,里面入住的都是校领导和党校办、组织部、人事处、科研处、财务处、审计处、监察室等各个职能部门的管理干部。而管理干部,其宗旨就是为全校的师生服务,就是要清廉,就是要敬业(如临深渊,如履薄冰),就是要人格高尚、品德良好。所以,给行政大楼起名"明镜楼",非常贴切。

再有就是明志楼。考虑到这里(松江校区河西学生食堂边上)的场所主要是由学生使用,是学生活动的乐园。为了对学生有所激励、有所期望,所以我们就给学生活动中心起了一个名字"明志楼"。虽然中国古籍中没有现成的"明志"两个字,但古籍上对"明"字的解释很有价值。即"明"字,在中国古代,有 9 个含义:1. 光明、明亮;2. 聪明;3. 显示、显著;4. 白昼、阳光;5. 眼睛、视力;6. 神明;7. 今之次,谓明日、明年;8. 朝代名,明朝;9. 姓,南齐有明僧绍,元末有明玉珍。我们希望华政学子光明正大,又聪明,又阳光,懂法治,明事理,既志向远大,又脚踏实地。所以,就在"明"字的基础上,加了一个志气、志向的"志",定名"明志楼"。

而体育馆,在建设过程中,获得了校友陈杉中的资助,为了表示感谢之意,我们就将陈杉中所创立的"富田股份有限公司"名字中的"富田"两字抽出,取名"富田体育馆",以表彰为华政的建设作出贡献的校友。

在华政松江校区,最后一幢以"明"字打头命名的是明实楼。明实楼坐落在松江校区的东北角,是松江校区最后建成的大楼之一。现在入住的是国际金融法律学院、科学研究院和法治战略研究中心。

(六)忆——华政的故事

廖:何老师,您为什么要写《华政的故事》这一系列文章呢?

何:我是这么考虑的。华东政法大学,原名华东政法学院,诞生于 1952 年,是新中国第一批组建的政法院系之一,不仅是一所多科性大学,也是一所兼收并蓄、内涵丰富、命运多舛的大学,现在是中国法学教育水平最高的大学之一。华东政法大学,也是共和国法治建设发展的见证者、亲历者和参与者。新中国法治建设的起步是在 1949—1952 年。此时,完成了政法战线的"三大运动",即废除国民党政府的"六法全书","司法改革运动"和"政法院系调整",开始走上中国特色的社会主义法治建设的道路。之后,这条道路历经艰辛、深受磨难。而华东政法大学的历史,几乎与共和国的这一段历史同步,1952 年建立后,经历了"两落三起"的坎坷命运。华政的历史,恰是共和国法治建设历史的一个侧影。

作为一名华政人,我在华东政法大学学习、工作和生活了 40多年,当校长 16 年。华政的一草一木、一砖一瓦、一人一事,对我来说都是那么的熟悉,那么的亲切,那么的温馨,那么富有感情和灵性,那么让人留恋和回味。许多学校重大事情,如获得博士点、建设松江新校区、学院改名大学等,我都是当时的亲历者、参与者、决策者,所以可以写得比较真实。另外,华政建校 70 年、复校 40 余年,发生了许许多多的事情,有些流传的故事与事实有出入,所以,有必要通过回顾历史,将真实的情况告诉华政的校友、学子。我想,在我现在脑子还算清晰、思维还没有混乱之时,把我对华政的了解、理解、感悟和情感写出来,也算对母校培养我的一点小小回报,并与全体华政人共勉。

廖:可以看出何老师对华政有着很深厚的感情,那么华政是在什么样的情况下诞生的呢?

何:华政的故事,要从华东政法学院筹备处开始说起。1949 年 5 月上海解放后,华东军政委员会教育部即对华东区内的国立、私立大专院校进行调查和整顿工作。为了妥善处理停办院校的善后工作,1951 年成立了上海市停办学校联合办事处。在华东教育部和联合办事处的领导下,上海及华东地区各高校的院系调整开始展开。

1952 年,华东军政委员会教育部制定了《华东区高等学校院系调整设置方案(草案)》,对华东区高等院校进行调整,保留了 55 所高校(上海保留了 18 所)。与华政的成立有关的调整是:复旦大学,法律系和政治系;南京大学,法律系和政治系;安徽大学,法律系;圣约翰大学和沪江大学,政治系;震旦大学,法律系;上海学院的法律系和东吴大学法学院的法律系,皆调整至华东政法学院(新设暂名)。在这个《调整设置方案(草案)》中,厦门大学法律系没有动,仍然保留。厦大法律系是 1953 年 9 月并入华东政法学院的。这样,1952 年 6 月 14 日,经华东军政委员会教育部批准,华东政法学院筹备处正式成立。

华政筹备处最初的办公地点不是在圣约翰大学,而是在上海市宝山路 584 号(原暨南大学二院旧址)。1952 年 8 月 16 日,华政筹备处在宝山路工作了两个月之后,办公地点又转移到了徐家汇区徐虹路 300 号(原上海立信会计专科学校旧址)。9 月 25 日,经华东区高等学校院系调整委员会决定,筹备处又从立信会计专科学校校园搬入位于梵皇渡路(后名万航渡路)1575 号的圣约翰大学旧址办公。至 1952 年 11 月 15 日华东政法学院正式开学,华东政法学院筹备处利用 5 个月的时间,紧张、快速、高效地做成了以下几件事情:第一件事,是确定了即将诞生的华东政法学院的校址;第二件事,是推出了 7 月与 8、9 月两个华东政法学院筹备工作计划概要;第三件事,是引进了第一批教师;第四件事,是确定招收、接受了第一批学生;第五件事,是在上级相关部门的领导下,确定了第一届华政的干部体系。

至 1952 年 10 月 25 日,华东军政委员会教育部发出"教高字第 204807 号"通知,指出:华东区高等学校院系调整后新设院校的定名及原校改名,已奉中央教育部批准;现制发你院院印一颗,文曰"华东政法学院印"(方形),院印自 10 月 29 日起启用。这一文件说明,华东政法学院的开学典礼是在 1952 年 11 月 15 日,但实际上已经于 1952 年 10 月 25 日被批准设立,从 10 月 29 日起开始用印了,华东政法学院从这一天起就诞生了。

1952 年 11 月 15 日华东政法学院的开学典礼,宣告了华政的正式成立,与华政同一年创办的,还有北京政法学院。1953 年,西南政法学院和中南政法学院挂牌。1958 年,在西北大学法律系、陕西公学和陕西革命大学司法行政等系处的基础上,成立了西北政法学院。这样,加上原有的中国人民大学法律系、吉林大学法律系、北京大学法律系(1954 年恢复)和武汉大学法律系,在新中国形成了五院四系的法学教育的基本格局。

廖:华政的诞生是多亏了前辈们的智慧与努力,您前面说华政命运多舛,经历了"两落三起"的坎坷,能不能请何老师分享一下其中的故事呢?

何:华政的第一次撤销,是 1958 年 8 月的事情。但实际上,早在 1957 年下半年,反右运动一开始,华政的教学和科研秩序就已经在不断地受到冲击。华政的反右运动,虽然由于校领导(主要是雷经天、徐盼秋和曹漫之等)比较开放,对老师采取了各种保护的措施,尽可能地减少划右派的数字,但"覆巢之下,安有完卵",在当时的政治气候和生态之下,还是有一些老师和学生被划成了右派。

此时,形势也越来越"左",正常的教学科研秩序受到冲击。1957 年 12 月 24 日,华政党委下达通知,将原有的比较齐全的 14 个教研组,进行了压缩改组。到了 1958 年,政治形势更加严峻,华政的许多老师(共有 76 名)和全体学生,开始陆续被派往农村和工厂去参加劳动锻炼和"实习"。同时,各种政治运动也开始急速涌现,其规模和"热度"达到了不可思议的程度。

正是在忽视法治、经济上"大跃进"、政治上搞群众运动等的社会背景之下,上海市委酝酿撤销华政,筹建一个高大上的教学研究机构。1958 年 8 月 9 日,上海市委决定:华东政法学院、上海财经学院、复旦大学法律系、中国科学院上海分院经济研究所、历史研究所五家单位,合并为上海社会科学院。

廖:政治运动对社会生活的各个层面都影响很大,教育方面也是难以幸免。那么华政的第一次复校是什么时候呢?

何:在经历了 1957 年反右运动、1958 年"大跃进"的动荡,1960—1962 年三年困难时期的打击,党中央意识到了以"急躁冒进""超越社会发展阶段"等为表现形式的"左"倾指导思想的巨大危害性，开始意识到我们国家离"消灭法律"的共产主义还很远很远，治理国家还是需要法治。中央提出了刑法典、民法典的编纂要求，法治形势开始变得好转。在此大背景下，上级部门决定于1963年恢复华东政法学院，1965年开始招生。这是华政于1958年被撤销以后的第一次复校。

实际上，当时华政复校还是有一定基础的。因为华政被撤销后，几乎以整个建制并入了上海社科院，成为里面的政治法律研究所。而此时，由于复旦大学法律系的并入，复旦与华政第二次联手，所以上海社科院政治法律研究所无论在教学还是在科研方面，都取得了相当的成果，如出了一些内部印的教材和译著等。

在华政党政领导的具体指导下，华政1964级四年制本科的教学方案得以出台，但当时法学专业的教育，占的比例不高，大量的课程和课时，都花在了生产劳动、社会调查、政治理论学习方面。这和当时主持中央政法工作的领导的思路是相一致的。华政第一次复校后，于1964年招收了第一届本科学生。第二年华政又招收了一届本科学生，共194名。之后，由于从1966年5月起爆发了"无产阶级文化大革命"，所以华政又第二次停止招生。

本来，在1964年华政第一次复校、招生之际，国家对法治的重要性有了一点认识。而当华政1964级、1965级毕业时的1968年底、1970年夏时，国家的法治事业已经被彻底摧毁。全国的检察院包括军队和铁路检察院，都已经被撤销，法院也与公安"合署办公"，司法部则早在1959年4月就已经被撤销。因此，考入华政的这两届学生都未能进入检察机关工作，也未能进入高层司法领域，基本上都只能在地方基层公安和党政机关工作，甚至要响应中央的号召，需要去西部边远地区的农场劳动锻炼。如1964级毕业生中,有 33 人被分配至新疆、内蒙古和广东等省市,都先后去农场务农。1965 级毕业生,则分别被分配到浙江、江西、安徽、山东、贵州等地的军垦农场、"五七"干校和劳改局等参加劳动。可以这么说,在华政存续的 70 年历史中,1965 级毕业生的分配是最为艰苦的。

但华政人的法律情怀是永远存在的,不管是在什么地方、什么时候、什么环境。虽然,华政 1964 级、1965 级校友基本上都在地方基层工作,进法科院系当教授的都很少,因为没有机会,但他们都发挥了自己应有的法律知识的特长,为祖国的各项建设事业默默地做出了贡献。并且在 1978 年改革开放以后,重新焕发出法律人的青春,活跃在公、检、法、司、律等各个领域,成为改革开放 40 多年法治建设春天里的一朵朵灿烂的鲜花。

廖:接下来想请您说一下华政的第二次低潮。

何:华政的第二次被撤销是在"文化大革命"那个时候。1965 年 11 月中旬,中央召开了政法教育工作会议,学习传达了中央指示:大学按党校式、抗大式办革命学校。在此形势下,11 月 19 日,华政党委召开扩大会议,贯彻上级指示,强调学校今后搞半工半读,且学制也不能太长。进入 1966 年,"革命"色彩更加浓厚,学术气氛更加淡化。1966 年 5 月,"文革"正式开始。华政在 1972 年第二次被撤销。

华政的第二次被撤销,与第一次被撤销一样,固然有"文革"之国家政治大气候的原因,当时华政的命运,实际上并不掌握在华政人自己手里。但为什么中央要求解散、撤销的是西南、西北和华东三家政法学院,为什么后来华东被撤销了,而西南政法学院却得以保存了下来,西北政法学院也从来没有被正式撤销?这说明,在同一政治大气候下,由于某些人为的因素,其结果还是可以有所区别的。

廖：华政真的是经历了大风大浪的一所学校,那么华政是怎么可以第二次复校的呢?

何:说起华政1979年第二次复校,离不开一位功臣,即复校后长期担任华政教务处领导的宪法学学科带头人孔令望。中央政法委准备恢复华东政法学院,经过商量,决定让孔老师前去北京参加会议,商量复校的事情。

此时离开会已不足3天,孔老师匆匆赶回复旦,请图书馆、医务室、体育教研室、印刷厂等部门的熟人,提供3000名学生规模的大学所需要的设备及经费数据。又到刚刚复校才半年的上海财经学院领导宗士诚那里,请他提供财经学院复办时的各项经费数据。然后再到华政校园内,调查"八国联军"(当时华政校园有10余个单位)占据校园及园内居民户数等情况。至2月8日,拟好了复校预算,与上海高院法官夏吉先一起赴京开会。

此时,西南政法学院已经复办了,于1978年秋天招收了第一批学生;北京、西北两所高校和华东政法一样,也是人员流散,校园被占。但他们都没有被正式宣布撤销过。而华东政法学院最惨,两次被撤销,教职员工全部被扫地出门,图书资料全部散失了,校园被多个单位占用:上海市卫生学校、上海社会科学院、复旦大学分校、上海市图书馆库房(苏州河西)、普陀区卫生学校,以及上海市果品公司、蔬菜公司、水上派出所、水文站(占用苏州河东部分校园)。可谓"八国联军"占领华政。会上的所有领导和老师听完汇报后,均叹惜不已。

北京的复校工作会议,除评估复校预算费用外,重点讨论最高人民法院、最高人民检察院、公安部和教育部向国务院作的"关于恢复四所政法学院的请示报告"文稿。孔令望老师等就提出了在报告中要写上校址、教师归队等内容,以为复校提供中央文件的根据。1979 年 3 月 19 日,在最高人民法院、最高人民检察院、公安部和教育部给上海市革命委员会的通知中,称华东政法学院的复校,已经得到了国务院的批准。

在华政党政领导班子以及全院教职员工的努力下,华政达到了当年筹备复校、当年招生的目标。1979 年 9 月 17 日,华政举行了开学典礼。当年入学的 303 名新生,以及归队的教师、职工,参加了典礼。

在教职员工全部被扫地出门,图书资料全部散失,校园被多个单位占用得几乎一无所有的基础上,要重建一所 3000 人规模的大学,谈何容易。与华政 1952 年创建、1963 年第一次复校一样,1979 年的第二次复校,遇到的第一个难题,就是没有教师。为了解决这个难题,华政领导首先想到了复旦大学。1972 年华政第二次被撤销时,总共 206 名教职员工,就有 188 名去了复旦。所以第一想到就是去复旦招聘。但由于华政的"文化大革命"搞得过于惨烈,当时的阶级斗争以及华政原有的"官本位""衙门作风"和极左思想,让许多已经在复旦工作的华政人寒心了,不敢也不愿意再回华政工作。解决师资的第二个通道,就是让华政两次被撤销后,流落到上海社科院等社会上(各行各业、各个部门机关)的原华政老师"归队"。华政领导及人事部门在这方面做出的努力,也收到了成效。第三条补充老师的通道,就是向社会上公开招聘。1980 年,华政校领导决定,在报刊上刊登公开招聘教师的启示,这在当年也是一种大胆的尝试。经过复校初期 4 年时间的努力,至 1983 年,即 1979 级本科生毕业时,华政基本上组建起了一支比较优秀、比较整齐的师资队伍。

廖:华政复校还遇到了哪些困难呢?

何：华政第二次复校后，不仅仅有师资问题，上课的教材、讲义和资料也没有。当时有些课只能借或者复印北大、吉大和湖北财经学院法律系等校的讲稿；有些课就发几页大纲，或者边讲课，边发油印的章节；而有些课连这些都没有，只能全凭学生在课堂上拼命记录。后来学校开始印讲义时，又没有钱购买印刷机器。所以只能依靠教材科的 10 名打字员打印讲义。据孔令望老师回忆，炎炎夏日，10 部打字机集中在东风楼一间屋内，怕吹掉稿子故不能开电风扇，闷热难熬，打字姑娘们汗水加泪水，从早打到晚，真是苦不堪言。为了赶在开学前能把讲义发到学生手里，实行超额奖励的办法，每人每天定额打 8 张蜡纸，多打 1 张奖励 3 角。就是这区区 3 角钱，领导也是下了很大的决心才给的。可见，当时学校的经费有多困难啊！蜡纸打出来了以后，印刷、配页、装订也是非常辛苦累人的。一台滚筒油印机在小房间内不停地用手摇，一天下来手臂累得抬不起来，加上油墨熏人，十分难受。配页也是累活，一本讲义少则几十页，多则一二百页，排列在两张大会议桌上，装订的老师一页一页地围着会议桌转着圈地拿，也是不能开吊扇，否则会吹乱、吹跑的。

当然，华政 1979 年第二次复校后，最值得我们华政学子自豪和骄傲的，就是"帐篷精神"。

廖：请何老师给我们分享一下"帐篷精神"背后的故事。

何：当时在华政原校址，即万航渡路 1575 号校园内，驻扎着十几个单位，可以供华政使用的办公楼和学生宿舍没有几幢。而当时上级部门给华政的要求是当年复校、当年招生。尤其是至 1980 年夏天，当 1979 级 300 多位学生已经进来，1980 级 400 多名新生又将入住时，教室和宿舍已经无法承受。

在这种情况下，当时的校领导于 1980 年 8 月，做出一个惊人的决定,就是把原来的校长办公楼如 4 号楼等给一些必须用房的职能部门,如财务处等,将其他办公楼如 40 号楼、东风楼等,全部让给学生住宿。而校领导以及党政工团等的办公——就在 4 号楼前面的大草坪上搭起了 5 座帐篷——在帐篷里面进行。与圣约翰大学留下来的那些庄严、典雅的雄伟大楼相比,低矮的帐篷,冬冷夏热。严寒季节,虽有火炉,难以抵御寒潮;夏天闷热,电风扇扇不走酷暑高温。

但也因为如此,从此以后,"帐篷精神"就成为华政的一大办学特色,也成为华政人自豪并奋发向前的一种精神力量。

廖:这样看来,我们现在的学习环境比起当年师兄师姐真的是好太多了!

何:是的,79 级、80 级和 81 级,这三届学生我将其称为"老三届",这"老三届"校友,通过自身的努力,为改革开放 40 多年全体华政人的成长树立了楷模,为之后华政的师弟师妹做出了榜样。

廖:何老师可以给我们讲讲"老三届"师兄师姐当年的情况吗?

何:1979 年华政第二次复校后,根据上级部门领导的指示,"当年复校,当年招生",华政领导和各个职能部门通力合作,克服重重困难,迎来了第一批新生,共 303 人。1979 级以后,1980 年 9 月,华政迎来了第二届新生,即 1980 级大学生,这届学生一共录取了 418 人。1981 年 9 月,华政第二次复校后的第三届本科生入学,共有 403 人。1983 年 8 月、1984 年 7 月、1985 年 7 月,1979 级、1980 级和 1981 级同学相继毕业,他们有考取研究生的,有留校的,有到中央部委办工作的,有去中国政法大学、中南政法学院、中山大学、大连理工大学等大专院校的,有留在上海市工作的,也有赴华东六省乃至西藏自治区和部队的。不管从事着何种职业,他们都用在华政所学到的法律理念、法律知识和法律意识推动着国家各行各业中的法治事业的发展。20 世纪 80 年代中叶以后，从华政各届学生中，走出了更多的优秀人才，他们进入国家建设的各个领域，传递着华政的精神、理想和追求，推动着国家法治事业以及其他各项事业向前发展，履行着华政人的历史使命。

2003 年 10 月，华政 1979 级 298 名同学于毕业 20 周年之际，怀着对母校的深深眷恋、崇敬和感恩之情，用 298 块花岗岩石筑了一尊雕塑"基石"，感谢母校华政对他们的培养。在基座的侧面，有 298 位同学的签名。现在，"基石"坐落于华政长宁校区 4 号楼后面小草坪的东南角，也成为了华政长宁校区的一道亮丽风景。

华政的历届毕业生受到了社会的好评，就业情况良好。这些与华政的本科教育比较扎实，研究生教育比较厚重等因素有关，但 1979 级、1980 级和 1981 级师兄、师姐的模范带头作用，也是一个非常重要的原因。一个学校良好的学风，一个学校优秀的传统，固然需要一代代学子的持续努力、发扬光大，但前几届师兄、师姐的行动无疑起着重要的示范作用。卓越的本科"老三届"，华政的师弟师妹永远记着你们的贡献。

廖：我们会永远记着师兄师姐的贡献，将优良的学风继续传承下去。

何：上面讲的是本科的"老三届"，那么还有研究生的"老三届"。1979 年华政第二次复校后，在招进 310 名本科生的同时，也积极争取招收研究生的工作。1981 年获得国务院学位办批准后，开始招收华政历史上第一届研究生。最初只限于法制史和国际法两个专业，后来实际招生时，又扩大到了宪法和刑法两个专业。这样，经过 1981 年 11 月的考试，14 名考生顺利过关，成为华政历史上的第一届研究生。1981 级研究生虽然考试是在 1981 年，但入学是在 1982 年 2 月。2 月 4 日,华政历史上首届硕士研究生开学典礼举行,徐盼秋院长作了重要讲话:他希望研究生发愤图强,努力学习,取得硕士学位,"成为第一批青年法学家"。1982 年秋天进来的华政第二届研究生,人数更少,只有 8 个人。华政第二届 8 个研究生,除了王立民毕业后留校做了老师,后来担任法律系主任、华东政法大学副校长之外,其他人几乎都去了国外工作。1983 年秋天进来的第三届研究生,人数也不多,共 12 人,与第一届、第二届研究生不同的是:第一,前面两届都是从外校考入的,而这一届已经有了华政自己的考生,即华政本校的 79 级本科生于这一年毕业,他们成为了考研的主力,所录取的 12 名研究生,清一色的全部是华政 79 级的应届毕业生。第二,与第一届、第二届研究生毕业后基本上都去了国外发展不同,第三届除了 3 个毕业生去了国外,其他所有人都在国内工作。83 级研究生的入学,就使华政在校研究生人数达到了 34 人。

之后,华政的研究生招生规模不断扩大,1996 年还获准招收全国第一批法律硕士研究生。到目前,每年招生的人数已经达到了 1850 多人。从第一届华政一年只招 14 名研究生,第二届招 8 名,到目前一年招收 1850 多名研究生,短短 30 多年时间内,华政研究生教育规模扩大了 100 多倍。这仅仅是中国整个研究生教育发展的一个缩影而已。这在世界其他国家是绝对看不到的,可以说是"世界教育奇观"。华政毕业的研究生中的许多人后来都成为了我国法学教育、司法审判、律师执业和大企业法务领域中的精英和骨干,华政研究生也成为华政的一张名片,不断地为华政增光添彩。

廖:这恰恰印证了那一句"今天你以华政为荣,明天华政以你为荣"。入学前,我们以考进五院四系之一的华政为自豪,毕业

后,华政为我们每一个学生在社会上的贡献而自豪。

何:是的,学生和学校之间就是这样的一种关系。上面讲了本科生和研究生,除此之外,还有华政的博士生教育。中国的博士生教育在民国时期就已经起步,1935年国民政府颁布的《学位授予法》,就规定学位分学士、硕士和博士三级。硕士生、博士生须在大学或研究所学习,研究两年以上,经考核合格,并经教育部复核通过,才能获得硕、博士学位。但由于战乱频繁,各高校教育受到严重干扰和破坏,实际上只招收了少量的硕士研究生。网上资料显示,从1935年至1949年,中国共举行9届学位考试,授予硕士学位232人。而博士学位,基本上都是在国外获得的。

新中国成立以后,我们也曾努力发展博士生教育,但在法学教育领域,在新中国前30年,我们没有成功。除了中国人民大学法律系曾在20世纪50年代初在苏联专家的帮助下,招收过三届硕士研究生之外,博士生教育没有发展起来。我们有些留苏的法科研究生,虽然拿到了"法学副博士"的学位,但那实际上就是法学硕士学位的苏联说法。

中国的法学博士生教育,是从1978年改革开放之后,在20世纪80年代初开始发展起来的。接下来,法律专业的博士生招收培养工作开始迅速发展起来。至今,全国已经有60个(所大学)设置有法学专业一级学科博士生授权点。华政乃至整个上海的法学博士生教育起步比较晚。这既和华政被撤销了两次,教学和科研团队比较弱有关,也与国家对整个法学教育不够重视以及各个地区法学教育资源配置的不平衡相关。

因此,改革开放之初,上海的法学教育占全国的比重,连10%都不到。华政,作为上海法学教育的主要单位,情况也不容乐观。1979年华政复校时,北大、吉大、湖北财经学院,以及中国人民大学和西南政法学院等,已经招进来了 1977 级、1978 级法科大学生。在上海,当时只有复旦大学分校即现在的上海大学文学院设了法学专业招收本科生。在这种严酷的局面之下,华政人意识到,在博士点的布局、博士生招生方面,华政必须做出更大的努力。

意识到这一点,1981 年华政在获得硕士研究生招生授权点之后,马上就开始着手博士点的申报工作。而这个机会,于 1986 年到来了。当时,我刚刚留校进法制史教研室参加工作,就被安排进申报博士点、准备申请资料的小组,因此,对这一次的申报以及失败的经历印象深刻。当时,申报博士点要求不是很难,只要每个专业凑满三个正教授就可以了。但由于 1952 年华政成立时对民国时期法学教授的排斥,也由于华政历史上被二次撤销,华政 1979 年第二次复校时没有一个正教授。

当时华政自己没有评审教授的权力,评教授都要上报到市里,由市教委组织相关专家组成委员会评审。而这些专家,基本上都是文、史、哲、经等专业,而他们的学科基础,比法学要好许多,论文和专著等成果也普遍多。所以,他们认定教授的标准,就是他们自己的标准。而法学自 1957 年反右运动被打下去以后,基本上没有得到恢复,在“文革”中又受到进一步的摧残,也没有发表成果的刊物和阵地。尤其是华政,被两次撤销,师资队伍全部散掉,1979 年复校后“归队”的教师,应付上课、备课已经是非常艰难,有专著和在高水平杂志上发表论文的,非常少。而当时上海的职称评审组又不愿意降低标准,对法学学科有所扶持。

因此,1986 年申报博士点时,华政有许多老师表格上填写的还是副教授,或者“待批教授”。这样,当然就申请不到法学的博士点了。国际法、法制史、刑法等在华政比较强的学科,当时报上去以后是全军覆没。1986 年以后,博士点的增设,虽然相隔几年,总会搞一次。但条件越来越苛刻,难度越来越大。尤其是华政申报法学学科博士点,比其他综合性大学中申报一个法学学科博士点难度还要高出许多倍。因为华政当时全校都没有一个博士授权点,因此,华政要上法学学科博士点,还要解决一个学校博士学位授权单位,是需要两个一起达标,即法学专业博士点和学校的博士授权单位。当然,经过华政人十余年上上下下的努力,到1998年,终于获得了第一个博士点(国际法),并于次年开始招生。

至目前,华政的博士生招生培养工作,在上海市教委的全力支持下,已经步入正轨。从1999年招收第一届国际法学专业博士,当时只录取了贺小勇、阚波两个人,到2020年,华政共招收111名博士,规模扩大了几十倍。博士后的培养,在上海市人社局的全力支持下,也发展迅速,其招收人数及培养质量,均位列全国前茅。在华政毕业的博士生中,涌现了众多的高端人才,至目前也有近千人了。

廖:华政博士点的取得真的是困难重重啊!不过,艰难困苦,玉汝于成,总算现在有了好的结果,华政的博士生教育也蒸蒸日上了。接下来想请何老师讲一下华政的对外交流。

何:大学,有许多功能。其中之一,就是大学是传授知识的殿堂。而知识是没有国界的,所以大学教育的国际化、老师、学生、课程、教学方法与办学理念以及人才就业,都是没有国别、地域界限的。否则,就不成其为大学了。

如前所述,华东政法学院,由于地处上海这一特大型开放城市等原因,其与国外大学的交流,从建校初期就已经开始了。首先,华政与联合国国际法院的合作交流关系十分密切;其次,华政派出教师到外国政府或国际组织或中国驻外机构任职;再次,华政的教师不断受到国外大学和机构的邀请,前去参加各种国际学术会议;

再其次,华政与国外各个大学的联系与合作也在逐步展开;最后,国外和境外的大学以及组织和机构,包括一些著名的教授,也不断前来华政访学、考察和交流。

这中间,曾令华政人兴奋异常的外事活动,是 1998 年 4 月初,华政接到上级部门的指示,说美国总统克林顿夫妇 6 月底来访上海时,总统将来华政或者上海交大进行公开演讲,希望华政精心做好准备,顺利完成这一次外事接待任务。当然,最后因为华政长宁校区周围的道路太过于狭小,老居民楼里面人员太多、太杂,保障总统的安全比较困难。因此,克林顿总统取消了在华政的演讲计划。而是改为座谈会的形式,邀请上海的知名专家学者相聚座谈。

克林顿总统来访华政并进行演讲的计划,最后由于道路硬件等原因,没有实现。但另一位西方国家的元首,即加拿大总理克雷蒂安(Jean Chrétien,1934－　）访问华政并进行演讲的计划,后来得以实现。与克林顿总统毕业于美国耶鲁大学法学院相似,克雷蒂安总理毕业于拉瓦尔大学法律专业,获多所大学法学名誉博士学位,并从事多年的律师工作。因此,总理来访中国时,就提出希望在一所大学的法学院进行一场面向法科学生的公开演讲。中央和上海市就把这个任务交给了华政,让华政组织实施接待工作。经过精心准备和周密安排后,2001 年 2 月 15 日,克雷蒂安总理成功访问了华政,并在长宁校区 40 号楼(原圣约翰大学的思颜堂)里面的小礼堂,为 200 多名华政学生做了一场精彩的演讲,还和学生进行了现场的交流互动。

四、一辈子当老师是最开心的事

自 1984 年留校任教以来,在 38 年的教学生涯中,何勤华教授在教书育人方面,爱岗敬业,把学生视为自己的生命,将教学视为自己的事业,先后给本科生和研究生开设了《西方法律思想史》《外国法律史研究》《罗马法》《各国法律制度概况》《中国法学史》《当代各国法学思潮》《法律文明史导论》《法学名著精读》等 15 门课程。在此过程中,被学生 6 次评为"我心目中的最佳教师"(每次全校评 10 名)。担任校长以后,考虑到公平、公正问题,不和普通教师争名誉,所以,就不再参与,退出了"我心目中的最佳教师"的评选。

(一)人才培养

何勤华从 1996 年起指导外国法制史专业的硕士研究生,至 2023 年已经招收了 27 届,共 63 人,毕业生分别在教育、金融、企业法律顾问、公检法司和国家安全部门以及律师事务所等岗位上工作;从 2001 年起开始指导法律史专业的博士研究生,至 2023 年已经招收了 23 届,共 114 人,这些博士生,大部分评上了副教授,有的已经担任了教授、博导,也有的担任了企业的老总,报社和出版社的资深编辑,党政部门和司法机关的干部;从 2004 年开始指导法律史专业的博士后研究人员,至 2020 年已经招收了 20 届,共 70 人。

1. 本科生

廖:何老师,您在华政工作学习 40 余年,可以跟我们说一下您对本科生培养的看法吗?

何:关于本科生的培养,我的观点是随着社会的变迁,我们对人才的要求、人才的知识结构以及人才的培养目标要跟着变化。在 1998 年以前,基本上我们培养法科大学生是为了满足公、检、法、司等公权力部门的需要;在 1998 年扩招以后,我们的法科学生不一定就到政府部门工作了,有很多都是到企业、街道等各行各业,在这种情况下,我们就要从原来的对本科生比较专业化的培养计划转变为通识教育,让学生能学到各类知识。基于这样的培养计划,我们的课程设置、培养方案都要跟着变化。学生的毕业实习也会有改变,比如原来都是到公检法的,现在就要去一些律所、企业等以后打算从事的职业上去实习。

2. 硕士生

廖:硕士生和本科生的培养有什么不同呢?

何:如果本科是打基础的话,那么研究生就进入比较专业的程度了。虽然比较专业,但实际上研究生也分两种,一种是读完研究生后打算继续读博士的,接下来要从事学术研究或者教学这方面的工作;另一种是研究生毕业以后就开始找工作了,实际上我认为找工作也是应该有去各行各业的,这些学生也是需要掌握各种技能。所以对于不同规划的学生,我们要因材施教。

3. 博士生

廖：您可以跟我们介绍一下您培养的博士生吗？

何：好的。

博士生，在全世界都是顶级的人才了。在我亲自指导的100多位博士生中，人才辈出，成绩斐然。有评上全国十大中青年法学家、国家高层次人才特殊支持计划、长江学者的，如李秀清、郑少华、屈文生等；有担任大企业领导的，如徐菲、夏雪、郭先东等；有走上厅局级领导岗位的，如姚建龙、韩强、莫振坤等；有担任大律师的，如裴索、翟冠慧等；还有当上教授、博导，在各大学中培养人才、传授知识的，如朱晓喆、刘守刚、陈颐、汤唯、季立刚、苏彦新、王素芬、张海斌、魏琼、孟红、陈融、王铁雄、任超、夏菲、刘强、刘显娅、荆月新、郭延军、陈兵、陈婉玲、任海涛等；以及成为优秀出版人的王兰萍、解锟、高媛、江小夏等。

4. 博士后

廖：何老师，最后想听您介绍一下您指导的博士后学生。

何：除了指导硕士生和博士生之外，我还合作指导了67名外国法制史专业的博士后，如魏晓阳、韩君玲、朱应平、刘云生、杨大春、罗国强、严泉、马姝、胡兴东、罗云峰、王红曼、贾少学、王森波、张弓、余守文、张秀、余素青、陈琦、靳匡宇、杨彤丹、徐大慰、邱唐、史志强、吴思远等，他们也都工作在我国各高等学校本科和研究生教育的第一线，成为各部门法以及经济、文学、哲学、管理、外语、历史等专业的学术骨干。

（二）教学理念

1. 教学理念——节约人生成本

廖: 何老师,您带过这么多届学生了,这么多年都是广受好评,您在教学方面的理念是怎样的呢?

何: 我认为,教书育人和求学上进,出发点就是节约一个人的人生成本。我们处在这个时代,要面对现实,时代毕竟不同了,老师不能用过去的要求和眼光来看待今天的学子。有些人总说现在的大学生不把精力完全放在学习上,却不说我们当年是一进学校就意味着解决了工作,公检法司随便进,大学校园更是很多人的不二选择。

而如今的学生却要面临更大的就业压力,就业环境的非良性发展迫使学生们不能一心一意地治学。考虑到这样一种社会现状,我常常告诫自己要对学生宽容、对旁人博爱,所以我现在对学生们实行个性选择教育,愿意参与课题的,就让他们积极地投入进来;只专注于个人选题研究的,需要帮助时我尽力提供,没有障碍时就不会去打扰他;有其他发展规划的,就要求学生完成基本的学习任务就可以了。

2. 教学经验分享

廖: 何老师您真是很开明了,那么在课堂上,您有什么经验可以分享一下吗?

何: 教学方面呢,我的体会是这样的:我们大学老师上课站上讲坛,这个是第一位的,尽管科研也很重要,但你毕竟是大学老师,你有教育学生、把知识传授给学生的使命,而且这是最重要的任

务。既然是最重要的任务,那么你就要动脑筋,怎么样当好一个老师,怎么样讲好课。讲好课有很多办法,但有几条是基本的:

第一,要备好课。我们以前出现过有的老师匆匆忙忙赶过来教室,本来应该讲第三章,但因为事前没有备好课,拿出来的讲稿是第四章,而且那时是纸质的讲稿,不是电子的,所以那节课的效果可想而知了。即使是之前讲过的课,现在也要再捋一遍,特别是最近关注到的新的资料、新的案例、新的作品都要融入进去,这样学生学到的东西才是最先进、最前沿的。

第二,要和学生交流。上课时要注意,不能不看学生,只看自己的电脑或讲稿,这样学生和老师之间就会没什么交流。要做到这点,就要熟悉自己的课堂讲义,否则你是离不开讲义的,一离开就不知道讲到哪里了。

再有是关于 PPT。像我的话,PPT 上的字会弄得很大,一个页面没几行字,一般我的考虑是不能超过 8 行。而且在教室放 PPT,我一定要站在最后一排,我要看 PPT 上的字是不是看得清?要考虑到学生中有很多近视眼,如果我在最后一排看得很模糊,说明我的 PPT 没弄好。PPT 还要做到反差鲜明,不能白色的背景配上黄色的字,一定要反差鲜明,比如白色背景配黑字、黑色背景配白色字。以前我们强调板书要写得规范,有些老师还专门练习黑板字。所以这些是老师要注意的。另外,声音洪亮,尤其对青年教师来说,不能又不敢看学生,声音又细到听不见。我以前遇到过的,以前当校领导的时候经常要去听各门课,有的就会这样。

第三,我们上课的目标不是说这堂课讲完了、把这一章的内容讲好了就完事了。我们的目标是,通过上课,让学生真正得到点什么。他们听了你的课,知识有增长或者能力有提高、有收获,老师上课是要达到这一个效果。就像我们写文章,不是给自己看的,而是给读者看的,写书也一样。

廖:备课、和学生交流,还有做好讲课的PPT,都是青年教师需要好好注意的地方,除此之外,您还有其他课堂的经验跟我们分享吗?

何:还有就是点名这个制度问题。我也做过学生,学生最讨厌的就是点名,一点名,15分钟就过去了。所以我现在上课的特点就是不点名,但是我有花名册,我会随机进行提问。像我昨天给研究生上"比较法律文化"的课,讲到法系的概念,我先不自己讲,我先随机点一个人,比如点到张三,问他对法系概念的理解,再点其他学生,问了大概三四个学生,只有一个学生知道什么叫法系,那么我可以相应做一点记录,因为今后给学生打分也是要有所差异的。

通过这个提问环节,一节课问十来个人,下一次课我再问另外十来个人,这样实际上是在点名。至少我知道,昨天有两个人,一个说去看牙齿,一个说家里有事,那我会给他做记录,至少他缺席,缺席还不跟我请假,如果我没点到他,他就蒙混过关了。

这个是我上课三十几年来的经验,我所讲的对学生也有帮助,对青年教师也有帮助。把点名这种浪费时间的制度消除掉。因为我们时间都很宝贵,学生也希望在有限的时间内给他们最多的信息量、知识。一节课就45分钟,像点名这样七搞八搞的,一节课一下就过去了。但之前有青年教师跟我说,有的学生知道你上课点人回答问题的,那么他这次来了,回答了问题……

廖:他下次就不来了。

何:对的(何老师笑)。所以我说要有个概率,比如这次随机抽12个人,下次再问问题时,其中要保证2—3个是(和上次点名)重复的。

廖:点名确实是学生都很讨厌的一个制度了,如果换成上课提问的方式来点名,确实能做到学生和老师之间的双赢,还能节省时间。

何:是的。老师上课还有一点,这个是最核心的,就是讲课本身内容要好。只有通过讲课内容好来吸引学生,不至于靠这种强制性的惩罚手段、靠分数来吸引学生。

内容要好,我之后会再提到,就是科研必须跟上来。老师一定要做到,在你研究的这个领域,你讲给学生听的,到今天为止,是中国最前沿、最高水平的理论,不一定深度最高,至少是提供信息量是最全的。这样一来,学生听了以后就会知道,法学界发生了什么事,中国的学术研究前沿到什么程度,对这个问题研究有多少种观点,现在哪一种观点是主流,哪一种观点已经淘汰了。对于我来讲,这一点是必须做到的。

老师上课还有要注意的就是,比如讲到某个原理、概念的时候举例子。如果这个课是新课,还不太熟练,那么你在举例子时一定要做个记号的,否则的话,因为这个例子往往是个案例、典故或历史上的重大事件,有些老师就出现过"开火车",就是例子举出去就收不回来了的情况,他就不知道是在讲哪个问题的时候举的这个例子,(火车)就"开"不回来了,那么这就很尴尬了。当然有的时候遇到好的学生他还会提醒你一下。

所以核心问题就是备课要充分,内容要前沿。做到这样,即使你的口才差一点,但是后面学生琢磨琢磨,比如他们第一节课开始时可能会想,老师讲得很平淡、没激情,但一节课下来之后发现,我在这门课做的笔记最多,学生再去把别的教材的相关观点拿过来看,发现笔记上竟然都有,一下子对老师的看法就会不一样。

廖:老师上课的内容应该是这门课学生最看重的了,何老师真的很能感同身受。

何:另外还有就是,老师上课尽量不要哗众取宠,不要搞一些噱头,引起学生哄堂大笑这样。你要吸引学生的注意,还是要靠本身讲课的内容,不能靠跟讲课内容无关的乱七八糟的八卦。学生很感兴趣,听得津津有味,然后一节课过去,这一章内容都没有讲完,在课程快结束时老师又开快车,这样会把学生弄得苦不堪言。

所以我们教研室就曾经讨论过,因为我们讲法制史,法制史上的典故多的是,在这种情况下还是要以课程的内容为核心。这个课程内容要本身是生动的,引起学生会心一笑,你不能让他们"勉强一笑"。

还有如果是开新课呢,最好能开一些前沿性的、大家都比较关注的,最佳的状态就是这个问题大家都比较关心,是现实问题切入进去,但是实际上里面包含的内容是比较宏大的,我可以讲出在这个问题上法国是怎么样的、德国是怎么样的、美国是怎么样的、日本是怎么样的,这样就能给学生带来很宏大的且现实的体验。

(三)对青年学生的期望

廖:何老师,您认为法科学生应该要具备怎样的素质呢?

何:法科学生应该是综合素质强、大气包容、品德高尚的人。我身为高考恢复后的第一届法科学生,又是改革开放四十多年来每件法制史上重大事件的亲历者、见证人,甚至是某种程度上的参与者,责任更加重大。法律人须有为法治摇旗呐喊的信念,实现法治国家并不仅仅是法律人的职责,而且是全体公民应尽的职责。但不是法学科班出身的公民毕竟对法律不太熟悉,这就需要法律人帮助提升全体公民的法律素养,宣传法律基本知识以及法治精神。

法科学生无论是选择工作、出国、考研还是创业等,都要结合自身实际情况,选择适合自己的道路。对于学生,首先,扎实的专业知识功底是必需的;其次,在外法史的研究方向上,还要求精通一门以上的外语,这样才谈得上研究外法史;第三,学生们不仅要能读书,更应会做人,要具备建立良好人际关系的能力,千万不要因为自己小有成就便看不起别人,而那些有志于将来一步步深造,成为教学工作者的人更要严于律己,学者必须具备好的人品,"学高为师,身正为范"——要治学,更要自律。

对于治学,浮躁之心当然是要戒除的,怀着浮躁的心态治学肯定出不了精品。但不能忽略每个人具体的生活状况,现在也不是要求知识分子甘守清贫的年代了,每个人都要为生存而奋斗,年轻人更要谈婚论嫁、赚钱养家,功利和浮躁只是承受着生活压力的表现。我提倡坐冷板凳、静下心来严谨治学的态度,拿出高水平的研究成果甚至是传世之作,但不苛求每个学人都一定要做到,多元社会要求我们处理好这种矛盾,对功利者不要过分谴责,应该有宽容的态度和雅量。

廖:您对青年学者有什么期望呢?

青年学者首先要有使命感,这是最起码的。不能像龚自珍(1792—1841)嘲讽的那些晚清无节文人一样,论文不求新见,只知歌功颂德,"避席畏闻文字狱,著书都为稻粱谋"。现在中国发展了,学术环境也远比过去宽松,正是产出优秀学术成果的大好时机。

中国近代思想家梁启超(1873—1929)说,少年智则国智,少年强则国强,少年自由则国自由,少年进步则国进步。确实如此,青年学者代表着中国学术的未来。没有一个国家可以靠一两代人，就能自立于世界民族之林的。每位青年学者都应有这种自省的意识，在师长前辈已有成绩的基础上，要继踵接武，开拓创新；青年学者要注意学术的代际更替，不同时代需要不同的学术。比如王国维评论清代学术时就说"国初之学大，乾嘉之学精，道咸以来之学新"。当代中国的学术发展脉络，所遵循的或许同样是这样的轨迹，建基立业时必求其大，然后必求其精、求其新。当下的中国学术也正是求其精、求其新的时期。

廖：何老师，您对青年学生有什么人生建议呢？

何：首先要确定未来的目标，想好今后要成为什么样的人。法科学生在入学时首先必须明确今后准备做什么。我很鼓励学生在自己能力范围内多发表文章，尽力多出成果，不要怕自己写得不够好，从青涩到成熟总有一个过程，但必须遵守学术规范、尊重他人的学术成果。

学术成果的多少与学术水平的高低并没有正反比之说，关键还是在人——文学界有巴尔扎克这样一生写了两百多部作品、著作等身的大师，当代法学界也有理查德·波斯纳这样笔耕不辍的巨匠，其他如罗斯科·庞德、威格摩尔等大家，都有很多作品问世，并非作品少的就一定是精品，说不定他真是写不出来呢？一个人的精力投入和勤奋刻苦才是作品好坏的关键，人的个体差异很大。

再有就是通过必要的考试，拿到心仪职业的入门券。没有特殊情况的话，尽量考上研究生接受专业化教育，做一位成熟的人才，之后找到自己感兴趣的事业和领域，避免每天浑浑噩噩、沉迷八卦。

最后一点就是，不要执着于北上广这样的大城市，真正的人才在哪里都能发挥作用。

廖:您认为在社会主义法治建设的过程中,法律史学科出身的学生应该作出什么贡献呢?

何:我认为至少有三点:第一,通过我们写文章、作报告包括在日常生活中贯彻一种法治的理念,为社会提供法治的历史经验教训;第二,可以把国外的先进的思想、经验、理念,包括遭受过的挫折教训,提供给决策者;第三,通过在自己工作岗位上,不管是实务还是理论研究,把学到的法制史素质,发挥出来,影响周边人。这是最基本的。

五、展望未来

（一）中国 40 年法学研究

廖：您对中国 40 年来的法学研究，也有深入的研究和思考，您能否介绍一下这方面的情况？

何：好的。40 年来，中国的法学研究取得了长足的进步，从一门非常孱弱的学科，成长为一门显学，受到世人的高度关注。

1978 年，法学的各门课程，连公开出版的教材也还没有。孙国华和罗玉中教授的《国家与法的理论》，魏定仁教授的《宪法学》，杨敦先和张文教授的《刑法学》，张国华和饶鑫贤教授的《中国政治与法律思想史》等，都还只是油印的讲稿。还有很多课程连油印讲稿都没有，包括外国法制史这门课。北京大学由嵘老师上课时，就带了一卷地图，对着地图，给我们讲解古代西亚和西方法律的起源发展。课程快结束时，才发了内部印刷的三册讲义《外国国家与法律制度史》，是苏联编写的《国家与法权通史》教材的翻印。

但经过 40 年的发展，不用说民法、刑法等学科了，就是外国法制史的教材，也已经不下 30 余种了，真可以说是发生了翻天覆地般的变化。40 年前，法学专著的出版，也是一件非常困难的事。书店里几乎看不到法学著作。现在法学著作出版如此繁荣，各种

191

书店里的法律图书不断增多，甚至还有一些专门的法律书店，可以说今非昔比了。

在法学研究的方法方面，40年来也发生了许多变化。最早一般都采用马克思主义的方法，后来开始运用一些比较的、历史的方法。1985年，在全国首次法制系统科学讨论会上，钱学森作了一个重要讲话，题为"现代科学技术与法学研究和法制建设"，提出要使用系统论、控制论和信息论等自然科学的方法，来研究属于社会科学的法学。这是中国40年法学研究进展中的一个里程碑式的事件，有很深远的历史意义。

受此影响，我也于1988年在上海《社会科学》上发表了题为《外国法制史研究方法新探》的论文，论述了用这些方法研究外国法制史的必要性。当然，将这些自然科学的方法用于法学研究，只在20世纪80年代后期、90年代前期出现，之后就很少再见到，但这种现象背后折射出来的中国法学界对新的研究方法的敏感和追求，对繁荣中国法学研究确实起了催化的作用。

在国外法学名著的翻译方面，改革开放之初，也几乎是片空白。写硕士论文，只能大量参考翻印过来的中国台湾学者翻译的国外学者著作。20世纪90年代开始，终于有了两套外国法学名著译丛，一是江平教授主持的"外国法律文库"，二是季卫东教授主持的"当代法学名著译丛"。其中包括了伯尔曼《法律与革命》、德沃金《认真对待权利》、哈特《法律的概念》、昂格尔《现代社会中的法律》、波斯纳《法理学问题》等名著。

20世纪90年代以后，外国法学名家名著不断被引进。如"宪政译丛""比较法律文化丛书""当代德国法学名著""波斯纳文集""西方法哲学文库""世界法学名著译丛"等，许多如今已成为我们法学学生的必读书。

1978 年初,法学学术团体一个也没有。法学学术研讨会,也因经费缺乏,找不到承办单位,很难组织召开,这种状况到 20 世纪 80 年代末也未改观。1986 年,华政承办外国法制史研究会第四届学术年会,不得不在上海的一家化工厂里召开,住宿用餐都非常拮据。

现在情况已大为改观,各主要大学的法学院不仅每年都要举办若干国内学术研讨会,甚至在单独或者联合举办各种国际学术研讨会方面,也都有非常活跃的表现。国际学术研讨会的专业化程度和学术水平也越来越高,讨论的问题也是非常专业深入。如华东政法大学主办的"民法法典化、解法典化和反法典化""罗马法与现代世界"等学术研讨会,与会代表是来自美国、英国、德国、法国、意大利、西班牙、匈牙利、比利时等国著名民法学、法律史学家,以及其他人文社科领域的专家。

(二)对法史学科前途展望

廖:您是我国法学界关于外国法制史研究的专家,有许多独到的见解,请谈谈您对外国法制史研究现状的分析和改革思路。

何:外国法制史这门学科在我国真正得到发展,是在 1982 年以后。这一年,我国成立了全国外国法制史研究会,编写了第一本外国法制史的统编教材,并招收了第一届外国法制史专业的研究生。但是在商品经济浪潮的冲击下,作为一门历史学科,外国法制史的发展遇到了许多困难。无论是在人才培养还是在出成果方面,均落后于其他兄弟学科。

因此,如何使这门学科充满活力,获得更大发展,对每一个从事外国法制史教学和研究的学者,都是一个不可回避的问题。我比较早地参与了这一问题的思考,前述《论外国法制史的研究对象、体系和方法》一文,也是为此目的而作。此后又连续发表了多篇关于这方面问题的论文,对如何繁荣我国的外国法制史学科进一步谈了自己的想法,包括将我国法制史化整为零,开出多层次、多种类的课(如外国经济法制史、外国科技立法史、外国公司立法史,以及韩国法制史、越南法制史等),运用多种形式筹措经费,出版外国法制史多卷本,编写论文集,以及引入文化学、社会学、经济学、文献学(考据学)等兄弟学科的方法,推动外国法制史学科的发展。

廖:您现在担任全国外国法制史研究会会长,但在研究会会员和学科力量上,外国法制史都是比较弱小的。事实上,外国法制史研究,即使在西方发达国家也是一门非常冷清的学问。如日本,在20世纪60年代之前,搞西洋、东洋或中国法制史的人还有些,到现在人数就越来越少了,当然,抱有兴趣者始终有之。您对这种冷清和寂寞应当是有心理准备的吧?

何:是这样的。但同时我一直坚信,人类与其他生物的区别之一,就是有一种怀念过去、思考未来的情怀。当忙完一天的工作,当紧张和疲惫的身心放松下来之后,我们的脑海中常常会产生这样的问题:"我是谁? 我来自何处?"而回答这个问题的学问,就是历史。

因此,不管市场经济如何发达,不管时代的进步使人们的生活节奏多么快速,人们对历史的兴趣和探索永远不会终止。在历史的诸多分科中,相对于经济史、政治史、文学史、哲学史以及文化史而言,对法律历史的探讨要薄弱一些。尤其是对世界各个主要国家和地区的比较完整的历史描写和评述更为欠缺,甚至阙如。

所以,我一直认为,外国法制史的教学和研究,具有非常大的发展空间，即使几百年后该学科仍然是大有可为的。

廖：何老师，您认为我们法史学科的前途是怎样的呢？

何：法史学科的前途，我认为它既冷亦热——法史之冷，在于它离现实生活相对遥远，对解决眼前问题起不到立竿见影的效果，从事这个研究要坐得住冷板凳；法史之热，在于人类对历史的热情永远不会消退，毕竟这是追本溯源，关乎自身来龙去脉的问题，这些年的"国学热""史学热"正好说明了这个问题。

法史学的研究队伍不可能会像民商法、金融法那样庞大，也不会让人们如此趋之若鹜，但它的魅力是永恒的，需要填补的内容还是很多的，就像华东政法大学的法律史研究中心，最近十几年相继填补了国内在古代巴比伦法、日耳曼法、希伯来法等领域的研究空白，这些空白有大有小，还等着我们一个个地去填补，继而再将研究成果传授给学生。

法律史的定位就是一个基础学科，是为法科学生、法律人提供基本素养的奠基石，要做到功底扎实、基础牢靠，以便他们以后更好地学习各部门法、构建自己的法学知识结构，使之更稳固。

新中国外国法制史学科70多年的历程，既艰难曲折，又光辉灿烂。这门学科走过的道路证明，中国的法治建设需要外国法的经验和成果，中国的法学发展需要外国法的理念和知识。这一点，也决定了未来中国法和法学的发展，离不开对外国法和法学的吸收、移植和借鉴，决定了外国法制史学科的前途是光明的、地位是重要的。

当然，和各部门法相比，外国法制史作为一门基础学科，受重视、受关爱的程度肯定要差一些。同时，在当下全社会都更加注重实用、更加趋于功利的状况下，期望外国法制史成为一门显学也是不现实的。因此，我们作为外国法制史学科的建设者和守护者，必须保持清醒的头脑,积极开拓,锐意创新,促使外国法制史学科进一步走向繁荣。

第一,在课程设置方面,我们要开动脑筋,继续努力。除了不断丰富和更新传统的外国法制史课程的内容外,还要开发一批新的外国法律的课程,如外国金融法、外国银行法、外国保险法、外国电子商务法,以及西方宪法史、行政法史、民法史、商法史、刑法史、诉讼法史等。同时,吸收教学和科研成果,编写这些选修课的教材,扩大外国法制史整个学科的影响力。

第二,我们在教材编写方面,也要加大力度,花力气编写出更好、更多的有特色的教材。应该说,60多年来,我们的教材从无到有,从少到多,由粗糙到精良,很有成就了。但这还不够。我们对许多国家、许多地区的法制的介绍和评价,都是非常简单和浅显的,有些甚至是有错误的。因此,对于我们现有的教材,必须进行全方位整理、修订和完善。我的体会是,近年来,在学术界的一致努力下,我们的学术积累已经越来越丰厚。仅就古代法部分,如巴比伦,如印度,如希腊,如罗马,资料就非常多。不要说外语文献,就是中文资料,最近几年也都出版了大量成果。对此,我们的教材都应当很好地予以利用。

第三,撰写专著和论文的视野要更为开阔。就专著而言,如上所述,我们已经有了日耳曼法研究,有了教会法研究,有了伊斯兰法研究,有了古代西亚法研究,有了古代巴比伦、古代希腊法的研究。但就古代埃及,古代希伯来,以及中世纪法的许多领域,我们的研究都很薄弱,有些至今仍然是一片空白。对此,我们应该整合力量,攻破这些领域中的一些研究难题。至于近代以后各个国家、各个部门法等领域,研究的课题就更加多了,值得我们年轻人尽力耕耘,大显身手,拿出有分量的成果。

第四,人才培养,始终是外国法制史学科可持续发展的第一件大事。在这方面,一是要注重外语能力的养成。现在掌握英语一般没有问题了,人才也比较多了,但需要精通;二是德语人才也开始有了一批,近年来我们翻译德国的法学著作比较多,就是一个证据。现在的问题是,我们比较缺少懂法语、意大利语、俄语、西班牙语、葡萄牙语等语种的人才。懂日语的人才以前比较多,最近也少了,必须引起我们的重视。

在人才培养方面,除了外语,第二个重要的方面就是专业了。在专业上,面临知识扩张、知识爆炸的局面,我们不可能做到面面俱到,必须精通一个方面、一个领域,如美国法,如英国法,或者外国宪法、外国民法、外国商法、外国刑法,或者教会法、伊斯兰法、日耳曼法、中世纪城市法等。既要培养兴趣,也要有一种使命感、责任感。写论文、做课题、编教材、搞研究,都是非常艰辛、非常寂寞的,如果没有使命感和责任感,没有兴趣,是无法坚持下去的。

第五,继续搞好全国外国法制史研究会的建设。精心准备,开好每一次年会,让大家有一个欢乐愉快的大家庭,形成一种凝聚力,有一个和谐的精神家园。在外国法制史领域,我们已经出了许多人才,我们这一批20世纪50年代出生的人不算,20世纪60年代以后出生的,我们也有贺卫方、徐国栋、李秀清、王云霞、董茂云、夏新华、苏彦新、郭光东、张海斌、高仰光、王银宏等,他们科研成果突出,教学效果极佳,充满了人格魅力和学术号召力,他们是我们外国法制史专业的骄傲,也是我们研究会的品牌和标志。

我们要珍惜他们。我们要把每次年会,都开成一次盛会,一次见面时热情相拥,分别时满眼含泪的难忘之会。这是我们基础学科研究能够坚持坐冷板凳的精神动力,也是我们能够将外国法制史学科发扬光大的精神动力。

（三）对中国未来法治的期望

廖：中国现在是在走中国特色社会主义法治道路，您对我们国家法治的发展趋势有什么看法吗？

何：我是这样认为的，人类进入法治——建设法治国家、法治政府、法治社会，这个实际上是古代就开始了，比如古希腊、古罗马，他们就很重视法治，重视法治在社会治理当中、国家治理当中的比较重要的作用。

但是近代的法治和法治国家的形成，伴随着资产阶级登上历史舞台，主要是通过思想家。比如说洛克在《政府论》里面全面阐述法治的基本原理。孟德斯鸠除了讲法治以外，进一步讲到未来要是将法治推行，必须限制权力，对权力进行制约，不能让国家公权力一方独大，令公民的基本权利得不到保障。所以孟德斯鸠的三权分立理论是当时经典的，也是基本上为所有资本主义国家所吸收、继承的。

另外还有卢梭，卢梭在社会法治建设方面又提出了主权在民，就是法治建设要以人民为主体，最终目标还是要人民幸福。卢梭还提出了社会契约论，社会契约论诠释了法治的最终本源是什么，阐述了为什么要搞法治，这是他的贡献。他的理论认为，我们的政府都是人民跟执政者达成的一个契约，由于是契约，所以双方都是作出妥协，双方都是作出让步达成的结果。

所以，按照社会契约原理下的政府应该是为人民服务的，因为是人民把自己一部分的权力让渡给了执政者，执政者通过人民让渡的权力组成政府，实行管理，进行统治，管理社会和国家。按照这个原理，政府官员如果不为人民服务，没有把人民让渡给他们的权力用好,那么人民有权换这一批人,重新进行选举。

所以社会契约论回答了法治的基本问题,就是政府执政的合法性在哪里,说明了为什么是张三当总统,李四不能当,因为张三是全体民众选出来的,他的票数就比李四高。所以卢梭的社会契约论提供了法律的本源,本源在哪里? 就在人民,人民的信任,人民的转让权力,人民把一部分权力交给你了,然后你可以统治。这是法治在西方发展的理论。

洛克和孟德斯鸠、卢梭的这些理论,怎么在制度上固定下来进而指引全体民众或者整个国家机器运作? 这是通过美国 1776 年的独立宣言、法国 1789 年人权宣言、美国 1787 年宪法、法国一系列的宪法,后来包括日本明治维新以后的宪法、1804 年的法国民法典、1900 年德国民法典,通过这一系列的法典,这些思想家关于法治路径的这些观念、理念、思想在制度上确立下来,这样就形成了西方的法治政府、法治国家、法治社会。

在这样的一种潮流下,尽管这些制度在近代就传到中国来了,但是由于中国当时特殊的国情,因为我们都是在打仗,两次鸦片战争,清末政府也腐败,我们搞了戊戌变法,后来八国联军侵华,所以都没有能搞法治。后来清政府想实行立宪改革、向法治变革时,人民已经不能容忍他们这种专制帝国的体系了,所以爆发了辛亥革命。

辛亥革命爆发以后就建立了中华民国。中华民国建立以后实际上我们中国就开始往法治道路的方向走了。但因为中国社会封建传统历史太悠久,所以讲是讲法治,但实际上还是专制的,北洋政府是,袁世凯是,后来蒋介石也是。所以法治从清末传入中国以后,我们作出了努力,但其实一直都没有实现,由于没有实现法治,中国共产党想搞几次改革,没有一次成功的。你想搞改革就把你抓起来杀了,这样就迫使中国共产党人不得不走上武装斗争的路,就是枪杆子里面出政权。这个道路我们走成功了,建立了新中国。

新中国成立,我们是靠武装斗争,但一旦新中国成立以后,接下来我们就应该用法律来统治了。国家那么大,人口那么多,光靠政治斗争解决不了问题,因为很多都是经济问题,这一个转变,我们没有完成。中国共产党在新中国成立以后从武装斗争、搞政治运动到用法律来统治,这一个转变一时没有完成,没有转成功,所以爆发了之后的反右运动、"文化大革命"。

十年"文革"以后,通过痛定思痛,反思历史的经验。1978年召开党的十一届三中全会,中国进入改革开放的阶段,这个时候才重新把法治提上日程,我们开始真正走法治道路。所以改革开放40多年,我们取得了令世界瞩目的成就。

那么接下来法治道路该怎么走?我们该完全模仿西方,还是走我们自己的路?现在中央提出,我们是走中国特色社会主义法治道路。对于中国特色社会主义法治道路,我个人的理解就是两个方面:第一个方面,要彰显中国特色。中国特色在哪里?比如第一个,坚持中国共产党的领导,还有党规国法相结合,党规是治理干部,国法就是治理广大老百姓。还有就是法治和德治相结合。第二个方面,这个中国特色是个定语,核心还是法治。那么在中国特色这个定语下的法治具有什么内涵?据我理解,首先要追随世界的法律文明,要跟世界法律文明接轨。尽管,比如说你是黄种人,他是黑人,她是白人,这个黄、黑、白只是定语,落实到这个"人"才是本质,都是人,你肯定要吃饭、睡觉等,你们每个器官都健全,只是肤色不一样。中国特色也一样,这是定语,社会主义也是定语,法治才是实质。那么法治就必须是走人类共同的道路,法治的要素,我归纳为十五个方面,包括法律面前人人平等、宪法和法律至上,就是我们现在所能够接受的。其他的,比如"罪刑法定""无罪推定",甚至"司法独立"也是可以讲的,否则,司法不独立怎么保证司法公正呢?所以我们尽管是中国特色,但是人类法治所必备的要素或者基本的内涵,必须保持一致的,否则就不是法治了,跟人类文明就脱轨了。

对于今后的发展趋势我是持乐观态度的,因为法治不是一蹴而就的,不能因为我们走法治道路的途中看到有些反复、有点倒退就不提倡走法治道路。

进入 21 世纪,由于我担任了全国外国法制史研究会的会长和中国法学会的常务理事,以及最高人民法院、最高人民检察院的特约咨询员等社会职务,所以参与了国家的一些立法和司法活动,对国家法治的进步,哪怕是极其微小的进步,都感到十分欣慰。

虽然,中国法治建设的路途十分遥远,前景也会充满曲折和磨难,但中国法治的进步将是不以人的意志为转移的大趋势,必定会沿着它的发展轨迹执着前行,我们这一代人的努力必将会有更多的法律人代代传承下去。

六、学术点滴

（一）政法含义

廖：何老师，我想问问您对"政法"一词的理解？

何：在中国古代，周末宣王时代即有"政法"一词，之后，汉唐各代都用得很多，古籍检索大概有 300 多次。表达三个含义：法度、法规；法制；政治与法律。近代以后，用得更多。1903 年大学堂章程，设了八科，有政法科。复旦公学也有。1906 年，建立了政法研究会。而"法政"一词，在《管子·明法》中第一次出现，此后也用，但不普遍，含义为：法律和政治；司法行政。

古代日本以吸收中国文化为宗旨。1231 年的一份文献中，出现了"法政"。意思两个，一是"法律和政治"，二是"司法行政"。1715 年，也出现了"政法"，表达治世的方法"政治の方法"。明治维新以后，表达政治与法律的含义。大学建立起来后，表达大学中政治系和法律系的学科。

随着西方"法治"(rule of law)思想的传入和确立，"法政"一词用得更加频繁，带有"法治国家""法治政府"和"法律至上"的含义。

1901 年沈家本立法变革，译书，译法典，引进法律制度，在法学教育上，引入了法政学堂机制，全国兴办了 47 所。著名的有广东、浙江、山西、湖北、兰州、直隶等法政学堂。出了李大钊、董必武、夏同龢等著名人物，民国后，改为法政大学、法政学院。

此时，虽然法政和政法混用，但用法政更多。其背后的理念，就是日本的，或者西方的，强调法的权威、法的地位：法治政府，法治国家，法律至上："以法治政"，"以法限政"。法政与"宪政"基本同义。

"政法"取代"法政"，出现在中华人民共和国成立前夕。1949年4月，华北人民政府司法部接管北平朝阳学院，并拟在此基础上改校名，建设新校。时任华北人民法院审判长、建校筹备委员会委员贾潜提出"政法学院"，否定了"法政学院"的名称，将朝阳学院更名"北平政法学院"，董必武同意了。1949年8月，毛泽东题写"中国政法大学"校牌，于是，朝阳学院又更名为"中国政法大学"。1950年3月，中国人民大学成立，中国政法大学尚未毕业的学生，全部并入中国人民大学，成立法律系。"旧"的中国政法大学，只存在了一年不到，就停办了。

此时，全国还有53所"旧"的法律校院系。如在上海，就还保留着"上海法政学院"。有些省市叫"法政大学"，或者在综合性大学中，叫"法政学院""法政系"。

根本性的变革发生在1952年校院系调整。53所法律院系压缩、调整为8所，四院四系。就是北京政法学院、华东政法学院、西南政法学院、中南政法学院与中国人民大学法律系、吉林大学法律系、武汉大学法律系、西北大学法律系。1958年以后，变为五院四系，即增加了西北政法学院，并掉了西北大学法律系，恢复了北京大学法律系。

与此同时，"政法"，也为党和政府机关采纳。1949年10月政务院设政治法律委员会（政法委），12月，《中央政法公报》发刊。

之前,1948年12月12日,中央书记处决定建立"中央法律委员会",王明为主任。1958年"大跃进",中央成立了"政法小组",领导法制建设。"文革"中小组解散,1978年恢复。1980年1月24日,中共中央发出《关于成立中央政法委员会的通知》,决定恢复中央政法委员会。初为智库,后来权限扩大。

政法,全称应该是"政治法律",背后的理念,就是法律是实现政治的工具。故形成"政法"的理念有四个原因:第一,中国传统的思想。两千多年中华帝国,最大的政治就是巩固皇帝的统治权力,而法(礼、刑、律等),就是为此服务的。第二,中华人民共和国成立过程中,所有以法律为表现形式的斗争,都归于失败,最后是靠枪杆子夺得了政权。所以,法律地位不高,排在夺取政权(最大的政治)的后面。第三,马克思主义学说的指导。具体又有四点:一是经济决定论。法律是上层建筑,其理念和内容及体系,都受经济基础制约,为经济基础服务。当然,上层建筑对经济基础也有反作用。二是阶级斗争论。马克思主义认为,人类社会的历史就是一部阶级斗争的历史,法律是阶级斗争的工具。而取得阶级斗争的胜利,就是最大的政治。三是国家机器论。马克思主义认为,国家是阶级斗争发展到一定阶段的产物,而国家的机器,包括军队、警察、监狱、法院还有法律等。四是政治和经济不分论。经济也是政治。"政治是一切经济工作的生命线"。而法律受经济决定,也是受政治决定。第四,中华人民共和国的实践的反映。其下又有四:一是先有政权,然后再有法律的事实。二是意识形态中的政治与法律的关系。政在上,法在下,政在前,法在后。三是1952年"司法改革",以政治为衡量标准,"六法全书"全部废除,旧法人员全部清除,所有改革包括立法,均以巩固新生的政权为指导。

"政法"之构词,优于"法政"之构词。无论直观,还是内涵,均是如此。

(二)关于图书馆

廖:我知道您还分管过图书馆,据了解,您上任之后,努力介绍国外大学图书馆先进的管理方法,根据社会主义法治建设新形势的需要,开拓新思路,使图书馆工作朝着现代化、科学化、规范化的方向发展,请您谈谈对当前图书馆发展的看法。

何:我是搞学术研究的,学术研究的前期劳动就是详细地收集和占有资料,因此,我经常"泡"图书馆,与图书馆有着不解之缘。图书馆是大学的"半壁江山"。办好图书馆,等于办好半个大学,这绝非虚言。目前,图书馆要适应信息社会迅速发展的需要,更好地丰富和发展自己的馆藏,同时,要加快采用现代化管理、服务手段,以便快速、高效地处理、提供文献信息。可这样做,经费紧缺是个很大的难题,我们有责任解决好这个难题,保证用于图书资料建设的资金专款专用,并适当地再支持一点。毕竟,办大学,总不能让教授们、老师们搞学术研究"巧妇难为无米之炊"吧。同时,寄希望于图书馆工作者进一步加强敬业精神,开创多种多样的服务方式,使服务上层次、上水平,真正把图书馆办成大学的学术性资料基地。

在美国,图书馆也备受重视。"没有图书馆就没有法学院教育",美国哈佛大学法学院院长兰德尔的这句话,非常精辟地反映出图书馆建设在美国法学院教育中所占的重要地位。全美律师协会章程第702条与第163条对此专门作了规定,要求每一法学院至少要建立一个独立的法学图书馆,保证每一学生都拥有一定数量的图书,并且馆长必须由教授兼任。美国法学院对图书馆建设的重视,由此可见一斑。

美国最早的专门的法学院图书馆就是由哈佛大学法学院在1870年成立的。院长兰德尔强有力的法学教育改革,促使该馆法学图书由一万多册剧增至几十万册。早期图书馆的发展以藏书面积的扩大为标志,现在则以采用电脑光盘、微缩胶卷收藏珍贵资料为发展特点。

美国法学院图书馆的布局与我国有一定区别。一进大厅,凡法学院学生便无须任何证件,即有大量通行的报纸、杂志、法规汇编可供阅览。整个图书馆全部藏书一律开架借阅。通过图书馆全国联网的电脑检索中心,可以查询整个美国图书馆的藏书,并配备打字、复印服务。自修室也非常宽敞。在威斯康星大学和夏威夷大学,图书馆为每个法学院学生设置了一个写字台和椅子,学生可以在图书馆度过除上课以外的所有学习时间。特别值得一提的是,图书馆墙壁上那整齐的历届法学院学生的照片和简介,有效地激发着学生的荣誉感。

在藏书特点上,与判例教学法相适应,美国法学院图书馆中大部分藏书都是法律编纂成条例汇编。在威斯康星大学,藏书达60万册的法学院图书馆,不仅收录有全部有关联邦和州的法律、判例汇编,英美各法学家的著作,而且藏有州政府的各种原始文件,如议会立法档案、法规汇编等。

图书馆的配套设备、管理服务也是非常完善的。中央空调,满铺的地毯,随时供应的点心饮料,构成了舒适、安谧的阅读环境。科班出身并经系统训练的图书管理员对工作非常内行,百问不厌,侃大山做杂事者几成异端。图书管理员在美国被列入国家公务员,地位稳定,待遇颇高,客观上也决定了他们必须是敬业的一族。

在宏大的布局、先进的设施、优越的服务、完善的管理之后,是强大的经济支持。在威斯康星大学法学院,近一半的行政拨款是用于图书馆经费的,因此图书馆的建筑面积几乎占有整个法学院建设面积的一半。与美国相比,撇开环境设施的投入率,我们用于图书馆建设的比例也太少了。美国法学院对图书馆建设的高度重视与有力支持,无疑给予我们以深刻的启示。

(三)美国法学教育

廖:美国对于图书馆的重视程度确实比我们大很多呢,何老师,可不可以请您谈一谈美国的法学教育呢?

何:好的,我主要讲美国法学院的教学方法、课程体系、实践课程以及他们的律师职业资格考试与律师教育。我首先讲讲教学方法和课程体系吧。

与"满堂灌""填鸭式"教学显著不同,美国法学院教学主要有两种:一是讨论式,对于法制史、法理学等基本课程,每个学生都有在课堂上发表个人见解的机会;二是判例教学法,由学生分组搜集有关争议问题的大量判例、汇编、案例,派代表发言,其他小组也各抒己见,互相论辩,再由教师进行总结归纳。

为什么这些灵活的教学方法能在美国法学院得到良好的实施呢?众所周知,美国是判例法国家,判例教学法经1870年兰德尔法律教育改革后即开始实施,而且法学院学生的培养目标是从事法律实务的律师,他们在学习中就必须训练自己,以便一出校门,即能拿出自己对案件的主张。同时,美国学生必须在其他专业本科以优秀成绩毕业后,才能参加法学院的入学考试,因此法学院学生素质较高,独立思考能力也较强。

与教学方法相联系的是课程设置体系。对此政府没有硬性规定,主要由法学院按就业市场的需要自主决定,互相竞争,百家争鸣。全美律师协会(ABA)对法学院的课程设置拥有一定的调整权。ABA章程制订了一个大体标准,规定法学院必须向学生提供四个方面的课程,即基础法律课程、法律文书写作等技能课程、职业道德教育课程和法律实践课程。

事实上,课程设置的真正指挥棒是美国各州最高法院统一组织的律师考试。为了提高本校学生的律考通过率,各法学院设置的课程都以律考为中心,实际上趋于一致。第一年的课一般都是必修课。如刑事诉讼法、民事诉讼法、刑法、合同法、侵权行为法、财产法、宪法等。第二年、第三年主要是选修课。按照法学院的规则,学生必须修满90个学分才能毕业。每门课一般为2—4个学分,因此,每个学生一个学期要选修4门以上课程,修满15个学分。学校开设的供挑选的课在90—120门之间。每门课开课一般需经4道程序:教授提出;教学课程委员会讨论,并提出初步意见;提交法学院教授会议决定;由院长批准。

廖:这些和国内的法学教育确实不太一样,接下来请您说一下美国法学院的实践课程。

何:法律实践课在美国起源于20世纪60年代,尽管教学成本相当大,但能提高学生的实际谈判与办案能力,以培养律师为教育目标的美国法学院,均为学生开设了实践课。各法学院开设的实践课门数不一,一般占总课程的5%—10%,如夏威夷大学法学院,供选修的实践课多达10门,该院18名教授中有两位专门上实践课,还特地聘请了一些兼职教授。

法律实践课一般包括举办模拟法庭、模仿律师办公、提供法律援助三大类。前两类全美各法学院均有开设,可获得学分;法律援助课没有学分,全美仅有 20 所法学院开设。除芝加哥大学外,其他法学院提供的法律援助均为免费。

模拟法庭和律师办公是在教师的指导下,由学生扮演法官或律师的角色。这并不完全是虚拟的,许多直接源于教授兼职律师所承办的案件,也有一些是当地律师事务所代为选择的难度适中的案子。模仿律师办公时,师生可以把真正的客户请到法学院,也可以走出课堂,接受真正的律师的指导。而且,学生为客户当代理人时拥有临时律师执照。

法律援助又称"法律诊所",是在教师指导下,由学生扮演律师,为经济上有困难的当事人提供免费服务。案件来源非常丰富,有时师生甚至要在周末"加班"。夏威夷大学法学院非常重视这门实践课,规定每位学生提供法律援助必须满 60 个小时。华盛顿大学法学院提供法律援助的历史已达 30 年,项目涉及的方面包括:解决雇佣纠纷;保护儿童条件;债务、婚姻家庭纠纷;为学术机构、慈善机构等寻找房租便宜的房子;为轻微犯罪者辩护;移民案件;为难民和移民提供服务。

法学院的实践课还有一个内容:实习。由学生到检察院、法院、律师事务所及政府部门进行半个月至半年的学习,相应可以取得 2—8 个学分。由于实习费用几乎完全由学生自理,选择的余地相应也较宽。夏威夷大学法学院的一名学生远赴太平洋岛屿上某个派出法庭实习,两名学生甚至到美国驻中国大使馆实习,帮助办理签证。

美国实践课的教授们非常关心中国诉讼法律制度的改革。他们说:"中国传统的诉讼方式向抗辩式诉讼转化,将会使法律实践课的地位更加重要。"

廖:美国的法律实践课程内容真丰富,这一定为学生走出校园

打下了很好的基础,那么律师考试又是怎样的呢?

何:美国律师资格的取得一般须经两道关,即经过正规法学院的三年学习,取得 JD 学位,并且通过各州的律师考试。唯有威斯康星州例外。根据该州法律规定,威斯康星大学法学院毕业生,取得 JD 学位者,不必经过律师考试即可取得该州的律师资格,开业当律师。

律师考试由各州最高法院组织实施,参加律考者一般必须是由法学院院长或两名以上律师推荐的有良好道德的本州居民。因此,各州律师除允许在联邦系统的其他州的法院出庭外,不得在其他州开业。

美国律师考试通过率各法学院参差不齐。全美 178 所法学院中,未被 ABA 和 AALS 认可的 20 家法学院毕业生律考通过率仅有 10%—20%。但全美律考通过率仍维持在 70% 左右,远比中国、日本来得容易。目前,全美有律师 90 多万名,趋于饱和。

取得律师资格后并不能一劳永逸。按照法律规定,律师必须接受继续教育。这类教育一般由各州法学院承担,也有的由各州律协甚至私人培训公司承担,此外还设立专门继续法律教育委员会,如夏威夷州的"Hide"机构。

继续教育以举办讲座为主要形式,内容既有新颁布的法律、法规,也有法学界存在争议的重要课题。目前比较热门的主题主要有虐待配偶、安乐死、计算机软件的保护、无被害人犯罪的发展趋势等。主讲者既有法学院的教授,也有外请的专家。举办讲座的宗旨不在营利,而在于促进社会正义,提供高质量的法律培训。讲座名义上是自愿参加的,一年举行 24 次,可以得到学分,但到1995 年,美国已有 39 个州要求律师参加强制性继续教育,取得由各州认可的学分——最低要求 5 个学分,有的州甚至要求取得 20

个学分,达不到要求的律师不能继续开业。在美国,进行继续教育的还有法官、检察官,一般由其系统自行培训,其中对律师教育讲座感兴趣者,也可自行参加。

廖:我们现在有很多同学留学美国都是去攻读 LLM、JD 这些学位,这些学位又是怎样的呢?

何:与其他国家的法律教育相比,美国的法律学位制别具特色。最突出的表现是美国法学院已经没有 LLB(Legum Baccalau-reus),即法学士学位,最低为 JD(Juris Doctor),法理学博士。事实上,该学位在学历上相当于研究生;从法学教育角度而言,相当于本科学位,即法学士学位。

法学院的入学条件主要有三个:(1)其他专业本科毕业时学习成绩优秀;(2)有一定数量专家推荐;(3)入学教育合格,能力测试良好,该类考试通过率一般为 10%。

法学院的学生在 3 年学习中必须修满 90 个学分,才能取得 JD 学位。之后,如想继续在法学理论上深造,就可以申请 LLM(Legum Magister,法学硕士)学位。LLM 学位的取得一般有两种方式:一是念课程,按规定须学完 24 个学分可以取得学位;二是写论文,一般需要花 1—2 年时间,论文一般为 40—70 页,通过答辩后取得 LLM 学位。并行的有专门授给外国留学生的 MLI(Master of Legal International,国际法律硕士),也有的称 MCL(Master of Comparative Law,比较法学硕士)学位。取得 LLM 学位之后,才有资格再申请 SJD(Science Judicial Doctor,法学博士)学位。攻读该学位也是写论文,一般需 2 年时间,论文要求达到 200 页左右。

由于美国人注重实用,将法律视为一种技能,因此读 LLM 和 SJD 学位的人很少,读 JD 以满足择业要求的人很多。据统计,1994 年,美国考 LLM 和 SJD 者只有 4000 人,考 JD 者则达 13 万人之多。

出现于 20 世纪 60 年代的美国法学院 JD 学位能迅速风行全美、颇受好评的重要原因在于,取得 JD 学位是法学院学生从事司法工作的必经之途。在美国,无论要取得律师资格,还是要考硕士、博士都必须先取得 JD 学位,而且美国所有的法官、检察官都是从律师中脱颖而出的,他们也必然要拥有 JD 学位。美国法学院教育的地位,由此得到切实的提高。

最后,值得带一笔的是,我们中国本科生取得的法学士学位,在美国受到认可,具有与 JD 同等的效力,可以直接报考美国的法学硕士、博士学位;但在中国取得的法学硕士、博士学位,美国(包括日本)并不全部承认,所以我们还需要加强在博士生和硕士生教育培养方面的改革。

(四)中国特色社会主义法治道路的理解

廖:何老师,能否请您谈谈,您是如何理解中国特色社会主义法治道路的?

何:对于如何理解中国特色社会主义法治道路这个问题,党和国家领导人对此有许多论述,学术界也有许多探讨和研究,如认为这一特色就是中国共产党的领导,依法治国与以德治国相结合等。我通过对党的十八届四中全会决定和党的十九大报告的认真研读,对古今中外法治建设道路的梳理总结,以及一段时间的深入思考,认为中国特色社会主义法治道路中的"特色",共有七个方面。

廖:具体包括哪七个方面呢?

何:简要地说,主要包括:第一,中国共产党的领导;第二,依法治国与以德治国相结合;第三,对西方法治文明精华的全面吸收;

第四,对中国古代本土法治文化的梳理和继承;第五,对中国近代以来180余年移植外国法律文化的成果的继承与发展;第六,对当下中国的社会发展状况的回应;第七,顶层设计,自上而下地推进。

廖:依法治国与以德治国相结合已经成为关涉中国特色社会主义法治和国家治理能力现代化的一项重要原则,何老师怎么理解"以德治国"?

何:中国作为一个政治、经济、文化、科技和教育之基础都比较落后的国家,加强领导干部的政治纪律、道德修养和廉洁自律等各个方面的素质教育,对国家的各项事业和工作来说都是必不可少的,在法治建设方面也同样如此。依法治国的伟大方略需要我们的领导干部去推进、去实施、去践行,领导干部的道德情操和法治素养如何,或者说吏治是否清明,对依法治国的推进具有根本性意义。从这个意义上说,德治就是吏治,法治中国的建设离不开吏治的同时推进。

廖:1840年鸦片战争以后,西方法和法学伴随着西方列强的侵略一起进入中国。就中国而言,近代以来西方法治模式的传入,曾走了一条消化吸收外国法治文明的道路,并在结合中国具体国情的情况下,将法治慢慢往前推向前进。能否请您具体谈一下,近代以来,西方法治进入中国经过了哪几个阶段?

何:西方法治进入中国,大概经历了六个阶段。

一是鸦片战争前夕,西方法治思想的传入。1833年,德国传教士郭守腊(K.F.A.Gutzlaff,1803—1851),在广东创办了《东西洋考每月统记传》,这份杂志一直生存到1837年,之后的出版地移至新加坡。在这份刊物所刊登的文章中,介绍了法律面前人人平等、三权分立、宪政、刑罚改革、批判刑讯、陪审、保护被告的正当权利等,也介绍了西方的法治,其中一篇最为著名的就是"自主之理",

其系统介绍了西方的法治思想。

二是鸦片战争前后,林则徐(1785—1850)、魏源(1794—1857)等先进的中国人宣传西方的法治。如1839年,林则徐赴广东查禁鸦片,为了知己知彼,就曾组织人员将瑞士著名国际法学家瓦特尔(E.De.Vattel,1714—1767)的《各国律例》一书中的部分章节译成中文,其中,就涉及了西方的主权观念和法治观念。林则徐的好友、中国近代启蒙思想家魏源在1842年完成的《海国图志》一书中,积极地宣传了西方的民主与法治的观念。梁廷枏(1796—1861)于1844年定稿的《合省国说》一书,也用了大量的篇幅介绍美国的共和政体、法治、宪政理念、选举制度和三权分立观念。

三是从洋务运动到百日维新,冯桂芬(1809—1874)、王韬(1828—1897)、郑观应(1842—1921)等人,进一步将西方的法治思想传入中国。如1861年,冯桂芬发表了《校邠庐抗议》一书,自觉地将西方的先进制度包括法学观引入中国,其启蒙思想的影响力一直及于19世纪末。与此同时,中国近代著名启蒙思想家王韬也撰写了大量传播西方政治与法律思想的时论,这些作品与洋务运动遥相呼应,对启迪中国人的法律意识起了重要的作用。而另一位深受西方思想影响的维新变法人士郑观应,也于1894年出版了著名的启蒙著作《盛世危言》。此书中也包含了许多政治法律思想以及西方法治的内容。

四是"戊戌变法"运动。1898年6月11日,光绪帝颁布了"明定国是"诏书,开始了变法。至9月21日慈禧太后再次临朝"训政","戊戌变法"失败。在此变法期间,光绪帝先后发布了上百道变法诏令,除旧布新,其中许多举措都是在西方法治理论指导下出台的,如开放言路,允许报纸"指陈利弊","中外时事,均许据实昌言,不必意存忌讳"。又下诏,凡院、部司员欲条陈意见,可以上书,通过本衙门的"堂官"(首长)代传,普通百姓可以到都察院呈递。精简机构,撤销詹事府(主管皇后、太子家事)、通政司(主管内外章奏)等六个衙门。任用新人,维新派杨锐、刘光第、谭嗣同都被光绪任命为"军机衙门章京上行走",参与新政,等等。在此过程中,严复翻译了孟德斯鸠的《论法的精神》,中文取名《法意》,梁启超写了《中国应讲求法律之学》等众多论文,将西方的法治思想引入中国,广为传播。

五是1901年前后,沈家本和伍廷芳领导修律变法,通过翻译法国、德国、日本等国的民法典、刑法典、诉讼法典等法律,法理、宪法等各个部门法的著作,以及通过倡办杂志、发表论文等多种方式,将西方的法治、法律面前人人平等、司法独立、罪刑法定、无罪推定、法不溯及既往、公开审判、陪审制度和律师辩护等观念,大范围地引入了中国法学界和学术界,对中国社会的进步和法治的昌盛起了巨大的推动作用。

六是1911年辛亥革命以后。此时,中国的一批法治派,如王宠惠、吴经熊、程树德、杨鸿烈、居正、董康、江庸、丘汉平等,他们鼓吹法治,提倡用西方先进的资产阶级的法治理论改造中国,建设中国。在他们的努力下,从1928年至1935年,在短短的7年时间中,制定完成了"六法全书"体系,使中国的法制建设跟上了世界发展的步伐。

这一近代法律体系,虽然它的基础,它的理念,以及它的制度、原则和规定等都是西方传入的舶来品,但是经过本土化以后,这些舶来品已经慢慢融入了中华民族法和法学的发展之中,成为中华民族法律文明的一个重要组成部分,进而成为社会主义法治道路的一个重要特色。同时,在他们的努力下,法律教育、法学研究等也都开始发展乃至繁荣。

廖：有学者公开批评中国走以西方法治为范本的法治近代化道路；也有许多学者认为既然是在继受西方法律文明的基础上形成了中国近代法律体系，怎么就成为中国的国情之一，成为中国的一个特色呢？对于这些质疑，您怎么看待？

何：中国近代在移植、吸收外国法律文明的基础上建立起来的资产阶级法律体系，至1949年，已经慢慢融入了中华民族法和法学的发展之中，成为中华民族法律文明的一个重要组成部分，并且也慢慢成为中国近现代社会的一个重要国情，进而成为社会主义法治道路的一个重要特色。以前，我们对这一领域关注不多，研究比较少。任何外来的文化，或者学术，或者思想，或者制度，只要移植进来以后，经过本土化，和自己本民族的发展融为一体，就会成为自己本土文化财富的一部分，而且也会成为这个国家或地区现代文化或者制度特色的一部分。就像现在成为中国第一大宗教的佛教，其并不是中国本土的产物，而是我们从印度引进来的。

廖：中国特色社会主义法治道路，必须回应当下中国社会发展的各种问题，如法律体系如何构建，法治政府如何建设，司法改革如何推进、如何深化，人民群众的各种利益如何调整、各种诉求如何满足等。这些问题，其他国家或许也有，但中国的问题是在当下中国社会发展中出现的，具有中国的本土特点，其解决方法，从理念到制度设计肯定是不一样的，需要社会主义法治道路予以解决。能否请您具体谈一下，中国的法治必须对当下哪些社会发展状况做出回应？

何：具体而言，必须满足当下中国社会发展六个方面的需要。

第一，整合各方面法治资源的需要。自1997年我国全面开始建设社会主义法治以来，我们在这一领域进行了许多探索，也积累

了许多经验，

但没有一个线索将这些探索和经验整合起来。比如，我们提出了依法行政，又提出了依法治省、依法治市、依法治县，提出了依法治校、依法治所、依法治院、依法治剧，甚至依法治海、依法治山、依法治铁等，但尚缺少整合。我们法治建设的成果带有分散性、碎片化的缺陷。而建设中国特色社会主义法治体系、走中国特色社会主义法治道路，把以往在法治建设方面积累的经验都整合在一个总目标、总规划之内，让党和政府以及全体公民，更加清楚地看到我们所要前进的方向。

第二，深化改革的需要。自 1978 年底党的十一届三中全会召开，提出改革开放国策以来，中国的改革已经进行了 40 多年，取得了一系列的重大成果。然而，随着改革的深入，其难度越来越大，逐步进入了深水区，许多深层次的问题需要通过改革来解决。比如，官商如何分离，体制机制如何理顺，自贸区如何搞，沪港通如何搞，司法体制改革如何进行，等等，涉及的都是利益，都是人的问题，都需要加强法治来规范和调整。总之，以前我们改革经常是"摸着石头过河"，带有比较大的随意性。但是在全面推进依法治国方略的今天，必须做到每一项的改革都应在法律的框架之内进行。

第三，处理转型时期各种社会矛盾和问题的需要。现阶段的中国，正处于各种社会矛盾和问题的高发期，大的如国家的资源、环境及生态的保护，公共交通的安全等，中的如我们每天的食品安全、住房保障、居民拆迁等，小的如每个家庭的老人看病、小孩上学等，甚至每天还在产生大量的新矛盾和新问题需要我们去解决。以前，我们习惯于用行政的手段，将这些问题和矛盾压下去。后来我们是用经济的方式，用人民币化解矛盾。但这些，都有局限性，在当前环境下都不适合了,而且与我们所要建设的法治国家也格格不入。因此,必须用法律的手段,用法治方式来处理。

第四,中国社会继续发展的需要。改革开放以来,我们全心全意发展生产力,使中国成为世界上第二大经济体,中国人民也过上了小康的生活。按照最新的数据统计,1979年刚开始改革开放时,我们的GDP总量才2162亿美元,而同时期的美国,其GDP为25633亿美元,为中国的约12倍;日本为10115亿美元,接近中国的5倍。1979年以后,我们一门心思抓经济,全力以赴促发展,经济开始腾飞:至2014年,达到了102821亿美元。而此时美国的GDP为168988亿美元,仅为中国的1.6倍;日本为50191亿美元,只相当于中国的一半。因此,邓小平同志所说的,发展是硬道理,是一条颠扑不破的真理。但发展不能无序,而是需要用法治来引导、规范和调节。党的十八届四中全会通过全面推进法治的方式,把国家的发展全部纳入了法治的轨道。

第五,肃清法律虚无主义的需要。"虚无主义"是一种生活的态度,是一种否定人类历史遗产、否定民族文化,甚至否定我们所生活的这个世界(社会)的思想。以虚无主义来对待法律,否定法律的扬善抑恶、维护社会公平正义、限制政府权力、保障公民基本人权的作用,甚至否定法律的存在价值或理由,就是法律虚无主义。由于法律强调程序公开,主张公平正义,要求其规定必须全国上下一体遵行,没有任何凌驾于其上的特权,因此,它与君主专制主义是无法相容的。所以,在中国,法律虚无主义早在中国大一统的秦王朝时期就已经开始流行。进入近代以后,推翻了帝制,建立了中华民国,但法律虚无主义赖以生存的经济和政治基础照样存在,至今没有实质性的改变。

党的十八届四中全会的决定,对在中国流行了两千多年的法律虚无主义进行了彻底的清算。四中全会提出的许多法治命题和具体举措,都是要在克服法律虚无主义的基础上,全面推进中国的依法治国、建设社会主义法治国家的伟大方略。尤其是在当下中国的语境下,肃清法律虚无主义的具体目标就是要树立法治的权威,解决"权大,还是法大"这一根本性的问题。

第六,反腐倡廉之制度建设的需要。反腐败在抓"老虎苍蝇"的同时,必须进行制度建设,必须靠法治,从干部的培养、提拔、使用、考核、监督等一系列环节、过程上,设计周密的法律规范,才能使干部不敢贪、不能贪、不想贪,才能从法律制度上解决反腐败问题。而四中全会,就是吸取我们近年来,包括中国历史上的反腐败的正反两个方面的经验和教训,对此做出了周密的制度设计和法律安排。

廖:学术界一般认为,法治在西方已经有了 2000 多年的发展历史,且这一传统一直未曾中断。至中世纪后期,由于文艺复兴、罗马法传播和宗教改革等重大事件,法治在英、法等欧陆国家中自然生长,通过资产阶级革命,成为治理国家的主要方式。之后,又通过几百年时间的发展、完善,终于成为一种成熟的国家治理模式。而在东方国家如日本、中国,拉美国家如巴西、阿根廷,近代化起步比较晚,时间比较短。在这种情况下,国家的治理,包括法治,就常常通过中央政府的顶层设计,国家自上而下推进,才能取得成效。对于这种观点,您如何认识?

何:实际上,自然生长发展成熟的法治国家并不多,除了英、法这两个近代西方法治文明发源地的国家以外,其他绝大多数国家包括德国、美国等西方发达国家,其法治发展也都是走了顶层设计的道路。当然,在法治推进过程中,顶层设计时时需要,即使自然发展成熟型法治国家如英国等,也需要不停地进行顶层设计。

中国近代以来,也曾有过数次法治道路的顶层设计。第一次是1898年的"戊戌变法",与日本的明治维新极为相似,但最后以失败而告终;第二次是1901年沈家本主持的修律运动,因为是秉承清政府中央最高领导人慈禧的旨意,因而也是一次有效的顶层设计,但由于辛亥革命的爆发,这次顶层设计也没有取得预想的成果;第三次是北伐战争胜利,1928年南京国民政府建立后进行的"六法全书"的编纂,这次顶层设计虽然成效显著,基本上确立了近代中国的法律体系,描绘了中国法治道路的宏伟蓝图。但由于最高实权掌握者蒋介石并不想真正实行法治,而是处心积虑地集权,中国法治道路的顶层设计并没有完成。

廖:1949年新中国成立以后,我们曾经有过哪些顶层设计?能否请您具体谈一谈?

何:第一次卓有成效的顶层设计体现在1954年宪法中。在这部宪法的顶层设计中,中国特色社会主义法治道路已经初见端倪。宪法第1条和第2条分别规定了我国的国体和政体:中华人民共和国是工人阶级领导的、以工农联盟为基础的人民民主国家。中华人民共和国的一切权力属于人民。人民行使权力的机关是全国人民代表大会和地方各级人民代表大会。宪法第21条至第38条对人民代表大会各项职能包括其立法制度和程序作出了详尽的规定。宪法第18条明确规定依法行政、为人民服务以及宪法和法律的最高权威:"一切国家机关工作人员必须效忠人民民主制度,服从宪法和法律,努力为人民服务。"宪法第78条规定了审判独立和法律至上:"人民法院独立进行审判,只服从法律"。

从1954年宪法的上述规定可以得知,中国特色社会主义法治道路已经清晰,如果当时能够严格按照宪法的规定去做,持之以恒,中国的法治建设进程就会提前近30年。五四宪法提升了法的权威,重新肯定了法治及法律面前人人平等等原则;引来了法的体系,法院组织法、检察院组织法等各项法律开始颁布;为法律教育注入了新鲜内容,原来主要是学习苏联法,以及中国的一些政策,现在有了自己的教育内容,自己的法律;促进了法学研究,宣传法治的文章不断增加;拓展了法的领域。

可惜的是,1957年的反右运动,1958年的"大跃进",1966年开始的十年"文化大革命",不仅1954年宪法做出的社会主义法治道路的顶层设计全部被摧毁,就连国家最为基本的政治、经济和社会秩序都无法维持,中华人民共和国主席刘少奇被造反派批斗,就是突出的一例。

在经历了艰苦的磨难之后,我们才在1978年底召开的党的十一届三中全会上,又迎来了一次关于法治道路的顶层设计,开始了新一轮的社会主义法治的伟大征程。而2014年10月党的十八届四中全会通过的决定,终于将社会主义法治道路的顶层设计推向了巅峰。

廖:能否请您具体谈一下决定中的顶层设计,在其中,中国特色社会主义法治道路的核心包含哪几个层面?

何:顶层设计只是法治建设、实施国家治理的一种形式,其实质是要看设计的内容,而设计者的民主意识、法治素养如何,就是一个非常重要的因素了。中华民族是一个优秀的具有高度智慧的民族,我们在进行法治建设的顶层设计时,完全可以吸收古今中外一切有益的经验和成果,避免集权,避免专制,发扬民主,严格法治,以利于将所有优秀的治国人才的潜能和智慧极大地发挥出来,把依法治国的伟大事业稳步推向前进。

四中全会通过的决定,确立了全面推进依法治国的总目标,描绘了法治中国的宏伟蓝图,对中国特色社会主义法治道路进行了顶层设计,其核心包含三个层面。第一层:"建设中国特色社会主义法治体系,建设社会主义法治国家。"这一层阐述了法治的路径、方向和目标。第二层:"在中国共产党领导下,坚持中国特色社会主义制度,贯彻中国特色社会主义法治理论,形成完备的法律规范体系、高效的法治实施体系、严密的法治监督体系、有力的法治保障体系,形成完善的党内法规体系"。明确了中国特色社会主义法治体系的内涵,即五个体系。第三层:"坚持依法治国、依法执政、依法行政共同推进,坚持法治国家、法治政府、法治社会一体建设,实现科学立法、严格执法、公正司法、全民守法,促进国家治理体系和治理能力现代化。"这里,三个依法,从治国到治党,再到治政府。三个法治,从国家到政府,再到社会。

当下中国的社会发展,无疑是我们建设中国特色社会主义法治的主要直面对象。我们的一切理论和实践,都必须以此为出发点和归结点。任何一个国家,如果它的法治建设不能解决它所面临的现实社会问题,其结局肯定是以失败而告终。而要在中国这么一个后进的大国走社会主义法治道路时,处理好中国当下的社会问题,顶层设计和自上而下地推进就是非常重要的了。如前所述,做好法治建设的顶层设计,会涉及各种问题,但核心是要提高干部、政府和执政党的法律自觉和法治素养,培育一大批践行法治的高级领导人才,而要培育出这样的人才来推进法治中国的顶层设计,就要在加强法治的前提下,辅之以有效的"德治""吏治",在中国现在的语境下,就是"党治","德治""吏治"和"党治"三位一体,共同建设,齐头并进,中国特色社会主义法治的特色也出来了,中国法治道路的前程就会一片光明。

（五）中国法学教育向何去

廖：请您分享一下华东政法大学的理念，特别是从作为一个政法院校应该培养出什么样的人才这一角度来谈。

何：华东政法大学的校训是"笃行致知·明德崇法"，在一定程度上体现了我校的办学理念，可归纳为十六字——以人为本，依法治校，质量为先，特色兴校。这是我校在"两落三起"的独特办学历程中凝练而成的。一直以来，华东政法大学坚持教学科研、人才培养、社会服务并重，主动对接行业、对接实践、对接社会改革发展，以法学学科为主，多学科协同开展人才培养工作；从信念坚定、思想开放、知识丰富、人格养成、能力提升等多重角度，培养具有法治精神和法律人格，具备扎实的专业基础和技能的高素质创新人才。

就法学教育本身而言，作为教育部首批三个卓越法律人才培养基地，华东政法大学大力推进人才培养模式创新，将法学专业学生分为应用复合型、高端涉外型和中西部基层型三类进行培养，开设了本硕贯通卓越法律人才实验班、沪港合作涉外法律人才实验班等五大实验班。其中，应用复合型法律人才是指掌握法律实务技能以及运用法学与其他学科知识、方法解决实际问题的能力，能够适应国家和区域经济社会发展和多样化法律职业要求的法律人才，以解决上海、华东乃至全国经济社会发展过程中面临的高层次法律职业人才缺失的问题。高端涉外型法律人才是指具有宽阔的国际视野、较强的国际交流能力和涉外法律实务技能并通晓国际规则，从事国际法律事务并能捍卫国家利益的涉外法律人才。中西部基层型法律人才是为中西部和其他经济欠发达地区基层法院、检察院培养具有奉献精神、较强实践能力,能够"下得去、用得上、留得住"的基层法律人才。

廖:我们注意到当下比较普遍的一个教育现象是,学子们涉世尚浅,对大学生活和个人前途颇感迷惘,而法学教师也不能够安心"传道授业解惑",师生之间在为人治学上的联系相当有限。请您谈谈对这种错位关系的看法。

何:这不仅是政法院校的问题,甚至也不仅是大学的问题,某种程度上是当今社会普遍的现象。在学生层面,他们对于未来感到迷茫,原因是多方面的,社会变化快,志向广泛,竞争激烈,或者社会价值多元都有可归咎之处。有人就曾经说过,"青年的境遇决定于青年们成长的经历,也决定于他们所处的时代"。在教师层面,不可否认,的确有一些人由于种种原因不能安心工作;但我们也看到,在政法院校有一大批优秀的教师,以做学问、培养人为己任。

教师的根本职责是教书育人。当前大学校园里师生关系不够密切、互动有限,究其原因,与近年来我国高校的发展模式有关。一是多校区办学,学生和教师通常居住在不同且相隔较远的区域,除了课堂外,平时很少有面对面交流的机会。二是大规模扩招,教师面对的学生往往是几十甚至几百人,师资力量跟不上学生规模的膨胀。三是存在重科研、轻教学的问题,教师缺乏课后与学生交流的积极性。这是目前我们各所政法大学都面临的现状,也是高等教育发展转型过程中需要正视的问题。

华政目前主要通过以下几方面来解决师生互动的问题:一是实行导师制。从大一开始为每位学生指定导师,使学生在困惑迷茫之时可以找到求助对象;也督促教师对学生的学习、生活进行定期指导。二是通过信息化手段加强师生在线交流。设置网上课堂、在线课后讨论区等,使师生互动突破地域限制。三是进一步提高师生比。引进更多优秀师资,包括聘请校外、海外名师和实务专家作为兼职教师等,为学生提供更丰富的教学资源。四是加强教师专业发展能力的培养,提高教师的师德师风和教学技能。引导教师尊重、关爱每一位学生,并根据学生的特点因材施教。

为鼓励教师投入教学,我校还以加强教师教学绩效考核和规范教师行为为重点,制定《骨干教师教学工作量激励方案》《担任学生导师激励方案》《教研室(教学团队)建设激励方案》《师德建设(师德标兵评选)激励方案》等,进一步激发教师教书育人的动力和能力,形成有利于教师队伍可持续发展的制度环境和教书育人的文化氛围。

廖:相信有很多关注大学教育的人在问:老师的时间都去哪儿了?据一定了解,目前高等院校对教师的评价体系格外侧重课题申请数目和论文发表篇数,有说法是这直接导致职称有待提升的教师不得不四处找课题、发论文,难以兼顾教学和指导学生。请问何老师,您怎么看现有评价考核体系?解决问题的出路在哪?

何:科研能力是高校核心竞争力的重要组成部分。哈佛、耶鲁、牛津、剑桥等世界一流大学都非常重视教师的论文发表数量、引用情况以及获得各类基金资助的情况,因为这些科研指标具有极大的可比性,而且确实体现了高校的知识传承和创造能力。就教育部的学科评估指标而言,"科学研究""学科声誉"与科研表现息息相关,各高校无不在此投入极大心力。

从世界范围来看,评职称主要就是评科研。但如果认为教师为了评职称而无法兼顾教学与指导学生,则可能是个假问题。我们不能简单地将科研与教学对立起来观察,两者实为有机联系的整体。试想,如果一个大学教师没有必要的科研能力和科研成果,那么他如何能够有效地引领学生探索未知、探求真理？教学并非对固有知识的简单传授，更多的是引导学生去发现问题，并掌握解决这些未知问题的方法。而这一能力的养成，恰恰是与科学研究活动相伴的。从根本上讲，教师不热爱科研也难以出色地完成教学任务。事实上，在科研与教学方面均有良好表现的教师数不胜数。

当然，现行的科研评价、考核体系尚存在一些弊端，主要表现为：量的评价与质的评价尚未统一、国家导向与自由研究尚未平衡。此外，受制于整体社会风气的影响，在科学研究上确实存在急功近利、粗制滥造的现象。在我们看来，良好的科研环境取决于科学的科研评价体系，而这一评价体系应该是一个动态平衡的体系，即对于勤奋著作、产量斐然的学者应予以肯定，同时也应给那些产量较低、但学术水准较高的学者以发展空间。

在具体做法上，应以量化考核为基础，以代表作制度为补充，两者相结合，力争使各类学者都能找到适合自己发展的路径。在职称评定和科研奖励方面，以教师实际完成的、达到一定级别的科研成果为考核基础；同时引入大范围的同行专家匿名评审制度，力求达到科研成果评价质与量的平衡。另外，也要看到在大学里，确实有这样一类教师群体，对科研缺乏持续的兴趣，但他们热心教学。对此，学校应当为他们设定特殊的职称评定路径，例如，教学型教授，但名额不宜过多，不应因此冲淡主流评价的价值。

除大学自身努力构建科学的科研评价体系之外，国家也应在政策层面上对科研事业的良性发展做出引导。国家设立各种层次的研究项目、重点学科、研究基地乃至于智库等，用以引导大学的科研发展方向，服务于国家、社会发展重大需求。同时，国家也应为学者自由研究提供充分的空间，古往今来，卓越的学术成果往往是在充分自由研究的状态下产生的。

具体言之,一方面,国家可以进一步强化对各级、各类研究项目、重点学科、研究基地以及智库的支持力度,特别是针对人文社会科学,应在经费使用和管理制度上有所突破,既严格管理,又保持必要的制度弹性。另一方面,国家应降低各级各类研究项目、重点学科、研究基地以及智库在学科评估、大学排名等评审中所占的比重,纠正"项目热""评估热"等不正常现象,还大学的科研活动以本来面目,使学者能够以平和的心态开展研究活动,学校也能够在推进学术事业长远发展的战略高度上开展科研管理活动。

就华政来说,在教师高级专业技术职务聘任的评价体系里,课题和论文虽不是唯一的衡量指标,但与教学、指导学生、个人荣誉等其他指标的权重相比,确实占很大的比重。有些教师把对科研成果的追求作为工作的唯一重心,一个重要原因是科研成果容易积累和量化,而教学育人工作往往是"良心活",需要个人较大的投入却不容易看到成果。

为解决"重科研、轻教学","重数量、轻质量"的问题,我校采取的措施有:

第一,修订高级专业技术职务聘任量化加分办法中有关教学和教学成果的指标比重,体现教师在超教学工作量、教学评价优良、指导学生、社会服务等方面投入的价值,鼓励教师投入教学。

第二,修订高级专业技术职务聘任中关于科研成果的评价机制,实行科研成果代表作制与量化加分办法相结合的科研评价机制,即以代表作(权威期刊论文)的校外同行专家评价代替科研成果的累计量化加分结果,让科研成果量少而质优的人才能脱颖而出。

第三,考虑不同教师的专长和特点,为鼓励长期从事本科基础课及专业基础课教学的教师全身心投入到教学及教学研究工作中,将教师岗位分为教学为主型、教学科研型和科研为主型,实行分类管理,建立差异化考核评价体系。

第四,根据学院专业特色、学科发展、人才建设和社会需求的实际情况,对部分学院的教师工作量折算办法进行适当调整,建立以科研成果的应用、采纳、批示等为导向的考核评价机制。

廖:目前政法院校有这么一种现象:学生多以通过法律职业资格考试为学习目标,法学教育似乎成为一种应试教育;同时,我们法学教育中除了专业课程设置外,对通识课程安排的重视明显不够,也忽略了对学生法律理念和独立精神的培养。请问何老师:法学学生究竟要学什么? 怎么看待"实用"的考试与看似"没什么用"的法学理念与精神培养?

何:近年来,"法考热"的确对法学教育造成了一定程度的负面效应,出现了学生忽略课堂教学而重视考前辅导、应试能力的倾向。这股热潮的背后,反映出法学专业毕业生剧增、就业难等客观现实和高校法学教育人才培养环节中的诸多问题。

法学本科教育需要应对法考,这是一个必须面对的现实问题。法考是我国为法律职业设置的一种职业资格考试。如果将法律职业资格考试作为法律职业岗位的门槛条件,并以此作为维护法律职业水准、能力等的一种手段,法学专业的毕业生应当能够通过这种考试。学生接受法学教育以通过法考为目标并无问题。

当然,有两个点必须明确:一是考试本身足够科学、合理,确实能够遴选出合格的法律职业人才。二是如果考试侧重于职业知识与能力,那么学生首先应当具备的素质要求,又是按照何种方式来完成呢?

如果高校培养出的毕业生全是高分低能的应试机器,显然无法满足国家对法学教育的期望,无法适应社会对法律人才的需求。法律知识和技能仅仅是成为合格的法律从业者的诸多要素之一,而对学生法治精神、理念的培养方能使其产生对法律权威性的认同感和归依感,从而捍卫公平正义,加快我国法治进程。

因此,既达到法考的目标,又超越法考的要求是政法院校的职责。不管是从教学理念、内容还是方法上,我们都希望培养全面发展的法学人才,不仅使学生具备法律从业者应有的综合素质,还要培养其从事法律职业所必备的知识能力,更重要的是通过引导其树立社会主义法治信念和社会责任感,将其培养为合格的社会主义建设者和接班人。

我认为,法考和法学教育之间可以形成良性的互动关系。一方面,法考制度的发展可以面向并依靠法学教育,考试内容、方式可以与法学教育相衔接;另一方面,高校也应积极开展人才培养模式改革、课程和教学方法创新,使人才培养更贴近市场需求。

对于法考以外的知识与能力的培养,首先,我们提出的培养目标中包括了开阔视野的培养、大局意识的养成、法治观念的树立。其次,学校并不完全把法考内容作为培养方案,更不会以此作为培养的全部目标;事实上,在教学过程中借鉴法考命题、测试等方面的科学内容是发挥法学教育主动性、能动性的一种表现。再次,政法院校都已经建成以法学为特色的多科性大学,允许并要求学生研修法学以外的其他课程,以拓宽知识面。最后,课程以外的学习已经成为学生获得知识与智慧的重要途径,博雅教育、复合型人才培养、实践型人才培养等,都在改变着传统的教育方式,必然为社会提供更加多样化的人才。

再回到问题本身,法治理念、独立精神并不是简单地通过课程学习养成的,它最终是要被广泛接受并内化成为法律人的基本信仰。因此,应充分考虑传统文化对法律实施效力的影响,重视法治文化建设,这些同样是培养学生法治理念、法律思维的重要路径。

廖:在高等教育体制改革背景下,不少传统的精英教育正在转为大众教育,近年来,法学就业老大难似乎反映出社会需求不足或者人才培养与市场需求严重不对接,请问何老师:这是政法院校的人才培养方向出问题了吗? 具体是什么问题? 针对当下的就业难题有什么对策?

何:法学教育在过去的几十年里取得了巨大的发展,但各地对于法学专业设置标准的理解与执行有比较大的差异,导致法学教育的水平参差不齐,显现出来的最大的问题就是法学毕业生的就业率较低。对这一问题需要具体讨论,一是大学毕业生就业率下降是法学专业的问题还是诸多专业的问题? 二是哪些学校的法学专业毕业生就业率较低? 三是哪些层次的法学毕业生就业率较低? 四是法学专业就业率低这一问题的症结是什么? 是结构性问题还是规模性问题?

从表象来看,供大于求是当前法学人才市场呈现出来的主要特点,也是造成政法院校学生就业压力增大的直接原因。但从深层次来看,这种供大于求是一种结构性失衡,即高校的人才培养目标定位与人才市场的实际需求有一定程度的偏离,人才培养的目标定位不准、适应性不强,并存在较为严重的趋同现象。

正因为如此,一方面,每年都有相当数量的学生难以顺利就业;另一方面,诸多对知识结构、实践能力、综合素质等要求较高的法律实务工作岗位又难以挑选到合适的人才,如熟悉金融证券、财政税收、国际贸易知识的复合型法学人才就相当稀缺。就政法院校来看,每年的法学专业毕业生在所有的毕业生中占比有所下降,但总体就业情况,包括就业率、就业区域、就业质量、就业满意度等,仍然保持着较好的状态。

毋庸讳言,法学专业就业老大难问题是法学教育现状在就业市场的直接映射:培养目标单一,导致法律人才呈结构性过剩,高端人才相对短缺;国际化水平较低,导致能够参与国际事务和国际竞争的国际化法律人才严重不足;与社会实践脱节,导致毕业生职业技能欠缺,职业取向与社会需求错位。存在这些问题的原因在于高校在法学人才培养上仍不同程度地受到体制惯性的影响,在学科、专业、课程调整上与社会需求变化存在一定的"时滞"。

但是,法学专业就业前景又是光明的,因为我们的生活处处离不开"法"。我们必须做的是"对症下药",在准确把握市场需求的基础上,重新审视法学专业人才培养的规模、结构、质量和效益,通过加快结构调整步伐来缩短这种"时滞",实现人才培养与社会需求的"无缝对接"。

下面以华政为例,介绍一下一些经验。一是推动卓越法律人才培养。我校自获批教育部首批卓越法律人才培养基地以来,根据科学管理、分类培养、多元化发展的思路,形成了具有一定特色的卓越法律人才培养体系,将本硕贯通卓越法律人才实验班、卓越律师人才实验班纳入应用型、复合型法律职业人才培养基地;将沪港合作涉外卓越法律人才实验班、国际金融法律涉外卓越法律人才实验班纳入涉外法律人才教育培养基地;西部基层法律人才教育培养基地则以西部政法干警班为载体。

二是加快实践教学体系改革。华政确立了"理论教学和实践教学一体化"的教学理念,强化实践教学在法学人才培养体系中的重要地位,构建"融入式、全覆盖、系统化"的实践教学新体系。在法学人才培养方案中,增加实践类课程学分比重;实施理论类课程、实践类课程、专业模拟与仿真训练、专业职业实训四位一体的教学模式,实践教学系统地贯穿于学生整个培养阶段;建设法学综合实验教学中心,为学生开展专业模拟与仿真训练提供高科技手段与设备保障;拓展校外实践教学资源,健全校内外、国内外联合培养机制;组织各级教学名师担当实践教学指导教师,形成高水平的实践教学师资队伍;形成实践教学运行质量评价机制,确保实践教学成效。

三是提升国际化办学水平。我校积极开拓多种形式的国际交流合作形式,建立与国外高校的联合培养机制,通过短期海外课程学习、学生交换项目、海外大学本硕连读项目等为学生提供海外交流、学习直通车;开设国际化课程,包括全英文课程、国外合作院校课程和双语课程等;扩大在跨国公司、涉外律师事务所、政府外经贸部门的实习基地的数量和规模,在境外建设教学实践基地;打造国际化精英教学团队,加大海内外拔尖人才的引进力度,选派教师海外学习、进修,与国外著名院校建立教师互访机制;鼓励学生参加国际赛事和海外实习,在专业的比赛和见习中拓宽视野、提升国际交流能力。

廖:在法科人才培养方面,最不可或缺的两部分就是职业技能和职业伦理。请何老师谈一谈华政是如何达成这一培养目标的?

何:华政一直十分重视法学实践教育,把学生职业技能和职业伦理纳入了培养体系。我认为,进行"职业导向型"法律人才培养改革,做到与实务对接,打开法学教育与法律职业的联系通道是关键。因此,我校除了开设法律职业伦理课程以外,还在原有实践教学基地的基础上,开拓校内外职业实训基地,形成学校与校外实务部门共同制定实训目标、共同设计实训内容、共同组织实训指导团队、共同建设实训基地的联合培养机制。

此外,华政于2008年率先建立国家级法学实验教学示范中心,并在此基础上建设了多元化职业实训平台。该平台根据职业实训需求和未来学生可能从事的职业类型,分为政府法务、司法法务、市场法务和国际法务四大职业技能培养方向,其中,政府法务方向立足于公务员职业,市场法务立足于企业法务人员职业,司法法务立足于律师、司法人员职业,国际法务立足于涉外法务职业。

在此基础上,平台根据学生的兴趣、意愿与特长、特点,进一步细分职业角色,使学生有机会以法官、检察官、律师、仲裁员、调解员、政府公务员、行政执法人员、企业法务工作者等职业身份参与职业仿真实训。一方面,通过职业模拟运作帮助学生及早了解社会及职业要求;另一方面,也有利于引导学生多渠道就业,使法学专业人才供给与社会需求相吻合。

与此同时,我校还通过开展形式多样的活动,促进学生职业技能的提高、职业伦理的养成。主要包括:营造有利于法律人成长的校园氛围,开展辩论比赛、模拟法庭教学与比赛、国际性模拟仲裁比赛等活动;开展实践部门专家与学校教师"双聘双挂"活动,优化师资结构,提高师资教育能力与水平;鼓励学生开展社会实践活动、社会公益活动、社会问题专题调研等,让学生了解社会、了解需求;开发校友资源,充分发挥政法院校在校友资源中的优势;在学生职业生涯教育与毕业教育中开展各类针对性的活动,特别邀请法院、检察院、律师协会的领导与学生交流;以"法律助理"等方式开展学生职业技能锻炼等。

廖:以上讨论法学教育中的这些具体问题是表象,请教何老师,您认为这些表象背后的原因是什么? 对于如何改善有何建议?

何:关于教育的使命,教育界有两种不同的观点:一种观点认为,教育的目的就是人的发展;另一种观点认为,教育就是培养更多的人力资源。在前者,教育的本质得到尊重,法学教育更愿意被视为人文科学素养的教育。在后者，教育的社会性得到关注，法学教育更愿意被视为社会科学的教育。法学教育中的诸多争议，实际上也是上述不同教育思想、理念的具体体现。

法学教育是人文教育还是职业教育？是精英教育还是大众教育？是技能教育还是知识教育？无论是就业难，还是法考热导致的应试教育等，这些均是法学教育表现出的病征。究其病因，我认为是法学教育发展方式的问题。

过去，我们过度追求发展速度，忽视了发展质量。中国法学专业毕业生数在过去几年以年均30%多的速度递增，短时间内就超越了美国。一方面，我们欣喜于法学教育的迅速发展；另一方面，如此之快的速度也令我们担忧。法学教育虽一直在改革创新的道路上奋力前行，但也走了不少弯路，或只是进行了线性的、单一的改革；它并未结合整个法律行业大环境实现系统的、综合的、全方位的转型，走入了改来改去都无法令学生、家长、用人单位满意的怪圈。

在过去的20多年中，世界各国的法学教育有许多改革。中国法学教育的改革路径究竟如何选择？是采用欧洲模式还是美国模式，或者是继续我们现有的极其多样化的模式，值得法学教育机构深入研究。或许我们必须选择一条特殊的道路，但是无论如何，需要首先回答一些基本问题，并形成对于法学教育的共识：中国法学教育的任务是什么？法治建设需要什么样的法律人才？中国法学教育是否可以确定若干路径？对于法律职业人才的培养，是否可以确定一定的标准？开展法学教育的机构是否需要具备一定的条件？是否需要通过评估或者类似的机制来保证法学教育的质量？法学教育如何保持开放性？包括与其他学科的开放与合作，也包括与境外法学教育机构的合作。

在回答这些问题以后,法学教育的方向应当是明确的、具体的、可期待的。就我个人的看法,法学教育改革要适应两大转变:一是大学教育由精英教育向大众教育的转变;二是大陆法系和英美法系在 21 世纪开始融合,以及由此产生的两大法系在法学研究和教学上融合的转变。我国法学教育在过去很长一段时间内被定位为精英教育,把培养具有研究能力的法学人才作为培养目标。受此影响,在教育观念、教学方法上,比较注重理论知识的灌输,忽视了专业技能的培养。

此外,我国法律隶属大陆法系,重视理论体系的完善,忽视案例研究讨论;但在实践中,在法律的内容和立法方面,我们又大量学习和移植英美法系的内容。由此,法学教育理应既重视法学理论基础教学,又学习和借鉴英美法系重视案例教学的特点,更应就知识经济时代对法学专业学生所提出的实践能力和创新能力的要求做出积极回应。而更为重要的是,法学教育的发展应与法律职业的发展相结合,使法学教育与法律职业紧密衔接起来,形成有共同法律语言、共同价值取向和共同思维模式的全国统一的法学教育团体和法律职业团体。只有这样,法律教育才能紧跟时代变化、适应市场需求。

教育从来就是一项着眼于现实与未来的事业。对于从事法学教育的人而言,我们首要考虑的是未来法治建设的愿景,政法院校要产生法治思想、法律制度、法治方案,也要培养能够产生法治思想、设计法律制度、提出与执行法治方案、处理与解决法律实务的人才。我们对法治建设有信心,对法学教育同样有信心。

廖:法学是一门入世的学问,但正因如此很容易陷入世俗。请问何老师,如何平衡好高贵理想与复杂现实的关系,尤其是如何平衡好法治理念与政治秩序的关系,从而防止法律人成为精致利己

主义者、明哲保身者？

何：说法学是一门入世的学问，主要是说法学是以法律的制定和实施为研究对象的。而大家都知道，法律是调整人们在日常生活中的行为的规范体系。所以，以法律为研究对象的法学不可能脱离社会，脱离现实生活。它只能是一门入世的学问，一定程度上也可以说是世俗的学问，但入世的学问，或者说世俗的学问，未必就一定世俗化，就没有理想和信念，没有自己独立的价值观。一门学问，只要有独立的理想和信念、独立的价值观，就可以出淤泥而不染，就可以为人类的进步和福祉做出自己的贡献。

法学的理想和价值就是实现社会的公平正义，确保每个人都有平等的机会实现自己的理想，展现自己的抱负，使每个人的努力得到社会的承认和回报，让法律成为保障人类过上良善生活的公器。

法学的这种理想信念，这种价值观，虽然在当前我国的现实生活中还没有能够普及，没有能够全部实现。有些领导干部蔑视法律的权威、以公权谋私、贪污腐败，破坏了我们的政治生活秩序，也破坏了法治运行的生态环境。尤其是在政治和法律的关系方面，法治的权威始终没有能够树立起来。但是，这种情况只是暂时的，是中国数千年没有法治的历史传统惯性的延续。随着国家法治建设的展开，官员廉政建设的加强，打击腐败力度的加大，公民法律意识的高扬，法治的理念也会慢慢成为一种社会的普遍价值观。

我们作为法律人，不管是法官、检察官、律师，还是法学教师、法科大学生、研究生，虽然以法学这门世俗的学问作为自己的立身之本，但是仍然必须坚守法学的理想、法学的基本信念以及法学的价值观，以实现社会的公平正义，追求人类的幸福为自己的历史使命。有了这样一种理想和信念，法官、检察官和律师等实务工作者,就能实现每一个案件中的公平正义;法学教师和学生以及研究者,就能对自己的前途充满自信,就有了避免成为"精致利己主义者"的基础。

因此,我认为,坚守法学的理想和信念最为重要,这是我们法律人避免成为利己主义者、拜金主义者,避免堕落的关键。

(六)法治是"美丽中国梦"的根基

廖:前段时间多个地区出现"官二代"破格任官职,也就是民间俗称为"火箭式提拔"的现象,受到群众举报后的追查结果也确实是大多由违法乱纪而成,何老师您从法律角度是怎么看待这个问题呢?

何:作为"官二代"去参加公务员、领导干部的竞选,从法律角度分析,是正常的,因为我们法律并没有禁止他爸爸是干部,或者说"我爸爸是李刚"就不能当领导或者公务员了。但这里的认识关键是:作为考生必须严格遵守法律法规规定的程序或者条件。

廖:我们古代历史很早就有记载,对为官一方有许多非常严格的规定。比如:亲属回避制度,以及针对有长辈任过官职的区域,下代人为官时必须异地使用,等等。这些做法对现代有什么借鉴意义?

何:不要说父母任过官的,就是自己通过科举制度考上了进士或者被任命某个知县,他也不能在出生地任官。这是从明清时期就定下来的,是非常严格的。因为即便按程序走,有些家庭背景的考生就已经比普通的竞争者在资源上或者人脉关系上占了更多的优势。

从法律角度来分析,首先要服从法律的规定。法律规定的具体内涵就是程序以及资格,但是一旦被揭开,我们就发现很多人实际上是没有这个资格的。比方说有人以中专生的身份,毕业后成为了地方的公务员。然后在很短的几年里,上升到了副市长。你说在这二十几年中,我们的教育飞速发展,上个本科还是不困难的。如果在这样的教育背景下,连一个本科也读不上的,至少在同年龄段的人中间不是优秀的。

廖:在那么多的硕士、博士的竞争中,一个中专生却最后还是当上了副市长,而他的父亲又是当地的副市长,能让民众服气吗?

何:对,你讲得很对。假如放在二十多年前搞个"破格"很正常。但现在正常上线的人就大大多于录取的人数,这个时候还有必要再去搞破格吗?因为破格也是需要理由的!现在的情况完全不是那么回事。我提拔一个人,可能有十几个都符合条件的,或者是要招四五个人,却有几十个都符合条件。在这个条件下,其他符合条件的都被撇在一边,这边再搞破格,人民群众当然不满意了。

廖:如果我们给他一个法律的定义,该怎样评判?

何:这是违法的:不仅违反程序法也违反了实体法。因为法律的基本特点就是公平公正。我们政府要树立公信力实际上不是很难,因为只要每件事情都按照法律的规则办,一视同仁,法律的权威马上就树立起来了。

廖:这些违法的事情曝光后,你觉得是否在今后的干部任免、选拔、提拔上,需要有一套非常完整的法律制度保障?

何:对于干部的任免,现在除了法律有规定外,我们党内也有很多的规则,我们党内推出的干部任用条例,经过多次修改,已经比较完善了。比如说我们学校里面提拔一个处级干部,除了符合一定的准入条件(刚性要求)之外,还必须经过当事人的报名、群众的民意测验和组织的调查,上上下下至少四五个来回,还要公示一定时间,接受群众的监督。今后的问题是,我们希望能够把这样的一种条例上升到法律的高度。如果你是按照法律规定或者程序去做,那么不管你是官二代还是普通老百姓,大家都会服气的。

按照毛主席讲的:路线确定之后最重要的就是干部。只有干部好了我们的事业才会有发展。现在有相当部分的学校已经有了处理得比较好的开端:作出相应硬性的规定。比如说现在很多大学吸收教师要求是博士毕业,而辅导员岗位硕士毕业即可,但是为了避免变相的不公正,学校都规定,辅导员岗位或者行政管理岗位的人员即使后来读了在职的博士,也不能再转为教师,而且参加竞选者的资格和身份都必须进行网上公示,包括毕业证书、学历证书都要公示。可让全国人民只要一上网就能查得到。

廖:我们刚才谈到这些问题都是在网络的微博、论坛等曝光的推动下进入民众视野的。譬如创立创新标杆的对重大案件庭审的微博直播,在全世界开了先例,希望从这个角度,请何老师谈谈网络建设与法治建设之间的关系。

何:网络对法治建设有非常大的促进力,甚至很多方面法治建设还对网络有所依赖。有多个贪腐、违法大案是由网民揭露出来,这就是网络的力量。有些问题捅出来后,当事人不是立即"投降"而是去拼命地掩盖。包括一些明星、名人、各级领导,从一开始的拼命抵赖到在事实面前认罪,基本上网络揭露的事件最后是真实的,所以说网络对反腐倡廉起到了非常重要的作用。

廖:譬如说微博,这是目前被我们认作第一新闻发源地的"自媒体",是一个人人都当"麦克风"的媒体平台。您认为在网络的发展建设中,如何以法律为准绳,使得网络发展得更加健康?

何：就网络健康而言，我认为，最重要两点就是：一不能伤害公众利益，二不能伤害他人的利益。你不能因为自己要表达，就无视他人的隐私而不负责任地发表言论。今后网络的法律空白（或称缺陷），会越来越得到完善。微博上既能够让大家畅所欲言，又不得胡作非为捏造、污蔑、伤害他人，这就是我们所期待的。

（七）改变一考定终身

廖：您对现在的高考替考行为如何看待？

何：首先，高考舞弊行为是严重触犯国家法律法规、违背社会公共道德和践踏社会公平与诚信的做法，毫无疑问需要依法处理，追究相关违法违纪者的法律责任。执法力度不足是近年来舞弊现象屡禁不止、愈演愈烈的主要原因。

其次，对于舞弊行为的处理，不能一刀切，要分清类型、分清责任（尤其是要分清善意和恶意），个性化处理，即要依据事实，视情节的轻重分类处理。对于初犯、情节轻微的舞弊考生，要以批评教育为主，给予其纠正错误、改过自新的机会。对于有组织、跨地区、人数众多、通过帮助舞弊来牟取暴利的"枪手团伙"，要追究其刑事责任，决不姑息。

再次，对于国家考试的法律规定要在考试之前加大力度进行宣传。建议我国应当建立每年高考前的"考试诚信日"（如同每年的"宪法宣传日"一样），进行遵法诚信教育，宣传国家关于考试的相关法律法规，明确告知考生舞弊不仅仅是不诚信的行为，更是触犯法律、必须承担严重法律后果的行为。防患于未然，让考生及家长以端正、平和的心态参加考试，避免侥幸心理。

最后，舞弊现象最终折射出了高考制度的缺陷。只要高考一直采用"一考定终身"的方式,就会有考生和家长及不法分子铤而走险,以身试法,不惜以违法犯罪、牺牲前途为代价,换取用来定夺未来命运的分数。尤其是在当下高竞争、高压力、高强度的学习环境之下,集中两三天考试就会决定考生一生命运的逻辑之中,考生的心理稍微有点问题,带来的后果就是高度紧张,或者大失水准,考砸;或者抱有侥幸,作弊。而国外(包括境外)的大学录取方式,大多采用平时成绩加面试的制度,以避免"一考定终身"的弊端。虽然,在中国当前的情况下,我们还没有条件完全模仿国外(境外)的做法,取消高考制度,但我们必须改革单一的人才选拔方式,将考核录取方式多样化,这才是减少高考舞弊的根本途径。

(八)开启社会主义法治文化建设新征程

廖:党的十九大报告提出,要坚持中国特色社会主义文化发展道路,激发全民族文化创新创造活力,建设社会主义文化强国,建设社会主义法治文化,社会主义法治文化是中国特色社会主义文化的重要组成部分,其内涵是什么? 具有哪些重要特征?

何:中国特色社会主义法律体系,既是社会主义法治文化的制度基础,又是社会主义法治文化的重要组成部分。一个完善的法律体系,对带动法治文化中的物质文化建设和精神文化建设乃至促进法治文化整体的繁荣,具有基础性的意义。而社会主义法治文化的建设,又能进一步完善中国特色社会主义法律体系。

社会主义法治文化的内涵是什么? 我认为,社会主义法治文化,就是1949年新中国成立以来,中国人民在中国共产党的领导下,在建设社会主义社会的伟大实践中,在法治建设领域不断摸索、艰苦推进、勇于创新而取得的各项物质(法院、检察机关、监狱等)、制度(社会主义法律体系)和精神(社会主义法观念)等成果的总和。

具体言之,一方面,社会主义法治文化与建立在小农经济之上、以人治为基本特征的中国传统法律文化不同,它是一种新型的、现代化的法治文化;另一方面,社会主义法治文化与建立在资本主义经济基础之上的西方经济发达国家的法治文化不一样,而是一种更加强调中国特色、强调适应中国国情与民情的法治文化。中国特色社会主义法治文化,具有如下特征。第一,中国共产党的领导。第二,法治文化建设与德治文化建设相互融合,共同为全面依法治国方略营造一种积极向上、和谐宽松的环境和氛围。第三,对中国古代本土法制文化的梳理和继承。第四,对中国近代以来移植外国法治文化的成果的继承与发展。第五,对当下中国社会发展状况的回应。第六,顶层设计,自上而下地推进。

廖:发展中国特色社会主义法治文化,需坚守中华文化立场,立足当代中国现实,结合当今时代条件,面向世界,面向未来。建设社会主义法治文化,如何在继承中国传统优秀法律文化的基础上吸收西方先进法治文化?

何:中国特色社会主义法治文化,并不是无源之水、无本之木,而是中华民族对人类包括西方优秀法治文化的传承,是古代法治思想、法治传统和法治文化在当代中国的伟大实践。虽然,吸收人类先进法治文化是各个国家尤其是法治后进国家必经的路径,但中国的任务尤其繁重,因为中国有自己不曾中断的悠久的历史传统,有自己丰厚的法制本土资源,也是一个人口众多、幅员辽阔、发展非常不平衡的大国。因此,我们对人类优秀的法治文化的吸收和继承显得尤为关键和重要,道路也更加艰难和曲折。

一方面,建立在自然经济、农耕社会、以人治为表现特征的专制社会基础之上的中国传统法律文化的主体和基础,随着近代社会的到来、中华法系的解体,已经消亡,不复存在。除了部分理念、制度和原则,如注意保护环境、提倡尊老爱幼、强调民本、倡导德主刑辅、重视成文法典主义、精致的法律注释学成就等之外,其主体部分已经成为历史。另一方面,西方法治文化中的精华,如法治、人权等,已经在中国这块土地上扎下了根。此外,在吸收西方先进法律文化过程之中,现代中国走了一条不平凡的、曲折的道路。1978年党的十一届三中全会召开,纠正了此前不重视法治文化的"左"的思想路线,中国迎来了法治文化建设的春天。自此,我们开始认真吸收西方先进的法治文化,并将其与中国传统法律文化中一些优秀成分予以融合。

那么,当代中国从西方吸收引进了哪些先进的法治文化呢?我认为,虽然法治文化的内涵极其丰富,涉及范围非常广泛,但以下几项应当是法治文化的主要内容。

首先,西方的法学观念。主要有:(1)法律是公意的体现;(2)法律的目的是为人民谋幸福;(3)法律至尊至上(法治);(4)国家是社会契约的产物,是人民的创造物;(5)人民是政府的主人(主权在民);(6)所有人生而平等自由,并享有不可剥夺的天赋权利;(7)法律面前人人平等;(8)自由就是做法律所允许的事情;(9)权力必须分立,互相制约;(10)罪刑法定;(11)罪刑相适应;(12)刑罚必须人道;(13)司法独立;(14)无罪推定;(15)人权的基本保障。以上法学观念,经过1776年美国《独立宣言》、1787年《美国宪法》、1789年法国《人权宣言》、1804年《法国民法典》、1810年《法国刑法典》等经典法律文献的规定和确认,开始扎根于欧美各国,并进而在世界其他国家和地区得到传播。而在中国,也从19世纪30年代起开始产生影响,并在1978年改革开放以后逐步在中国土地上扎下了根。

其次,西方的法律概念(话语)体系和法治文化传统。法律概念是法律体系和法治文化的基本组成单元,也是法典成立、法律注释、法律实施和法律有效运行的基础。在当代中国的法律概念体系中,存在很多移植自西方法治文化的优秀元素。而西方自古代希腊、罗马时起一直延续至现代的法治文化传统,也深深地影响了中国当代的法治文化。这些传统,有的起源于古代希腊和罗马,有些诞生于中世纪末期资产阶级革命时期。而从清末修律变法起,这些法治文化传统就逐步移植入中国,至当代慢慢得以本土化,逐步与中国传统的法律文化相融合。

再次,西方法律中一些优秀的制度。如法人制度,时效制度,公开审判和律师辩护制度,犯罪预防和惩治制度;关于城市治理中有关商品交易、买卖、物价、铸币、税收、雇佣等的制度,关于不得侵犯或骚扰他人住宅等的禁止性规范和制度;规范城市活动中形成的公证人制度,公债、保险、银行、公司等制度;关于劳动条件的设置以及对劳动者的保护性制度,以及关于城市土地管理、城市规划、房屋租赁、环境卫生的各项制度等,基本上都已经融入了中国当代法律制度之中。

最后,在法律教育、法律职业和法律学术方面,现代中国大量吸收了西方的成果。在法律教育方面,无论是教学方案、课程体系、培养目标、教学方法、考试方式、学位授予、评估标准等,我们都面向世界各个国家,选择其优秀的成分和要素,为我所用。在法律职业方面,吸收西方法治发达国家中的通行做法,并将其背后的法治文化元素吸收进来,如法官和检察官的专业化、精英化等。

在法律学术方面,在 20 世纪 50 年代大量学习、引进苏联的成果的基础上,进入改革开放时代以后,我们已经将吸收引进人类法律文明成果的视野,投向全世界所有的国家,不仅翻译引入了英、美、法、德、日等西方法治先进国家的学术成果,也注意吸收对建设中国特色社会主义法治文化有借鉴价值的其他中等发达国家和发展中国家的经验。我们对拉美国家、"金砖国家"以及现在对"一带一路"沿线国家的法律学术研究,就是重要的例证。在吸收引进上述西方以及其他地区、国家法治文化成果时,我们的基础必须立足于中国本土,必须与当下中国的国情相结合,必须与中国传统法律文化相融合,以期形成海纳百川、学贯中西的中国特色社会主义法治文化体系。

廖:党的十九大报告提出,坚持法治国家、法治政府、法治社会一体建设,指出了社会主义法治建设是一个系统工程,明确了国家、政府、社会的主体地位。如何发挥国家、政府、社会在社会主义法治文化建设中的主体作用?

何:社会主义法治文化建设是一个系统工程。必须全党动员,全体人民一起参与,才能将中华民族的智慧全部激发出来,建设起具有中国特色的社会主义法治文化。而在这项系统工程中,国家、政府和社会都起着相应的重要作用。

首先,就国家层面而言,它对中国特色社会主义法治文化的形成,最能发挥主体作用的就是制定出一系列良法。立法是法治文化建设的基础。社会主义法治文化的形成,必须有一个比较系统完善的社会主义法律体系作为根基;而中国特色社会主义法治文化建设的最终目标,是建成社会主义法治国家。两者相辅相成,缺一不可。就当前中国的立法状况而言,已经取得了巨大的成就,全面依法治国方略的实现还有距离,离法治国家的建成还有很长的路要走。

其次,就政府而言,它是执法机构。政府既有贯彻执行国家法律的重任,也有在贯彻执行法律过程中制定法令、条例、规章、办法、细则等行政法规的职责,还有领导和监督政府工作人员模范执法、带头守法的责任。而这三个方面的责任,就成为法治文化建设的重要方面。因此,在中国特色社会主义法治文化建设中,政府处于中心的位置,承担了主要的责任。

再次,在法治文化建设中,社会承担土壤培育、氛围营造的功能。法治国家、法治政府、法治社会必须一体建设,才能显示出它的效用,凸显出它的文化价值。比如,在建设生态文明的进程中,国家制定环境与资源保护法,政府在全力贯彻执行环境与资源保护法的过程中,不仅自己需要积极履行法律赋予的各项职责,还要制定颁布各项法规、细则并予以实施,而社会则必须培育和形成保护环境与资源的舆论和氛围,只有这样,环境与资源保护法才能真正落到实处,才能形成环境与资源保护法治文化,或者是生态文化。

廖:结合党的十九大报告要求,如何从具体层面推进社会主义法治文化建设?

何:中国特色社会主义法治文化的建设是一个系统工程,既包括立法、执法,也包括法律教育、法律职业和法律学术,还包括法治宣传和法律普及,包括全社会法律意识的提升和法律文明的进步。具体而言,在推进社会主义法治文化建设时,应当注重以下三方面内容。

第一,推进全民普法。全民普法是指让全体公民都了解、熟悉并铭记宪法和法律的主要内容和基本规定。推进全民普法,应从以下方面入手:健全普法机制,进行广泛、持久、深入的法治宣传教育;利用新媒体、大数据平台建设等新兴信息技术创新法治宣传方式;加强组织领导,健全普法工作体制、机制,不断完善普法工作格局;把全民普法要求与普法责任制衔接起来,改变那种只是弄点法律问题的试卷,大家做做题目、回答问题等浅显的形式,推动在司法办案中普法、在执法活动中普法、在法律服务中普法,使普法更具有针对性和实效性;结合法律、法规、规章和司法解释起草制定过程,向社会开展普法工作;完善法官、检察官、行政执法人员、律师等以案释法制度;等等。

第二,树立宪法法律至上的理念,落实法律面前人人平等的理念。社会主义法治文化建设,首要的就是树立社会主义法治理念。而在法治理念中,最为重要的就是要树立党的十九大报告确立的宪法法律至上理念和法律面前人人平等理念。前者是社会主义法治文化的核心,没有宪法法律至上理念,社会主义法治国家、法治政府、法治社会就没有了灵魂;后者是社会主义法治文化的基础,法治文化的建设,是一个全民参与的事业,只有把每一个公民的积极性和创造性都发挥出来,才能顺利推进。而落实法律面前人人平等理念,是调动每个公民的积极性和创造性的前提。

第三,推动各级党组织和全体党员带头尊法、学法、守法、用法。建设社会主义法治文化,必须提升全民族的法律意识和法律素养。首先,各级党组织和干部以及全体党员能否发挥先锋模范作用是关键。尤其是必须更加注重提高"关键少数"的守法意识,推动各级党组织和全体党员带头尊法、学法、守法、用法。其次,法治文化也是一种公民文化、平等文化、民主文化、权利文化,它当然地要求加强对权力的约束,健全权力运行的规则,将权力关进制度的笼子里。再次,必须处理好党规和国法之间的关系,让每一位干部牢记国法高于党规、党规严于国法,党员尤其是干部必须在尊法、学法、守法方面走在民众的前面。

（九）让宪法的权威树立起来

廖：宪法的生命来自于有效实施；"依宪治国"的核心问题，也是如何有效实施宪法。那么，加强宪法的有效实施，您认为最重要的是什么？

何：党的十八届四中全会通过的决定有许多亮点，"依宪治国"可以说是最大的亮点之一。四中全会决定强调，"保证宪法法律实施就是保证党和人民共同意志的实现"，因而它是关乎治国理政的头等大事。为了做到这一点，我认为最重要的是实现宪法的法律化。即通过立法的形式，使宪法的条款实现法律化，并确立以宪法为核心的法律适用体系。由于历史原因，宪法中规定的一些条款，并没有落实到具体的法律规定中。而我们的宪法又是"不可诉的宪法"，即没有法律的具体规定，法院审判不能直接适用宪法来判案。由此，有人形象地称之为"没有牙齿的宪法"。通过具体的法律规定来落实宪法条款，宪法就不仅仅是文本意义上的宪法，而是活生生的、起着领导作用的根本大法。

廖：实现宪法的法律化可以说是加强宪法实施的首要一步。紧接下来的问题，可以说是这个问题的"硬币另一面"，那就是对于违反宪法的行为，应该如何追究？

何：现行宪法规定了"一切违反宪法的行为都必须追究"的原则，但是如何追究？宪法中并没有作出违宪审查的设计。由于缺少违宪审查制度，一些不符合宪法规定、不符合宪法精神的法律法规、法院判决就很难得到及时纠正，就有可能长期存在。一些违反宪法的行为，也没有得到追究。

党的十八届四中全会通过的决定，明确提出要"加强备案审查制度和能力建设",为切实解决这个问题指明了方向。经立法机关通过制定的法律,各个法院作出的判决,包括最高人民法院作出的判决,都必须接受宪法的审查。如果这些法律、判决不符合宪法的规定,不符合宪法的精神,就应该判定其为违宪,就必须予以纠正。

廖:违宪审查、追究违宪行为,由谁来实施、如何实施?

何:那就是要确立一整套依宪治国的机构和程序。在机构方面,学术界开展了一定的研究,也有不同的主张和建议,这些主张和建议当前是否适用,也可以作进一步探讨。比如有些人主张,可以参照最高人民检察院设立反贪总局的做法,在最高人民法院内部设立宪法法院。我个人认为,可以考虑在全国人大常委会内部设立宪法委员会,由其行使相应的职能,比如违宪审查、宪法解释、立法解释,以及其他一些跟宪法相关的职能。在程序方面,可以根据我国实际情况,并且借鉴国外经验,制定有关宪法法院或者宪法委员会活动的专门宪法和法律规定。

在我国的社会主义法治建设中,这是一项新的任务。世界上一些国家在这方面积累了比较成熟、行之有效的实践经验,可以给我们提供参考,但不能照搬照抄,关键是要探索出一条符合中国国情、具有中国特色的依宪治国道路。

廖:在加强实施"依宪治国"方略的同时,如何理解其跟"依法治国"的关系?

何:党的十八届四中全会通过的决定强调,"坚持依法治国首先要坚持依宪治国,坚持依法执政首先要坚持依宪执政"。"依宪治国"和"依法治国"是内在统一、相辅相成的。众所周知,宪法是国家的根本大法,每个国家在同一时期只有一部宪法,而法律则有许多部。如在中国目前阶段,现行的法律就有240多部。但宪法本身也是法律,只是它是法律之法,是所有法律、法规的根据和源泉。

因此,"依宪治国"本质上就是"依法治国",只是突出了依照宪法办事在"依法治国"中更加重要的地位,是依法治国的升级版。"依宪治国"是"依法治国"的核心,抓住了这个核心,全面推进依法治国就会更加顺畅、更加有力、更有保障。

廖:落实"依宪治国"方略,除了专业机构,社会各界以及我们每个人可以做些什么?

何:党的十八届四中全会通过的决定指出:"法律的权威源自人民的内心拥护和真诚信仰。人民权益要靠法律坚强保障,法律权威要靠人民自觉维护。"宪法的实施也是一样。要使宪法真正能够发挥治国安邦总章程的作用,我们全社会都要重视宪法、敬畏宪法和信仰宪法,各级干部和每一个公民,都要拥护宪法、信仰宪法,维护宪法的崇高地位和至尊权威。

从高校来说,要把宪法法律列入党委中心组学习内容,列为相关专业的必修课程,要加强对现行宪法原则和精神的研究,加强对宪法所涉各项制度的研究。要把宪法列为党校、行政学院、干部学院和社会主义学院的必修课。要把宪法教育纳入国民教育体系,从青少年抓起,在中小学设立宪法知识课程。现在我国将每年 12 月 4 日定为国家宪法日,以及建立"宪法宣誓制度"等具体措施,都有利于提升整个中华民族的宪法意识和宪法素养,为"依宪治国"培植广泛深厚的国民基础。

(十)法学教材和专著的出版

廖:从资料上看到,由司法部法学教材编辑委员会主持编写的新中国的第一套法学统编教材,是从 1981 年开始起步、从 1982 年起陆续出版的,里面有吴家麟、王铁崖、韩德培、高铭暄、张国华、张晋藩等著名法学家。那么,在这之前,你们所学课程中,北大有否编写过一些教材呢?

何:有的。在全国率先推出的北大自己出版的教材主要有《法学基础理论》和《民法教程》等。前者是由陈守一、张宏生主编,参加编写的人员还有沈宗灵、张云秀、刘升平、赵震江、罗玉中、王勇飞等,1981年2月出版后在全国产生了巨大的影响。在此之前,这门课叫"国家与法的理论",有100多个学时,上两个学期。说来现在的年轻人也不会相信,当时教材初稿完成后,教师们还让我们1977级的部分学生传阅过,请我们提意见。另外一本《民法教程》,是王作堂、魏振瀛、李志敏、朱启超、郭明瑞等编写,北大出版社1983年5月出版,在体系的完整、概念的清晰、论述内容的丰富上,也是广受全国民法学界赞扬的。总之,在当时,要编写一部教材是非常不容易的,往往是几年乃至十几年的劳动成果。

廖:《法学基础理论》是我国改革开放之后正式出版的第一本法理学教材,《民法教程》也是中国第一本吗?

何:前者你说的是对的。但《民法教程》是第二本,在它之前中国人民大学出版社已经出了一本,即由佟柔、赵中孚等主编的《民法概论》,出版时间是1982年11月。但不管如何,这些教材的出版,都已经是在我们学完了这些课程,甚至是我们这一届毕业之后的事情了。

廖:联想到现在,不仅宪法、民法、刑法、诉讼法等部门法的教材已经琳琅满目,各门学科至少有几十种、上百种教材,即使像法制史等基础学科,教材也已经不少了吧?

何:是的。我们外国法制史这门课程,在1978年刚入学时,还没有教材。然而,经过 40 年的发展,现在外国法制史的教材也已经不下 30 余种了。张晋藩教授主编的全国统编教材《中国法制史》是迟至 20 世纪 80 年代后才面世的,我们当时学这门课时,由肖永清和蒲坚两位教授主讲,我们只是记录。由肖永清主编的《中国法制史简编》也是迟至 1982 年 4 月才出版的。但现在,中国法制史的教材也已经有 50 多种了。

廖:改革开放之初教材的匮乏,除了我们的法学教学力量不足、研究水平低下等原因之外,是否也有出版难的情况呢? 您是否有过碰壁或者让您特别难忘的经历?

何:是的。虽然,现在专著的出版,有些出版社仍然需要一些补贴,但总体上,法学学术著作的出版已经容易多了。而在改革开放之初,普通老师要想出版一本专著,是极其困难的。1995 年,在徐轶民教授的主持下,华东政法大学外国法制史的教师编写了一部教材,找了许多家出版社,都不愿意出。最后拖了好多年,在实在没有办法的情况下,通过熟人,给了补贴,才让这本教材在红旗出版社正式出版了。

这方面还有件事给我的印象特别深刻。我的导师徐轶民教授曾接受一家出版社委托主编《法制史词典》。这是一部由我们教研室全体成员参加的且是填补学术空白的作品(费时近 10 年)。出乎意料的是,当词典编出来后,该出版社可能担心出这类词典会亏本,不愿意出版了。这一消息,对徐老师的打击非常大,他感到没有办法向教研室全体教师交代,白天吃不好饭,晚上睡不着觉,安眠药从一颗增加到三颗。最后,也是在一位朋友的帮助下,以我们承包一部分词典的销售为条件,在河南的一家出版社出版了。词典是出版了,但徐老师从此落下了一个每天晚上不吃两颗以上的安眠药就无法入睡的毛病。

廖:听来也真是辛酸。联想到现在学术著作出版的繁荣,真是今非昔比啊! 中国法学学术著作的出版是从哪一年开始热起来的呢? 在您印象里,哪几家法律类的出版社引领了法律图书的潮流,或者说功不可没?

何:从 1976 年粉碎"四人帮"到 1980 年,全国各个学科出版的法学著作加在一起也不到 10 本,且内容非常单薄,字数也很少,如谷春德、吕世伦著的《社会主义民主和法制问题》和杨大文等著的《新婚姻法基本知识》,都只有 7 万余字,张友渔、王叔文著的《法学基本知识讲话》,金默生、柴发邦、刘齐珊编著《国家和法律基本知识》,龚祥瑞、罗豪才、吴撷英著的《西方国家的司法制度》等,也都在 10 万字左右。

中国法学学术著作出版的顺畅,大体是从 20 世纪 90 年代初期开始有所改观的。在这方面,贡献最大的是中国政法大学出版社和法律出版社。从 1991 年起面世的"中青年法学文库",是中国政法大学出版社社长李传敢和当时的编辑丁小宣策划的中国第一套法学学术文库,而且以作者平等、文稿质量、学术创新为入选标准,不要任何资助,也不要作者包销,张文显、王利明、徐国栋、陈兴良等中青年学者都参与其中,对当时的中国法学学术起到了巨大的推动作用。法律出版社紧随其后,推出了"当代中国法学文库""中国当代法学家自选集""中国律学丛刊""中国传世法典丛书"等,培养了一批中青年法学研究者,以及将一批中国传统法律文化中的精品保存了下来,介绍给了后人。

(十一)法学书店的变化

廖:听您说的这些,让人很是感慨。确实,我们也都能意识到,现在几乎每一个出版社,都在出版法学研究的著作和丛书,法律图书已是书店的新宠儿。可以说,我们现在书店经销的图书品种,也是 40 多年来法学研究变迁的一个重要窗口。不知你们当初读书时,书店的法律书多不多?

何:在改革开放之初,书店中几乎看不到一本法学著作,过了几年,开始有了一些法学著作,印象比较深的,有吴大英、任允正著的《立法制度比较研究》,沈宗灵著的《现代西方法律哲学》,孙国华等著的《法学基础理论》,龚祥瑞著的《比较宪法与行政法》,唐宗瑶著的《法学基础理论概述》,许崇德、何华辉著的《宪法与民主制度》,高铭暄著的《中华人民共和国刑法的孕育和诞生》,江平编著的《西方国家民商法概要》,王家福等著的《专利法基础》等。但与文、史、哲的著作相比,放的位置还不是很起眼的。

廖:这种现象似乎从 20 世纪 80 年代中叶有了改变,法律图书在书店经销图书中的比例开始上升。20 世纪 90 年代以后,变化更加迅速。听法律出版社的一位朋友讲,仅他们一家出版社,一年就要出 500 余种法律图书。这在您看来,很不可想象吧?

何:现在可真是不一样了,书店里不仅法律图书的品种不断增加,而且各地还都开设了一些法律专业书店,如当时在上海曾经很红火的"法律书店"等,专门经销法律方面的图书文献。除了法律出版社和中国政法大学出版社这两家法律出版行业的领军舰队之外,还有如人民出版社的"当代著名法学家丛书",商务印书馆的"法学文库",三联书店的"宪政译丛",高等教育出版社的"21 世纪法学教材系列",山东人民出版社的"法理论丛",中国方正出版社的"犯罪学大百科全书"和"华东政法大学珍藏民国法律名著丛书",等等。就连一些理工科大学出版社,也都出版了不少高水平的法学著作,如清华大学出版社的"汉语法学文丛"、上海交通大学出版社的"法学读本"等,有些出版社如北京大学出版社和复旦大学出版社,还把出版的丛书分成各种系列。我们走进书店后都要仔细辨认,才不会弄错。

廖:人民大学出版社还专门推出了"中国当代法学家文库",里面重点推出一些法学名家的研究专著系列。现在法律图书已经成为中国出版业的一个支柱产业了?

何:确实如此,从书店这个窗口看到的上述变化,让人感慨万千。我记得,1988 年我去日本进修时,看到东京书店里面一些最醒目的地方放的都是法律书,而且法律图书在书店中都要占据三分之一到四分之一的数量时,就感叹中国要走到这一步可能至少需要一百年吧。没想到,短短 30 多年时间,我们就实现了这一目标,真的让人振奋!

(十二)法学杂志的种类繁多

廖:回顾中国改革开放 40 多年法学研究的状况,除了法学教材和著作的出版之外,法学论文的发表或许是一个更加普遍、更加重要的领域。何老师,您能否就这 40 多年法学杂志的变迁,给我们简略地描述一下?

何:1978 年初,整个法学界没有一本法学杂志。20 世纪 50 年代创刊、发行的两本法学学术杂志,即中国政治法律学会编辑的《政法研究》和华东政法学院编辑的《法学》分别在 1965 年、1958 年停刊。1979 年,《政法研究》复刊并改名为《法学研究》,改由中国社会科学院法学研究所编辑。华东政法学院的《法学》一直到 1981 年才得以复刊。

现在我们所看到的北大的《中外法学》,创刊时叫《国外法学》，它是 1979 年创刊的，而且在改名前主要是刊登译文。与这份杂志相同的，还有一份就是于 1978 年底恢复重刊的中国社会科学院法学所的《法学译丛》（前身是《政法译丛》），吉大的《法制与社会发展》，开始时也不叫这个名字，而是叫《当代法学》（季刊）。它创刊的时间更晚，已经是 20 世纪 80 年代中叶的事情了。

顺便说一句，西南政法学院尽管早在 1978 年夏天就恢复招生了，在司法部五所大学中最早，但它的法学刊物则是在 1981 年才得以出刊，而且名称也变化了好几次，最早叫《西南政法学院学报》，后来改称《法学季刊》，再后来才改为现在的名称《现代法学》。

廖：按照您的说法，中国政法大学、西北政法大学、武汉大学等在恢复招生时，也都还没有自己的刊物？

何：是的。中国政法大学复校时叫北京政法学院，1979 年开始招生，其《北京政法学院学报》是 1980 年面世的，1983 年学校改名中国政法大学后，改名《中国政法大学学报》，后又改名《政法论坛》。它的另一份刊物《比较法研究》，创刊要更晚。它是 1986 年底由中国政法大学比较法研究所编辑的，后来越办越好，成为法学界的名牌刊物。西北政法大学的《法律科学》和武汉大学的《法学评论》，创刊也比较晚。

大体上说，改革开放之后中国的主要法学刊物的先后面世时间，排列出来应是：《法学研究》和《法学译丛》（1978 年底）；《国外法学》（1979 年）；《民主与法制》（华东政法大学创办，1979 年）；《北京政法学院学报》（1980 年）；《法学杂志》（北京市法学会编辑，1980 年）；《法学》（1981 年）、《西南政法学院学报》（1981 年）；《政治与法律》（1982 年）；《法学评论》（武汉大学，1983 年）；《西北政法学院学报》（1983 年）；《河北法学》（1983 年）；《中国法学》

（1984年）；《当代法学》（1986年）；《中南政法学院学报》（1986年）；《法律学习与研究》（后改名《法学家》，1986年）；《比较法研究》（1986年）；《山东法学》（后改名《法学论坛》，1986年）；《法制与社会发展》（1995年）。到现在，据不完全统计，我国公开出版的法学刊物也有200余种了，纯学术类的也有50余种了。

廖：法学刊物的变化竟然也这么大。除了法学杂志的数量变化之外，杂志的内容和形式本身是不是也有很大的变化呢？

何：应该是的。改革开放初期的法学刊物，一般用的纸张很粗糙，印刷质量也不好，都是小16开，每一期的页码不多，大多数是48页，一年也出不了几期，大部分是季刊，唯一的一份法学月刊就是《法学》。

然而，经过40多年的发展，我们现在的法学刊物不仅数量多，而且在内容和形式上也有了巨大的进步。除了大部分的刊物改为大16开本之外，页码也大为增加，一般都在180页左右，季刊已经很少看到，大部分是双月刊，月刊也已经增加为三份，即《法学》、《政治与法律》（2008年起）、《法学杂志》（2009年起），刊物所用的纸张也都非常精美。

廖：您所说的观点很有趣。说到法学刊物的变化，是否还包括了刊物上所刊登论文的变化呢？

何：你提的问题很重要。大体上，早期法学刊物上的论文，一般都比较短，大部分是四五千字的文章，多的也就七八千字，几乎没有一万字以上的论文。但现在刊物上一二万字的论文比比皆是，三四万字、四五万字的论文也不少，之前在《政法论坛》上发表的邓正来的《中国法学向何处去》的论文，竟然达到了17万字！

廖：说到法学刊物，这里有一个问题好像无法回避，即在法学刊物的内容和形式上都有变化的同时，论文的质量是否也跟着在

提高呢?

何:对这个问题的看法学术界分歧很大。有的学者认为现在刊物上发表的论文,重复的太多,抄来抄去的太多,是在不断地制造"学术垃圾";也有的学者认为,尽管有些论文有重复、抄袭,但主流内容还是针对社会上新出现的法律问题的回应和解答,以及对古今中外法律文明成果的传承和延续。我是同意第二种观点的。

廖:这个问题实际上和出版社现在每年大量出版法学著作的状况是一样的,您的观点是,不能因为这些著作中有了一些重复和抄袭的内容,就说现在法学著作的出版是在"制造垃圾"?

何:实际上,要求每一本著作都是全新的,既不可能,也同样违背了学术发展的规律。人类都是在既定的学术环境中从事研究的,对前人成果的引用、借鉴、发展,当然也包括重述(重复),都是学术活动的内容,不能求全责备。因为学术发展也是靠一点一滴积累的。

我的观点是,一本著作、一篇论文,如果有 10% 甚至 5% 的创新,就已经很好了,就应当予以肯定。即使同样题目的作品出现了很多,那也不全是坏事,因为它们能面世,就说明社会有这种需求。从世界法学发展史来看,名著的产生也是一个大浪淘沙的过程,经历了若干时间之后,真正有创新价值的法学著作流传了下来,而大量重复的乃至抄袭的就被淘汰下去了。

(十三)关于翻译著作

廖:和 40 年法学论文和法学专著的变化相联系的,有一个问题,就是国外法学著作的翻译的变化,您能介绍一下这方面的情况吗?

何:改革开放初期,我们法学著作的翻译几乎是一片空白,因此,当时写硕士论文时,我们只能大量参考我国台湾学者翻译的、大陆的一些书店偷偷地扫描翻印的国外著作。虽然,我们开始翻译世界法学名著不算晚,大概是从 20 世纪 50 年代末叶就开始起步了,如商务印书馆翻译出版的卢梭的《社会契约论》、孟德斯鸠的《论法的精神》、梅因的《古代法》等,但数量很少,进展很慢。

廖:如您所说,自"外国法律文库"和"当代法学名著译丛"两套法学名著之后,各大出版社出版的译著就更多了,在您看来,还有哪些比较好的翻译作品呢?

何:20 世纪 90 年代末以来,我们已经推出了数十种有影响的外国法学名家的著作,如梁治平主持的"宪政译丛"(三联书店),高鸿钧主持的"比较法律文化"(清华大学出版社),米健主持的"当代德国法学名著"(法律出版社),苏力主持的"波斯纳文集"(中国政法大学出版社),许章润、舒国滢主持的"西方法哲学文库"(中国法制出版社),我主持的"世界法学名著译丛"(上海人民出版社),等等。此外,中国政法大学出版社推出的"美国法律文库",上海三联书店推出的"上海三联法学文库"和"法律文化之旅丛书",以及法律出版社推出的"牛津教科书译丛"等,在中国法学界也有很大的影响。

廖:随着这些名著在国内的传播与流行,一批译者也开始广为人知,如沈宗灵、张文显、高鸿钧、贺卫方、邓正来、米健、张志铭、夏勇、苏力、吴玉章、舒国滢等。有学者认为,翻译并不算学术作品,因为没有创造力,您是怎么看待这个问题的?

何:翻译法学名著是一件吃力不讨好的事情,非常的辛苦。但我认为,翻译法学名著又是一所培养法学家的大学校,它既出成果,又培养人。因此,我们在回顾总结改革开放 40 多年中国法学研究的历史时,不能不提及这一方面。尤其是要看到,经过法学工作者 40 多年的勤奋耕耘,我国法学著作的翻译事业已经走在了东南亚地区的前列。现在日本的学者到中国,港台学者来这边开会出差,经常会买上一大摞大陆学者翻译出版的国外法学著作,这也在一定程度上标志着咱们法学研究的进步吧。

(十四)学术研讨会的多样化

廖:何老师,与我们的法学研究论著的出版、发表等进步一起发生的,是否还有一个学术研讨会方面的变化呢? 现在的法学研讨会琳琅满目,以前是一种什么样的状态呢?

何:在改革开放之初,法学方面的学术研讨会首先是比较少,这种少,有着多种原因,比如经费缺乏,找不到愿意承办的单位,开一次会很困难,这种状况直到 20 世纪 80 年代末还未得到根本改观。我记得外国法制史研究会 1986 年的学术年会,因没有愿意承办者,我们华政就通过熟人,把会议放到了上海的一家化工厂中开,住宿和用餐都非常寒酸。其次,就是学术团体比较少,1978 年初,全国的法学学术团体一个也没有。中国法学界最早的学术团体中国法律史学会是 1979 年成立的,国际法学会是 1980 年成立的,外国法制史研究会是 1982 年成立的,中国法学会也是迟至 1982 年才建立,至于下属的各个研究分会如宪法学会、民法经济法学会(后来分为民法学会、商法学会和经济法学会)、刑法学会、诉讼法学会等则更晚了。学术团体少,学术研讨会当然也不会多了。

廖:听说以前参加学术研讨会,并不突出学术,行政色彩很浓厚?

何:早期的学术研讨会,受传统影响比较深,学术气氛还不是很浓,计划控制的色彩比较明显("法治与人治"等少数几次研讨会是一个例外)。

比如,1986 年,某部召开了第一届学术研讨会,那次会议我有幸参加了。当时,对参加会议的代表控制得非常严格,大体上是每个学校先在学校内部报名、提交学术论文,然后由学校组成评委会,按照所下达的与会名额,评出参加会议的论文和人员。当时我们全校所有学科加在一起,也就只有五个名额。开会期间,要得到发言的机会也很困难,许多学者的发言与做工作报告也差不多。

现在的情况已经大为改观了。目前,国内各个主要大学的法学院在单独或者联合举办国际学术研讨会方面,都有非常活跃的表现。如中国人民大学法学院在曾宪义教授的主持下,已经先后举办了中美、中欧、亚洲等的法学教育国际学术研讨会,这些会议虽然是人大牵头,但受惠的是全国的法学院,因为各个法学院都积极参与了。

(十五)法学领域的百花齐放、百家争鸣

廖:由学术研讨会,让人不得不联想起法学界曾经的学术争鸣。改革开放 40 多年来,法学界爆发了多次学术大讨论,这些讨论对法学研究的进步和发展产生了深远的影响。尤其是改革开放之初于 1979 年发生的"法治与人治"的大讨论,从资料上看,这次大讨论在两年时间内共发表了近百篇论文,法学界的著名学者几乎都参加了,是这样吗?

何:是的。比如李步云、华辉、刘新、谷春德、吕世伦、吴大英、

刘瀚、张警、周柏生、方克勤、张晋藩、曾宪义、张国华、高格、韩延龙、刘升平、孙国华、沈宗灵等，都积极撰写论文，参与讨论。不仅如此，还有许多非法学专业的领导干部和知名学者，如陶希晋、于光远、于浩成等，也非常投入。当时讨论的成果，后来结集出版时，就取名《法治与人治问题讨论集》，由群众出版社于1980年出版。

廖：那么，通过当时的讨论，大家得出了一个什么样的结论呢？

何：当时的讨论，尚未得出一致的结论。大体上形成了三种观点：一是要法治，不要人治；二是既要法治，又要人治，两者应该结合起来；三是不要讲什么法治与人治，这两个概念都不科学。在这三种观点中，第三种观点被称为"取消论"，随着我国社会主义法治建设事业的发展，很快便失去了大家的支持。持第二种即"结合论"观点的学者，强调法律是不能"自行的"，总要人去制定和执行。这种观点将法治与人的作用对立起来，没有理解法治的内涵中已经包含了一个法学家阶层，随着我们对法治的真正含义的把握，也慢慢退出了历史舞台。现在，中国必须走法治的道路已经成为了大家的共识。

廖：紧接着"法治与人治"大讨论，展开的是关于"法律面前人人平等"的讨论？

何：是的。这场讨论的背景是我们刚从"四人帮"的思想禁锢中解放出来，大家在谈到"法律面前人人平等"的法治原则时还心有余悸。故当时有一种流行的观点就是：法律面前人人平等，只是指司法适用上的平等，不包括立法上的平等；在立法上，不能讲人人平等，因为那些被剥夺政治权利的人，就不能参与立法活动，对社会各阶级也不能一视同仁。

而其他学者认为，法律面前人人平等，应当体现在立法、司法、执法、守法等各个方面，我国宪法规定的各民族一律平等、男女平等,体现了公民在立法活动中参与立法的平等原则。进入 20 世纪 90 年代以后,人们便进一步取得共识:在立法和执法等各个方面都实现法律面前人人平等,是实现市场经济公平竞争的基础和保障。

(十六)法学研究方法的多元化

廖:在学术讨论的思想解放运动催动下,改革开放几十年来,中国法学研究的方法也发生了许多变化。最早一般都是采用马克思主义的历史唯物主义和阶级分析的方法,后来开始运用一些比较的、历史的方法。您能介绍一下这方面的情况吗? 很有趣的是,听说中间还曾流行过一阵用"三论"的方法来研究法律问题,当时的情况是怎样的呢?

何:所谓"三论",就是系统论、控制论和信息论,将"三论"的方法运用于法学研究,在 20 世纪 80 年代中后期曾经是一个非常时髦的做法。我记得,这个问题最早是由我国著名科学家钱学森提出来的。他在 1985 年 4 月 26 日召开的"全国首次法制系统科学讨论会"上作了一个重要讲话,题目为《现代科学技术与法学研究和法制建设》,强调要把系统工程和信息控制等自然科学的方法运用于法学研究。

在钱先生的号召下,整个法学界都行动了起来,出现了一批运用"三论"研究法律的论文。如严存生的《运用系统论于我国法制建设》、黎建飞的《运用系统论加强法律监督》、马洪的《犯罪侦查的信息方法初探》和刘茂林的《宪法中有关问题的系统论思考》等。而有的论文就直接将"三论"作为标题,如 1985 年第 4 期的《法学季刊》就刊发了韩修山的一篇文章:《"三论"是法学研究和司法实践的科学方法》。

廖：文章主要提出了哪些新的立论呢？

何：比如，文章中说："'三论'的方法在现代科学技术的研究中日益发挥出重大作用，并且日益向社会领域的研究中普及。可以说，只存在现在还没有引入和运用'三论'的科学，不存在将来不能引入和运用'三论'的科学，法学也不例外。……'三论'是思维的新工具、新方法，是人脑在考虑问题时不可缺少的新式武器。"

我自己于1988年6月在上海的《社会科学》上发表了一篇论文，题目是《外国法制史研究方法新探》。在该文的第三部分，详细论述了用"三论"方法研究外国法制史的必要性。挺有趣的，具体内容为："外国法制史研究的重要任务之一，就是不断地把新的科学方法引进该学科中来，使之成为推动外国法制史学发展的锐利工具。具体而言，'三论'中如下原理对该学科研究有指导意义：第一，系统观念；第二，动态观念；第三，信息观念。"

我还将"三论"和马克思主义的哲学联结了起来，我是这么说的："上述控制论、系统论、信息论，可以说是对马克思辩证唯物主义和历史唯物主义的补充与发展。既然史学与法学研究，通过运用控制论、系统论和信息论的方法获得了巨大成功，那么，为什么作为史学与法学之综合学科的外国法制史学，不能张开双臂欢迎'三论'这一现代科学方法呢？"

廖：这话听听似乎也很有道理。实际上，虽然"三论"方法运用于法学研究，可以说只是昙花一现，20世纪90年代之后就不再看到这类文章了，但这种现象背后折射出来的中国法学界对新的研究方法的敏感和追求，对繁荣中国法学研究是否起了催化剂的作用？

何：应该是的。在法学研究方法上，我这里还要突出讲一下田涛教授主持的田野调查方法，运用这一方法，田涛率领一批年轻人深入浙江、福建、安徽、山西等山区、农村，调查明清历史上保存下来的以及现在还在影响村民的日常生活的风俗、习惯等所谓民间法，取得了极大的成功，也推出了黄岩调查档案、徽州调查档案等珍贵的法律史研究的第一手资料，作出了很大的贡献。

（十七）那时的大学生和现在的法科学子

廖：说到改革开放几十年中国法学研究的进步，还必须提及我们法学教育所培养的对象即法科学生的学习态度和科研热情。您感觉你们那时的学生和现在的学生，有些什么差异呢？

何：差异还是很大的。当时还没有笔记本电脑，就是复印机也没有普及。我们要收集点文献资料，主要是靠做读书笔记、制作卡片。

从20世纪80年代中叶以后，复印机开始普及，我们收集资料搞研究就方便了。到20世纪80年代末，就有了电脑打印的业务。20世纪90年代以后，个人电脑就开始慢慢普及了，大学生和研究生的科研就更加方便了。那时，虽然出版条件不如现在，但是大学生搞科研的积极性非常高涨。我们在读本科期间，就积极参与老师主持的研究课题，如我本人就在二年级的时候和两位师兄一起，参与了李志敏老师的一个课题"买卖婚姻研究"，课题完成后，我们以专题论文《试析买卖婚姻》的名义，在北大法律系"五四"科研报告会上宣读，接下来就被刚复刊的《法学研究》录用（1980年第2期）。

廖：听你们那一届的同学讲，武树臣当时参与了张国华老师的

中国法律思想史的课题,李克强等参与了龚祥瑞老师的宪法课题,郭明瑞参与了王作堂、魏振瀛老师的民法课题?

何:是的。不仅如此,当时我们学生还自己独立地编写法学著作,如还在读一年级时,我们小组的何山(后分配在全国人大法工委民法室工作)就组织大家编写《法律基础知识讲话》,花费半年多时间完成的初稿有 20 多万字呢。只是由于某些原因,我们的这部书稿最后没有能够公开出版。

廖:那么,现在的大学生搞科研的积极性不如那时的大学生,到底是什么原因呢?

何:也不能说现在不如当时。主要是时代变化了,学生的情况变化了。当时,法学研究领域几乎是一片空白,所以读法律的学生都希望在这一领域有所作为。但更为重要的是,当时学生绝大多数都是从社会上考来的,经受过各种生活的磨炼,甚至是受到严重伤害的生活磨难。所以,当他们一旦进入了大学这一知识的殿堂,又拥有一种可以比较自由地表达自己思想和感受的环境,那么,他们就很自然地试图把自己的成长经历、接触到的人和事以及对人生、对社会以及对知识的体会(体验)表达出来,这就催动了他们写作、搞科研的热情和激情。

我们那时科研的情景就是这样的。我就举一个陈建功的例子吧。他虽然不是我们法律专业的,是中文系专业的学生,但他就住在我们隔壁一幢宿舍,他们的科研情况我们比较了解。我记得大概是大二时,在他们中文系宿舍的墙壁上,经常会贴出陈建功创作的小说,写着很清秀的钢笔字体的稿子,一页页贴在墙壁上,看的学生围着一圈又一圈。热闹时,我们个子矮的学生在外边只能踮着脚隔着人头远远地看,好在当时脚劲也好,视力也好,以这样的姿势半个小时下来还不算太累。

我们法律专业的学生写出来的文章,当然不如小说那么吸引人,但某位同学写了一篇文章,在同学之间传阅,让大家提意见,最后再让老师修改,等等,当时就是我们大学生活的一个组成部分。我们班上的何山、郭明瑞、姜明安、武树臣、李克强、陶景洲、陈兴良、周振想等,在当时都是这样的科研积极分子。

廖:当时,上海复旦大学的卢新华写出《伤痕》,可能与你们这种情景差不多吧?

何:是的。整个社会知识的贫乏,学生主体的生活经历丰富、对知识的渴望以及年龄普遍比较大,这两个特殊的因素,现在都已不复存在。这大概就是我们和现在的大学生科研差异之原因所在。现在的大学生,更多地以完成学业为主,即使搞科研也更多地利用网络,在网上忙活得比较多。实际上,现在的研究生搞科研的热情还是比较高的,一般都参与了导师的课题研究。

廖:您感觉,除了科研上的差异之外,现在的大学生和那时的你们还有哪些不同呢?

何:我感觉,他们的视野更开阔了,接受新事物也更加容易、更加迅速。网络的兴起,教学手段和方法的进步,如多媒体教学、PPT 演示教学,甚至法律诊所式的教学,这些都可以使现在的法科大学生在更短的时间内,获取更多的法律知识,提升法律素养。

可以这么说吧,我们这一代人在大学中的学习、科研表现,是全世界法学研究历史上的一个例外,不是一种常态,以前没有过,今后也不可能再出现了。所以,回忆这些经历时,我们想告诉现在大学生更多的是,希望他们能够继续我们的学习热情、学习渴望和学习精神,如果他们认同了这一点,那么他们一定会比我们做得更好、更加优秀。

（十八）一个法学家群体的崛起

廖：您说的这些，不仅仅是对大学生，对我们每一个人都很受用。改革开放几十年中国法学研究的巨大进步，应该与这一个时期我们的一批法学工作者的辛勤努力密切相关吧？

何：你这个问题提得太好了。我个人认为，改革开放几十年的一个更大成果是，中国崛起了一个法学家的群体，他们推动着中国法学研究的进步与繁荣。这个群体，清华大学的许章润教授有过一个分代，我则把他们大致分成四代人。

第一代法学家大体是 1920 年之前出生的，如张友渔、陈守一、韩德培、王铁崖、李浩培、赵理海、芮沐、潘念之、王明扬、陈朝璧、周枬、陈盛清、甘雨沛等。他们在改革开放之初，法学界一片荒芜的情况下，筚路蓝缕，开辟出一条法学研究的学术道路。

如张友渔、潘念之等对于法学基础理论和宪法，陈守一对于北大法律系的恢复创建，王铁崖、李浩培和赵理海等对于国际法的重建，韩德培对于国际私法和环境保护法的创建，芮沐对于经济法和国际经济法的创立，陈朝璧和周枬之于罗马法的研究，陈盛清对于外国法制史学科的发展，甘雨沛对于比较刑法学的研究，等等，都作出了巨大的贡献。尤其是王名扬，在已近 70 岁的高龄时，老骥伏枥，辛勤笔耕，奋斗 12 年，推出了《法国行政法》《英国行政法》和《美国行政法》三部力作，总字数达 200 多万字，真令我们尊敬和佩服。

第二代法学家大体是 20 世纪 20、30 年代出生的一批学者，如法理学、比较法领域的潘汉典、孙国华、吴大英、张宏生、沈宗灵、李放、吕世伦、黎国智等；法律史学科的张国华、饶鑫贤、张晋藩、曾宪义、杨鹤皋、王召棠、徐轶民、叶孝信、李昌道、陈鹏生、高恒、张警、杨景凡、王哲、由嵘、钱大群等;宪法研究领域的吴家麟、许崇德、肖蔚云、王叔文、何华辉等;行政法学界的罗豪才、应松年等;经济法学界的关怀、杨紫煊、李昌麒等;民商法学科的佟柔、江平、王家福、魏振瀛、金平、徐开墅等;刑法学界的高铭暄、马克昌、王作富、高格、何鹏、杨春洗、杨敦先、曹子丹、苏惠渔、朱华荣等;诉讼法学界的陈光中、常怡、江伟、徐静村等;国际法学界的李双元、刘振江、余先予等。

这一代法学家是改革开放 40 多年前期中国法学研究的主力军,他们不仅自己不顾人过中年,勤奋写作,奠定了法学学科的基础,而且呕心沥血地培养出了如赵秉志、陈兴良、怀效锋、朱勇、郑秦、黄进、余劲松、陈云生(这 8 人是新中国第一届毕业的法学博士)等一批中青年法学家。

廖:真不容易。那第三代就是你们这一年龄段的一批中青年法学家了?

何:当然,法学界对第三代法学家的具体划分标准还不是很一致,有认为 20 世纪 40、50 年代出生的,有认为 20 世纪 50、60 年代出生的,有认为将粉碎"四人帮"恢复高考之后入学的 1977、1978、1979 三个年级之前的学者归为第三代的。

我个人认为 20 世纪 40、50 年代出生,同时又是在 80 级之前的学者归为第三代,20 世纪 60 年代之后出生的就视为第四代法学家了。

廖:那像王利明、韩大元、徐国栋、陈桂明等,都是 1960 年、1961 年出生的,到底是第三代还是第四代呢?

何:就看他是否 1980 级之前的,如利明是 1977 级的,国栋是 1978 级的,大元好像是 1979 级的,我将他们归入了第三代之中,

1980级之后的,就是第四代法学家了。当然,这也只能是一个粗略的划分吧。

第三代法学家是中国目前法学研究的主力军,他们几乎都已经是教授,大多数也都是博导了,既在科研上奋力战斗,也在教学上大显身手,带着众多的硕士和博士,法学学科各门学科的带头人,各个学会的会长、副会长等,也几乎都是由他们在担当着。这一批人数量也多,要举出他们的名字比较困难,所以我就笼统说了。

廖:20世纪60年代之后出生的第四代法学家,现在也开始挑大梁了。他们中也有一批20世纪70年代之后出生的,是不是也很优秀啊?

何:是的。如经济法学界的罗培新、应飞虎,民法学界的张礼洪、金可可,法律史学界的王志强、俞江等,都是非常不错的。所以,对中国未来的法学发展,我个人还是充满信心的。

廖:是否不应该忽视2008年去世的瞿同祖呢?我们都知道,他的《中国法律与中国社会》影响了好几代中国法制史学者呢?

何:是的。瞿先生虽然是搞社会学出身,但他将社会学方法运用于法制史研究之中,给了中国法制史学界以全新的研究视角,对推动法制史研究贡献巨大。

附　　录

表格一　何勤华教授主要作品一览表

（一）著作		
序号	著作名及著述方式	出版信息
1	东京审判始末（合著）	浙江人民出版社 1986 年版
2	大众法学常识（合著）	上海社会科学院出版社 1987 年版
3	家庭法律大全（副主编）	南京大学出版社 1987 年版
4	法学新学科手册（合著）	浙江人民出版社 1988 年版
5	华东政法学院硕士论文选（副主编）	上海社会科学院出版社 1988 年版
6	当代中国法学新思潮（主编）	上海社会科学院出版社 1991 年版
7	法学史研究Ⅰ·当代日本法学——人与作品	上海社会科学院出版社 1991 年版
8	比较犯罪学（合著）	中国人民公安大学出版社 1992 年第 1 版,台湾五南图书 1998 年再版
9	上海法制发展战略研究（副主编）	复旦大学出版社 1993 年版
10	中西法律文化通论（合著）	复旦大学出版社 1994 年版
11	外国法制史纲（合著）	红旗出版社 1995 年版
12	日本破产法（译著）	上海社会科学院出版社 1995 年第 1 版,中国法制出版社 2001 年再版
13	法学史研究Ⅱ·西方法学史	中国政法大学出版社 1996 年第 1 版,2003 年第 3 版
14	外国法制史（主编）	法律出版社 1997 年第 1 版,台湾韦伯文化出版公司 2004 年再版,法律出版社 2023 年第 7 版

续表

15	美国法律发达史（主编）	上海人民出版社 1998 年版
16	华洋诉讼判决录（点校）	中国政法大学出版社 1998 年第 1 版、2004 年第 2 版
17	法律文化史论	法律出版社 1998 年版
18	英国法律发达史（主编）	法律出版社 1999 年第 1 版，台湾韦伯文化出版公司 2004 年再版
19	日本法律发达史（合著）	上海人民出版社 1999 年版
20	外国法制史（教学参考书）（主编）	法律出版社 1999 年版
21	外国法制史（主编）	北京大学出版社 1999 年版
22	中华人民共和国民法史（双主编）	复旦大学出版社 1999 年版
23	民商法新论（双主编）	复旦大学出版社 1999 年版
24	外国民商法导论（双主编）	复旦大学出版社 2000 年第 1 版，2004 年第 2 版，2007 年第 3 版
25	中国法学史（初版两卷，修订版三卷）	法律出版社 2000 年第 1 版，台湾韦伯文化出版公司 2004 年再版，法律出版社 2006 年修订
26	德国法律发达史（主编）	法律出版社 2000 年第 1 版，台湾韦伯文化出版公司 2004 年再版
27	法国法律发达史（主编）	法律出版社 2001 年第 1 版，台湾韦伯文化出版公司 2004 年再版
28	外国法律制度史（合著）	上海教育出版社 2001 年版
29	二十世纪百位法律家（主编）	法律出版社 2001 年第 1 版，台湾韦伯文化出版公司 2004 年再版
30	法律篇（译著）	上海人民出版社 2001 年版，商务印书馆 2016 年修订版
31	法的移植与法的本土化（主编）	法律出版社 2001 年版，商务印书馆 2010 年修订版
32	东南亚七国法律发达史（双主编）	法律出版社 2002 年版，台湾韦伯文化出版公司 2004 年再版
33	西方法学家列传（主编）	中国政法大学出版社 2002 年版
34	西方法学名著精萃（主编）	中国政法大学出版社 2002 年版
35	20 世纪外国经济法前沿（主编）	法律出版社 2002 年版
36	外国法制史（双主编）	复旦大学出版社 2002 年版
37	万国公法（点校）	中国政法大学出版社 2003 年版

续表

38	西方法学流派撮要（主编）	中国政法大学出版社 2003 年版
39	20 世纪日本法学	商务印书馆 2003 年版
40	外国法与中国法（合著）	中国政法大学出版社 2003 年版
41	新中国民法典草案总览（上、中、下）（合编）	法律出版社 2003 年版
42	现代中国的纠纷与法（合译著）	法律出版社 2003 年版
43	20 世纪外国诉讼制度的变革（主编）	法律出版社 2003 年版
44	外国法律史研究（主编）	中国政法大学出版社 2004 年版
45	丘汉平法学文集（合编）	中国政法大学出版社 2004 年版
46	法律文化史谭	商务印书馆 2004 年版
47	律学考（编）	商务印书馆 2004 年版
48	20 世纪外国民商法的变革（主编）	法律出版社 2004 年版
49	法律史研究（第一辑）（双主编）	中国方正出版社 2004 年版
50	法律文化史研究（第一卷）（主编）	商务印书馆 2004 年版
51	澳大利亚法律发达史（主编）	法律出版社 2004 年版
52	世界法系概览（上下册,合译著）	上海人民出版社 2004 年版
53	西方法律思想史（主编）	复旦大学出版社 2005 年初版, 2009 年再版
54	法律文化史研究（第二卷)(主编)	商务印书馆 2005 年版
55	20 世纪西方宪政的发展及其变革（主编）	法律出版社 2005 年版
56	法律史研究（第二辑）（双主编）	中国方正出版社 2005 年版
57	董康法学文集（合编）	中国政法大学出版社 2005 年版
58	东京审判（合著）	中国方正出版社 2005 年版
59	法治的追求（合著）	北京大学出版社 2005 年版
60	战争与和平法（合译著）	上海人民出版社 2005 年版
61	纽伦堡审判（合著）	中国方正出版社 2006 年版
62	外国法学经典解读（主编）	上海教育出版社 2006 年版
63	法律史研究（第三辑）（双主编）	中国方正出版社 2004 年版

续表

64	20世纪外国刑事法律的理论与实践(主编)	法律出版社 2006 年版
65	西方宪法史(双主编)	北京大学出版社 2006 年版
66	西方刑法史(双主编)	北京大学出版社 2006 年版
67	西方民法史(双主编)	北京大学出版社 2006 年版
68	西方法律史(双主编)	法律出版社 2006 年版
69	外国法制史(第四版,主编)	法律出版社 2006 年版
70	非洲法律发达史(双主编)	法律出版社 2006 年版
71	意大利法律发达史(双主编)	法律出版社 2006 年版
72	赵琛法学论著选(合编)	中国政法大学出版社 2006 年版
73	外国法与比较法研究(第一卷)(主编)	商务印书馆 2006 年版
74	西方商法史(双主编)	北京大学出版社 2007 年版
75	外国法与比较法研究(第二卷)(主编)	商务印书馆 2007 年版
76	西方法学名著述评(主编)	武汉大学出版社 2007 年版
77	法律文化史研究(第三卷)(主编)	商务印书馆 2007 年版
78	多元的法律文化(主编)	法律出版社 2007 年版
79	外国法制史(主编)	清华大学出版社 2008 年版
80	法律移植论(合著)	北京大学出版社 2008 年版
81	法治境界的探求(主编)	上海人民出版社 2008 年版
82	混合的法律文化(主编)	法律出版社 2008 年版
83	法律名词的起源(上下册)(合著)	北京大学出版社 2009 年版
84	破万卷书——享受法律思想的智慧(主编)	清华大学出版社 2009 年版
85	行万里路——探寻法律成长的足迹(合著)	清华大学出版社 2009 年版
86	社会主义法律体系研究(1949—2009)(主编)	法律出版社 2009 年版
87	驳案汇编(点校,主编)	法律出版社 2009 年版
88	刑部比照加减成案(点校,主编)	法律出版社 2009 年版
89	辉煌六十年:法治建设与法学(主编)	上海人民出版社 2009 年版

续表

90	法律、社会与思想（合著）	法律出版社 2009 年版
91	法律文化史研究（第四卷）（主编）	商务印书馆 2009 年版
92	检察制度史（主编）	人民检察出版社 2009 年版
93	西方法律思想史（合著）	科学出版社 2010 年版
94	外国法制史（合著）	复旦大学出版社 2010 年版
95	西方法学史读本（编著）	上海交通大学出版社 2010 年版
96	中国法学家访谈录　第一卷（主编）	北京大学出版社 2010 年版
97	西方法律思想史（编著）	科学出版社 2010 年版
98	法律文化三人谈（合著）	北京大学出版社 2010 年版
99	大陆法系及其对中国的影响（主编）	法律出版社 2010 年版
100	拉丁美洲法律发达史（双主编）	法律出版社 2010 年版
101	新编外国法制史（合编）	中国政法大学出版社 2010 年版
102	现代西方的政党、民主与法治（主编）	法律出版社 2010 年版
103	中国法学家访谈录　第 2 卷（主编）	北京大学出版社 2010 年版
104	外国法制史　第 5 版（主编）	法律出版社 2011 年版
105	新中国犯罪学研究　第 1 卷 1981—1990（主编）	法律出版社 2011 年版
106	新中国犯罪学研究　第 1 卷、第 2—3 卷　上下（主编）	法律出版社 2011 年版
107	比较法学史	法律出版社 2011 年版
108	英国租界时期威海卫法律制度研究（主编）	法律出版社 2011 年版
109	曲折　磨难　追求:首届中国法学名家论坛学术论文集　上册（主编）	北京大学出版社 2011 年版
110	外国法制史（合著）	复旦大学出版社 2011 年再版
111	法律文化史研究　第 5 卷（主编）	商务印书馆 2011 年版
112	法与宗教的历史变迁（主编）	法律出版社 2011 年版
113	外国法制史研究　法的移植与法的本土化（主编）	商务印书馆 2012 年版

续表

114	法律人生　随笔集	商务印书馆 2012 年版
115	中国法学史纲	商务印书馆 2012 年版
116	公法与私法的互动（主编）	法律出版社 2012 年版
117	法学的历史　第 1 卷　1956年—1957 年（主编）	法律出版社 2012 年版
118	中国法学家访谈录　第 6 卷（主编）	北京大学出版社 2013 年版
119	外国法制史研究　第 15 卷 2012 年　超国家法的历史变迁（主编）	法律出版社 2013 年版
120	中国法学家访谈录　第 3 卷（主编）	北京大学出版社 2013 年版
121	中国法学家访谈录　第 4 卷（主编）	北京大学出版社 2013 年版
122	战争与和平法（译著）	上海人民出版社 2013 年修订版、2017 年修订再版
123	中国法学家访谈录　第 5 卷（主编）	北京大学出版社 2013 年版
124	犯罪研究论坛　第 1 辑（主编）	上海人民出版社 2013 年版
125	法律发达史　第 2 版（译著）	中国政法大学出版社 2014 年版
126	法的移植与法的本土化（主编）	商务印书馆 2014 年版
127	外国法制史研究　第 16 卷 2013 年大学的兴起与法律教育（主编）	法律出版社 2014 年版
128	大陆法系与西方法治文明	北京大学出版社 2014 年版
129	文化正义论丛　第 1 辑（主编）	浙江大学出版社 2014 年版
130	中国法学家访谈录　第 7 卷（主编）	北京大学出版社 2014 年版
131	中国法学家访谈录　第 8 卷（主编）	北京大学出版社 2014 年版
132	中国法学家访谈录　第 9 卷（主编）	北京大学出版社 2014 年版
133	中国法学家访谈录　第 10 卷（主编）	北京大学出版社 2014 年版
134	中世纪欧洲世俗法（主编）	商务印书馆 2014 年版

续表

135	法律文明史 第3卷 古代远东法（主编）	商务印书馆 2015 年版
136	外国民商法（合著）	复旦大学出版社 2015 年版
137	文化正义论丛 第2辑（主编）	浙江大学出版社 2015 年版
138	文化正义论丛 第3辑（主编）	浙江大学出版社 2015 年版
139	大陆法系 上下（合著）	商务印书馆 2015 年版
140	外国法制史研究 第17卷 2014年 罗马法与现代世界（主编）	法律出版社 2015 年版
141	纽伦堡审判 对德国法西斯的法律清算（合著）	商务印书馆 2015 年版
142	"清末民国法律史料丛刊"辑要（主编）	上海人民出版社 2015 年版
143	法律翻译与法律移植（主编）	法律出版社 2015 年版
144	东京审判:正义与邪恶之法律较量（合著）	商务印书馆 2015 年版、2016 年再版
145	"清末民国法律史料丛刊"辑要（主编）	上海人民出版社 2015 年版
149	法治队伍建设与人才培养（合著）	上海人民出版社 2016 年版
150	法治社会	社会科学文献出版社 2016 年版
151	外国法制史研究 大宪章 800 年 2015 年 第18卷（主编）	法律出版社 2016 年版
152	民法典编纂论（主编）	商务印书馆 2016 年版
153	外国法制史研究 第19卷 2016 年民法典编纂的域外资源（主编）	法律出版社 2017 年版
154	法治的启蒙	法律出版社 2017 年版
155	法律文明史 第12卷 上下 近代亚非拉地区法 亚洲法分册（主编）	商务印书馆 2017 年版
156	现代公法的变革（主编）	商务印书馆 2017 年版
157	孤寂的辉煌 外法史学人随笔（主编）	商务印书馆 2017 年版

158	新中国民法典草案总览 下卷（主编）	北京大学出版社 2017 年版
159	世界上伟大的法学家（合译著）	上海人民出版社 2017 年版
160	法律文明史研究 创刊号 第 1 辑（主编）	科学出版社 2018 年版
161	外国法制史研究 第 20 卷 法律·贸易·文化（主编）	法律出版社 2018 年版
162	法律文明史 第 7 卷 中华法系（主编）	商务印书馆 2019 年版
163	外国法制史研究 第 21 卷 法律文明的起源和变迁——以五大古文明为中心（主编）	法律出版社 2019 年版
164	法律文明史:第 12 卷,中,近代亚非拉地区法（主编）	商务印书馆 2019 年版
165	外国法制史研究 第 22 卷 近代宪法文明的起源和变迁（主编）	法律出版社 2020 年版
166	法学经典漫笔:46 本法学名著精要（主编）	中国法制出版社 2020 年版
167	法学沉思录:14 个法学流派撮要（主编）	中国法制出版社 2020 年版
168	法学群星闪耀时:50 位外国法学家的故事（主编）	中国法制出版社 2020 年版
169	法律文明史 第 15 卷 社会法（主编）	商务印书馆 2020 年版
170	六法解釋判例彙編 影印版（副主编）	上海人民出版社 2020 年版
171	中華法學家訪談錄（双主编）	元照出版公司 2020 年版
172	新中国民法典草案总览（增订本）续编（主编）	北京大学出版社 2020 年版
173	上海律師公會報告書.第一卷,民國十年.影印本（副主编）	上海人民出版社 2021 年版
174	法治求索	上海人民出版社 2021 年版
175	外国法制史研究 第 23 卷（主编）	法律出版社 2021 年版
176	法律文明史 第 8 卷 英美法系（主编）	商务印书馆 2021 年版

续表

177	六法判解理由汇编 第一卷 宪法(副主编)	上海人民出版社 2022 年版
178	罗马法与欧洲法(合著)	人民出版社 2022 年版
179	风雨不惑:华东政法大学法律史研究生教育 40 年纪念文集(主编)	法律出版社 2022 年版
180	外国法制史研究 第 24 卷 第 1 辑(主编)	法律出版社 2022 年版
181	中华法系之精神(合著)	上海人民出版社 2022 年版
182	西方法学史纲(第四版)	商务印书馆 2022 年版
183	华政的故事:共和国法治建设的一个侧影	商务印书馆 2022 年版
184	外国法制史 第七版(主编)	法律出版社 2023 年版
185	外国法制史研究 第 24 卷 第 2 辑(主编)	法律出版社 2023 年版

(二)论文

序号	论文名及著述方式	发表信息
1	试析买卖婚姻(合著)	《法学研究》1980 年第 2 期
2	唐律债法初探	《江海学刊》1984 年第 4 期
3	日本的行政体制改革	《中国法制报》1986 年 12 月 22 日
4	行政法在西方社会中的作用	《世界经济导报》1987 年 7 月 27 日
5	重视法学新学科建设	《法学》1987 年第 2 期
6	论日本的健康保险制度	《法制建设》1987 年第 1 期
7	论战后日本恢复和发展经济的法律措施	《国外法学》1987 年第 1 期
8	外国法教学和研究的现状及改革意见	《法学季刊》1987 年第 3 期
9	略论罗马法形成和发展的特点	《河北法学》1987 年第 6 期
10	法律教育学试探(合著)	《中南政法学院学报》1987 年第 4 期
11	论外国法制史学的研究方法	《社会科学》1988 年第 3 期
12	试论伊斯兰法形成和发展的特点	《法律学习与研究》1988 年第 3 期
13	论德国民法典	《华东政法学院法学硕士论文选》,上海社会科学院出版社 1988 年版

14	论社会主义初级阶段法制建设中的补课问题	《中南政法学院学报》1988 年增刊号
15	法人犯罪比较研究	《世界法学》1989 年第 4 期
16	论日本的行政立法及其对我国的借鉴意义	《世界法学》1989 年第 5 期
17	新中国外国法制史学的回顾与展望	《法学》1989 年第 8 期
18	当代中国法学新思潮述评	《社会科学》1989 年第 12 期
19	论战后日本法律文化研究的现状与特征	《中外法学》1989 年第 6 期
20	批判借鉴外国的廉政经验	《法学》1990 年第 1 期
21	战后日本法哲学的发展与特点	《法学》1990 年第 9 期
22	当代日本刑法学的发展与特点	《法学研究》1990 年第 4 期
23	二次战后日本民事诉讼法学的发展	《河北法学》1990 年第 5 期
24	当代日本法史学的发展与特点	《中南政法学院学报》1990 年第 2 期
25	当代日本比较法学的发展与特点	《社会科学》1990 年第 5 期
26	论希伯来法	《外国法制史论文集》,中山大学出版社1990 年版
27	立法超前——法律运行的规律之一	《法学》1991 年第 4 期
28	"司法超前"与判例创制	《法学》1991 年第 5 期
29	日本国际经济法学的发展与特点	《法学评论》1991 年第 1 期
30	日本商法学的历史与现状	《法律科学》1991 年第 1 期
31	战后日本法社会学的发展及其特征	《中外法学》1991 年第 2 期
32	当代日本民法学的发展与特点	《法律学习与研究》1991 年第 2 期
33	日本宪法的发展及其战后特点	《法治论丛》1991 年第 4 期
34	日本行政法学的发展与特点	《河北法学》1991 年第 5 期
35	石井紫郎与日本传统法律文化研究	《中南政法学院学报》1991 年第 2 期
36	大木雅夫与日本比较法律文化研究	《法律科学》1992 年第 1 期

续表

37	川岛武宜与日本当代法律文化研究	《中外法学》1992 年第 4 期
38	行政诉讼的比较法透视	《社会科学》1991 年第 10 期
39	中日法律文化近代化之若干比较（合著）	《中国法学》1992 年第 2 期
40	《河北法学》创刊十周年笔谈录（合著）	《河北法学》1992 年第 2 期
41	关于远东法观念的误解（译文）	陈鹏生主编：《儒学与法律文化》，复旦大学出版社 1992 年版
42	中国传统法文化的特征（译文）	陈鹏生主编：《儒学与法律文化》，复旦大学出版社 1992 年版
43	儒学法文化对日本的影响（译文）	陈鹏生主编：《儒学与法律文化》，复旦大学出版社 1992 年版
44	当代日本经济法学的发展与特点	《中南政法学院学报》1992 年第 2 期
45	中国古代伦理法观念的渊源及其流变——兼与西方宗教伦理法观念的比较	《法学》1992 年第 3 期
46	中国古代等级法观念的渊源及其流变——兼评西方法的等级观和平等观	《法学》1992 年第 9 期
47	法律伦理学体系总论	《中州学刊》1993 年第 3 期
48	新中国人权与法制研究的历史、现状及前瞻	《改革与法制》，天津社会科学出版社 1995 年版
49	法律秩序的模式及其历史选择	《中南政法学院学报》1993 年第 4 期
50	泛讼与厌讼的历史考察	《法律科学》1993 年第 3 期
51	战后西方比较法学的发展	《上海法学研究》1993 年第 4 期
52	日本法文化现代化的特点及其启示	《南京社会科学》1993 年第 1 期
53	罗马法研究的新突破——评冯卓慧《罗马私法进化论》	《法学》1994 年第 5 期
54	《论语》与中国亲子法文化	陈鹏生主编：《〈论语〉的现代法文化价值》，上海交通大学出版社 1995 年版
55	法学家的历史使命	《法学》1995 年第 1 期

56	法国行政法学的形成、发展与特点	《比较法研究》1995 年第 2 期
57	艾斯曼宪法思想述略	《政治与法律》1995 年第 4 期
58	马尔佩与法国实证主义宪法学	《中央政法管理干部学院学报》1995 年第 4 期
59	耶林法哲学理论述评	《法学》1995 年第 9 期
60	十九世纪法国注释法学派述评	《南京大学法律评论》1995 年秋季号
61	中世纪西欧注释法学派述评	《法律科学》1995 年第 5 期
62	法律史研究需要方法论的变革	《政治与法律》1995 年第 5 期
63	近代德国私法学家祁克述评	《法商研究》1995 年第 6 期
64	朴蒂埃与《法国民法典》	《外国法译评》1996 年第 1 期
65	试论儒学对日本古代法文化的影响(中、日文)	陈鹏生主编:《儒家的义利观与市场经济》,上海社会科学院出版社 1996 年 5 月版
66	历史法学派述评	《法制与社会发展》1996 年第 2 期
67	法国人文主义法学派述评	《中国法学》1996 年第 4 期
68	近代民法学之父萨维尼述评	《法学家》1996 年第 2 期
69	西语"法学"一词的起源及其流变	《法学》1996 年第 3 期
70	埃利希与西方法社会学的诞生	《现代法学》1996 年第 3 期
71	略论斯多噶学派的自然法思想	《黑龙江省政法管理干部学院学报》1996 年第 2 期
72	法的国际化与本土化	《长白论丛》1996 年第 4 期。《新华文摘》全文转载
73	布莱克斯通与英美法律文化的近代化	《法律科学》1996 年第 6 期
74	中国传统法律文化研究的力作——评武树臣等著《中国传统法律文化》	《政治与法律》1996 年第 4 期
75	中世纪西欧的大学法律教育	《法学评论》1996 年第 6 期
76	中世纪西欧评论法学派述评	《中外法学》1996 年第 5 期
77	古罗马五大法学家小传	《中央政法管理干部学院学报》1996 年第 5 期
78	中世纪英国的著名法学家	《上海法学研究》1996 年第 6 期

续表

79	儒家法思想与中国传统法律文化	《南京大学法律评论》1996 年秋季号
80	汉语"法学"一词的起源及其流变	《中国社会科学》1996 年第 6 期
81	当代日本法哲学的新发展	《法学》1996 年第 6 期
82	法律文化史论	《法学》1996 年第 10 期
83	法学形态考——"中国古代无法学论"质疑	《法学研究》1997 年第 2 期
84	先秦法哲学论考	《法学》1997 年第 6 期
85	《晋书·刑法志》与中国古代法学	《法制现代化研究》(第三卷),南京师范大学出版社 1997 年版
86	《法经》新考	《法学》1998 年第 2 期
87	《华洋诉讼判决录》与近代中国社会	《中外法学》1998 年第 1 期
88	中国古代法学的死亡与再生——关于中国法学近代化的一点思考	《法学研究》1998 年第 2 期
89	中国古代法学世界观初探	《法学家》1998 年第 6 期
90	秦汉时期的判例法研究及其特点	《法商研究》1998 年第 5 期
91	他山之石　可以攻玉	《南京大学法律评论》1998 年第 2 期
92	法家法治理论评析——兼与西方比较	郑永流主编:《法哲学与法社会学论丛》(第一卷),中国政法大学出版社 1998 年版
93	穗积陈重与他的著作	穗积陈重:《法律进化论》,中国政法大学出版社 1998 年点校版
94	法家法治理论评析	《华东政法大学学报》1999 年第 1 期
95	法学近代化论考	《政治与法律》1999 年第 2 期
96	中国第一部监狱学著作——赵舒翘撰《提牢备考》评述	《法学》1999 年第 7 期
97	中国历史上第一部比较法著作——《唐明律合编》评析	《法学评论》1999 年第 4 期
98	秦汉律学考	《法学研究》1999 年第 5 期
99	先秦经典中的法学思想评述	《河南省政法管理干部学院学报》1999 年第 5 期
100	清代律学的权威之作——评沈之奇著《大清律辑注》	《中国法学》1999 年第 6 期

续表

101	律学传统的继承与创新	《法制日报》1999 年 11 月 7 日
102	外国法制史学的诞生及其发展演变	四川大学《法律评论》1999 年号
103	魏晋时期多元化法学世界观论析	《西南政法大学学报》2000 年第 1 期
104	论宋代中国古代法学的成熟及其学术价值	《法律科学》2000 年第 1 期
105	《读律佩觿》评析	《法商研究》2000 年第 1 期
106	略论世纪之交的法律史学	《法学论坛》2000 年第 1 期
107	简论丘濬的法律思想	《法学论坛》2000 年第 2 期
108	宋代的判例法研究及其法学价值	《华东政法学院学报》2000 年第 1 期
109	明代律学的珍稀作品——评佚名著《律学集议渊海》	《法学》2000 年第 2 期
110	法学与法学史	《南京大学法律评论》2000 年第 2 期
111	唐代律学的创新及其文化价值	《政治与法律》2000 年第 3 期
112	明清案例汇编及其时代特征	《上海社会科学院学术季刊》2000 年第 3 期
113	当代德国的法律教育	《河南省政法管理干部学院学报》2000 年第 4 期
114	试论明代中国法学对周边国家的影响	《比较法研究》2001 年第 1 期
115	清代法律渊源考	《中国社会科学》2001 年第 2 期
116	略论民国时期中国移植国际法的理论与实践	《法商研究》2001 年第 4 期
117	《万国公法》与清末国际法	《法学研究》2001 年第 5 期
118	德国竞争法之百年演变——兼谈对中国竞争法之借鉴意义（合著）	《河南省政法管理干部学院学报》2001 年第 6 期
119	政法干部的培养是我们国家的重要事业——学习董必武关于政法干部培养的思想（合著）	祝铭山、孙琬钟主编：《董必武法学思想研究文集》（第一辑），人民法院出版社 2001 年版
120	依法办事是加强法制的中心环节——学习董必武关于法律实施的理论（合著）	祝铭山、孙琬钟主编：《董必武法学思想研究文集》（第一辑），人民法院出版社 2001 年版

121	政府与国有企业的关系:管理抑或控制——关于中远航运"安庆江"轮南非被扣案法律意见书（合著）	顾功耘主编:《公司法律评论》,上海人民出版社 2001 年版
122	法的移植与法的本土化	《中国法学》2002 年第 3 期
123	关于新中国移植苏联司法制度的反思	《中外法学》2002 年第 3 期
124	鸦片战争前中国法文化对外国的影响	《江海学刊》2002 年第 3 期
125	鸦片战争后外国法对中国的影响	《河南省政法管理干部学院学报》2002 年第 4 期
126	关于法律移植语境中几个概念的分析	《法治论丛》2002 年第 5 期
127	新时期中国移植西方司法制度反思	《法学》2002 年第 9 期
128	从发达国家的法学教育看中国法律硕士的培养（合著）	《学位与研究生教育》2002 年第 12 期
129	日本古代法文化的形成发展及其对近现代法的影响（合著）	《台大历史学报》2002 年 12 月第 30 期
130	传统与近代性之间——《日本民法典》编纂过程与问题研究（合著）	高鸿钧主编:《清华法治论衡》第二辑,清华大学出版社 2002 年版
131	统一司法考试后的法学教育（合著）	《华东政法学院学报》2003 年第 1 期
132	历代刑法志与中国传统法律文化	《河南省政法管理干部学院学报》2003 年第 2 期
133	鲜见的文献　珍贵的史料——《新中国民法典草案总览》序	《法学》2003 年第 2 期
134	杨鸿烈其人其书	《法学论坛》2003 年第 3 期
135	中国近代法律教育与中国近代法学	《法学》2003 年第 12 期
136	董必武司法公正思想探析（合著）	孙琬钟、吴家友、杨瑞广主编:《董必武法学思想研究文集》(第二辑),人民法院出版社 2003 年版
137	中国近代刑事诉讼法学的诞生与成长	《政法论坛》2004 年第 1 期
138	中国近代民商法学的诞生与成长	《法商研究》2004 年第 1 期

139	中国近代民事诉讼法学的诞生与成长	《法律科学》2004 年第 2 期
140	中国近代行政法学的诞生与成长	《政治与法律》2004 年第 2 期
141	中国近代刑法学的诞生与成长	《现代法学》2004 年第 2 期
142	格劳秀斯其人其书(译文)	《华东政法学院学报》2004 年第 2 期
143	程树德与《九朝律考》	《河南省政法管理干部学院学报》2004 年第 3 期
144	传教士与中国近代法学	《法制与社会发展》2004 年第 5 期
145	外国人与中国近代法学	《中外法学》2004 年第 4 期
146	中国近代国际法学的诞生与成长	《法学家》2004 年第 4 期
147	中国近代宪法学的诞生与成长	《当代法学》2004 年第 5 期
148	从宪法到宪政	《法学论坛》2004 年第 4 期
149	法科留学生与中国近代法学	《法学论坛》2004 年第 6 期
150	全面强化犯罪研究以全面建设小康社会——《犯罪学大百科全书》总序	《犯罪研究》2004 年第 5 期
151	《少年刑法与刑法变革》序	《青少年犯罪问题》2004 年第 6 期
152	繁荣犯罪研究 丰富先进文化——《犯罪学大百科全书》之编序	《法学》2004 年第 9 期
153	西方法学观在近代中国的传播	《法学》2004 年第 12 期
154	办好法理学专业高水平的刊物——对《法制与社会发展》的一点希望	《法制与社会发展》2005 年第 1 期
155	中国近代法理学的诞生与成长	《中国法学》2005 年第 3 期
156	论和谐社会的法制保障(合著)	《河南省政法管理干部学院学报》2005 年第 4 期
157	法学家眼中的和谐社会(合著)	《法学》2005 年第 5 期
158	梅汝璈与《远东国际军事法庭》	《法学》2005 年第 7 期
159	新中华法系的诞生?——从三大法系到东亚共同体法(合著)	《法学论坛》2005 年第 4 期
160	事实的乌托邦——法律真实的本源及运行机制的现实考察(合著)	《法学论坛》2005 年第 6 期

续表

161	海事法系的形成与生长（合著）	中华全国律师协会海商海事专业委员会：《中国律师 2005 年海商法研讨会论文集》
162	历史视野中的和谐与法治	《解放日报》2005 年 9 月 26 日
163	董康其人其书	《国家检察官学院学报》2005 年第 2 期
164	东京审判的里程碑意义	《文汇报》2005 年 6 月 19 日
165	东京审判中的中国检察官	《人民日报》2005 年 8 月 9 日
166	50 年代后中国对苏联国际法的移植	《俄罗斯法论丛》，社会科学文献出版社 2006 年版
167	法理学前沿几个基础概念简析	《2004 理念创新咨询专家文集》，上海人民出版社 2006 年版
168	纽伦堡审判与现代国际法的发展（合著）	《江海学刊》2006 年第 4 期
169	关于西方刑法史研究的几个问题	《河北法学》2006 年第 10 期
170	试论东京审判的贡献与局限	《东方法学》2006 年第 1 期
171	比较法在近代中国	《法学研究》2006 年第 6 期
172	繁荣中国法学的几点思考	《法制日报》2006 年 4 月 20 日
173	和谐社会的历史解读	《法制日报》2006 年 11 月 20 日
174	传教士与上海近代法文化	《文汇报》2006 年 4 月 16 日
175	何谓法学的中国化	《政法论坛》2006 年第 2 期
176	The Birth and Growth of Modern Jurisprudence in China	载 Frontiers of Law in China，高等教育出版社 2006 年版
177	关于西方宪法史研究的几点思考	《北方法学》2007 年第 1 期
178	古希腊民商事立法初探——兼论大陆法系的起源问题（合著）	《法学》2007 年第 6 期
179	古埃及商法的演变及其对后世的影响	《河南省政法管理干部学院学报》2007 年第 1 期
180	改革户籍制度，构建和谐社会	《河南政法管理干部学院学报》2007 年第 6 期
181	法制：通往现代文明的必由之路	《法制日报》2007 年 1 月 7 日
182	法学专家的"专业"代表生涯	《上海人大月刊》2007 年第 12 期
183	中国近代知识分子与中国近代法的命运	《江海学刊》2008 年第 1 期

续表

184	西方法学的开山之作——评柏拉图的《法律篇》	《东方法学》2008 年第 1 期
185	法治框架下的亲民政治	《北方法学》2008 年第 1 期
186	中国近代法科知识分子与中国近代学传统	《法理学讲演录》,法律出版社 2008 年版
187	宪政是社会主义应当继承和发展的普世价值	《法学》2008 年第 3 期
188	唐代律学的创新	《古代文化经典选读》,北京大学出版社 2008 年版
189	中国检察制度三十年(合著)	《国家检察官学院学报》2008 年第 4 期
190	改革开放 30 年与中国的法治建设	《法学》2008 年第 11 期
191	《成文法典传统》等八篇	《法制日报》2008 年 7 月至 10 月连载
192	北大法律系 77 级:我们永远的精神家园(共 17 篇)	《法制日报》2008 年 12 月至 2009 年 4 月连载
193	"六法全书"的废除与群众观点的确立——浅论新中国成立前后董必武司法为民思想(合著)	孙琬钟、应勇主编:《董必武法学思想研究文集》(第七辑),人民法院出版社 2008 年版
194	日本古代法文化的形成发展及其对近现代法的影响	载高明士:《东亚文化圈的形成与发展:政法法制篇》,华东师范大学出版社 2008 年版
195	回顾与反思:展望 2009 年中国法学研究	《学术月刊》2009 年第 1 期
196	应当更加关注法学史研究	《法学研究》2009 年第 2 期
197	论新中国法和法学的起步——以"废除国民党六法全书"与"司法改革运动"为线索	《中国法学》2009 年第 4 期
198	关于生育权和人权的思考	《法学杂志》2009 年第 8 期
199	法学家与新中国法学的进步	《中国社会科学报》2009 年 7 月 1 日创刊号
200	《废除国民党六法全书》等 13 篇	《新民晚报》2009 年 7 月至 11 月连载
201	百年回望日本法——评《新译日本法规大全》	《中国社会科学报》2009 年 9 月 1 日
202	让社会主义法治深入人心	《检察日报》2009 年 9 月 5 日
203	全球化视野下的中国基础法学研究	《中国社会科学报》2009 年 11 月 3 日

续表

204	新中国 60 年法律人群英谱	《中国法律》2009 年第 6 期
205	新中国法学群英谱(60 篇,合著)	《新民晚报》2009 年 11 月 29 日起连载
206	中国检察制度六十年(合著)	《人民检察》2009 年第 19 期
207	法治发展道路中的普遍性和特殊性	《法制与社会发展》2009 年第 6 期
208	中西法律文化的辛勤耕耘者——访我国法律史学家、华东政法大学教授何勤华	《社会科学家》2010 年第 1 期
209	法学家的人格	《法制资讯》2011 年第 04 期
210	能动司法:反思与超越	《浙江工商大学学报》2011 年第 03 期
211	新形势下人民法院在提升法律体系的品质、维护法制权威中的作用	《人民法院报》2011 年第 3 期
212	新中国外国法制史学 60 年	《河南省政法管理干部学院学报》2011 年第 4 期
213	淡泊名利 甘当人梯——王召棠老师二三事	《法制资讯》2011 年第 07 期
214	法的国际化与本土化:以中国近代移植外国法实践为中心的思考	《中国法学》2011 年第 04 期
215	新形势下人民法院在提升法律体系的品质、维护法制权威中的作用	《法学》2011 年第 08 期
216	弘扬法律史的精神	《法制日报》2011 年第 9 期
217	人民检察制度是中国人民在法治领域的伟大创举	《检察日报》2011 年第 1 期
218	检察制度的诞生与民主法治的进步	《人民检察》2011 年第 20 期
219	比较法学史刍议	《东南大学学报(哲学社会科学版)》2011 年第 06 期
220	解放思想是法学进步的原动力——为《法学》复刊 30 周年而作	《法学》2011 年第 11 期
221	见证新中国犯罪学理论研究的丰硕成果	《犯罪研究》2011 年第 06 期
222	关于实施卓越法律人才计划的思考	《法学教育研究》2012 年第 1 期

223	西方检察权发展简论	《人民检察》2012 年第 11 期
224	深化法院文化建设推进中国特色社会主义法治建设事业	《法学》2012 年第 11 期
225	全面提升法科大学的社会职能	《法制资讯》2012 年第 11 期
226	"法治"的翻译、移植和本土化	《检察日报》2012 年第 2 期
227	《万国公法》:中国近代法律翻译的第一次完整实践	《中国社会科学报》2013 年第 7 期
228	大陆法系变迁考	《现代法学》2013 年第 1 期
229	推进协同创新,提高法学人才培养质量的几点思考	《法学教育研究》2013 年第 1 期
230	法学观念本土化考 从新中国60 余年立宪史之视角	《中外法学》2013 年第 2 期
231	新中国法学发展规律考	《中国法学》2013 年第 03 期
232	建立质量保障体系 提高卓越法律人才培养质量	《中国高等教育》2013 年第 12 期
233	弘扬朝阳大学的学术品质——以学者与作品为中心	《朝阳法律评论》2012 年第 02 期
234	关于大陆法系研究的几个问题	《法律科学(西北政法大学学报)》2013 年第 4 期
235	完善生态文明建设中的法律保障体系	《中国社会科学报》2013 年第 7 期
236	生态文明与生态法律文明建设论纲	《山东社会科学》2013 年第 11 期
237	论中国共产党人的宪法观念与实践历程	《人民论坛·学术前沿》2013 年第 15 期
238	为实现祖国的"法治梦"而努力	《中国组织人事报》2013 年第 4 期
239	兴趣是学术道路的出发点	《中国社会科学报》2013 年第 6 期
240	司法:"法治中国"的关键环节	《解放日报》2013 年第 5 期
241	《汉穆拉比法典》与古巴比伦	《检察风云》2014 年第 02 期
242	法治国家建设战略的全面升级与关键性突破	《环球法律评论》2014 年第 1 期
243	开展卓越法律人才培养 促进法学专业改革	《法学教育研究》2014 年第 1 期
244	当代法学观的变迁	《法制现代化研究》2013 年第 00 期

245	摩西十戒与希伯来法	《检察风云》2014 年第 04 期
246	推进法治中国建设中的法律人才培养	《中国高等教育》2014 年第 Z1 期
247	《十二表法》：古罗马第一部成文法	《检察风云》2014 年第 06 期
248	法律翻译在中国近代的第一次完整实践——以 1864 年《万国公法》的翻译为中心	《比较法研究》2014 年第 02 期
249	中国法学教育向何处去（合著）	《中国法律评论》2014 年第 03 期
250	区域法治文化初探（合著）	《扬州大学学报（人文社会科学版）》2014 年第 5 期
251	中国法治建设将丰富和发展人类法治文明（合著）	《中国社会科学报》2014 年 10 月 31 日
252	中国特色法治建设"特"在何处	《解放日报》2014 年第 5 期
253	依法治国理论的新拓展	《中国高校社会科学》2014 年第 6 期
254	宗教法变迁考	《法制与社会发展》2014 年第 6 期
255	现代国家政治文明的根基与灵魂——论建设社会主义法治国家的根本战略意义	《人民论坛·学术前沿》2014 年第 22 期
256	宗教法研究的述论	《学术月刊》2014 年第 11 期
257	法律文明：互动与变迁——何勤华教授访谈	《学术月刊》2014 年第 11 期
258	宗教法本质考	《法学》2014 年第 11 期
259	依宪治国是依法治国的升级版	《中国教育报》2014 年第 6 期
260	法治与王权的博弈：布雷克顿的实践（合著）	《政治与法律》2014 年第 12 期
261	法治是人类法律文明进步的结晶	《人民法院报》2014 年第 5 期
262	新中国法治话语的变迁	《人民法治》2015 年第 01 期
263	海峡两岸罪犯移管制度探索	《江海学刊》2015 年第 01 期
264	深化法学教育改革　培养法治人才	《探索与争鸣》2015 年第 01 期
265	打造高端法律人才培养的江南重镇	《文汇报》2015 年第 5 期
266	走进法律历史的深处	《人民日报》2015 年第 16 期

267	中世纪英格兰的巡回审判:背景、制度以及变迁——兼论我国巡回审判制度的构建(合著)	《法律科学(西北政法大学学报)》2015年第16期
268	全面推进依法治国视野下的法学教育改革	《中国高等教育》2015年第06期
269	知易行难:欧美法治历程中的若干实践	《经济社会史评论》2015年第02期
270	论中国特色社会主义法治道路	《法制与社会发展》2015年第3期
271	全面推进依法治国是中华民族对人类法律文明的继承和发扬光大	《民主与法制时报》2015年第8期
272	责任高于梦想	《法制日报》2015年第10期
273	论刑事辩护制度的起源(合著)	《现代法学》2015年第4期
274	完善职业保障制度是司改成功的关键	《上海法治报》2015年第5期
275	司法公正:中华司法文明的核心价值	《上海法治报》2015年8月19日
276	东吴大学法学院的英美法学教育(合著)	《苏州大学学报(法学版)》2015年第3期
277	东京审判的诘问与反思	《人民法院报》2015年9月3日
278	海峡两岸四地　共铸中华司法文明	《法制与社会发展》2015年第5期
279	关于东京审判的历史反思——以东京审判对现代国际法的贡献为中心	《政治与法律》2015年第11期
280	寻找法律文明的中世纪欧洲之源	《社会科学报》2015年第8期
281	中国传统法文化中良善公正之规定及其实践	《中国法律评论》2016年第01期
282	司法改革的制度设计	《人民法院报》2016年第8期
283	中国近代行政法制的转型——以夏同龢《行政法》的开创性贡献为中心(合著)	《贵州大学学报(社会科学版)》2016年第1期
284	立法史上最完整的成文法典	《法制日报》2016年第10期
285	法治是一个艰辛的历程	《行政法论丛》2015年第00期
286	佛教法文化的变迁及其当代价值(合著)	《上海师范大学学报(哲学社会科学版)》2016年第3期

续表

287	初步建成法治社会：全面小康的重要标志（合著）	《人民论坛·学术前沿》2016 年第 18 期
288	推进法官职业保障是全社会共同责任（合著）	《人民法院报》2016 年 3 月 30 日
289	正义的胜利	《法制日报》2016 年第 10 期
290	纽伦堡审判（上期）	《法制日报》2016 年第 10 期
291	纽伦堡审判（下期）	《法制日报》2016 第 10 期
292	比较法的早期史	《比较法研究》2016 年第 6 期
293	发掘传承中国传统文化资源	《人民法院报》2017 年第 5 期
294	法制现代化研究与当代中国法学（1986—2016 年）——一个学说史的考察（合著）	《法治现代化研究》2017 年第 5 期
295	《大宪章》成因考（合著）	《法学家》2017 年第 1 期
296	发掘民法总则有效实施的本土资源	《人民法院报》2017 年第 5 期
297	采古人智慧　促生态文明	《人民法院报》2017 年第 5 期
298	以古代中国与日本为中心的中华法系之律家考	《中国法学》2017 年第 5 期
299	英国大学法学教育国际化的起源及其流变（合著）	《法制与社会发展》2017 年第 6 期
300	英国法社会学研究 70 年——以"社会—法律"研究的变迁为重点（合著）	《法学》2017 年第 12 期
301	中华法系之法律教育考——以古代中国的律学教育与日本的明法科为中心（合著）	《法律科学（西北政法大学学报）》2018 年第 1 期
302	谈全面依法治国之四题	《现代法学》2018 年第 1 期
303	中华法系之法律学术考——以古代中国的律学与日本的明法道为中心	《中外法学》2018 年第 1 期
304	弘扬传统法律文化　建设现代法治国家	《中国法律评论》2018 年第 1 期
305	弘扬中华法系之律家精神	《检察日报》2018 年第 3 期
306	充满激情的孙国华老师——谨以小文悼念孙老师仙逝	《朝阳法律评论》2017 年第 1 期

307	我国生态环境保护诉讼的历史演进及评析——以 2006 年—2016 年相关案件为线索(合著)	《上海政法学院学报(法治论丛)》2018 年第 3 期
308	法制成为法治:宪法修改推进社会主义法治建设(合著)	《山东社会科学》2018 年第 7 期
309	保护网络权优位于网络安全——以网络权利的构建为核心(合著)	《政治与法律》2018 年第 7 期
310	改革开放四十年与外国法制史的成长(合著)	《法学》2018 年第 7 期
311	论中国特色社会主义法治道路——何勤华教授访谈(合著)	《法律与伦理》2018 年第 2 期
312	中华法系盛衰考(合著)	《江海学刊》2018 年第 05 期
313	晚近俄罗斯法治的新发展(2006—2016)(合著)	《学术界》2018 年第 09 期
314	改革开放 40 年来我国民族区域自治法治的发展与完善(合著)	《新疆社会科学》2018 年第 05 期
315	人民检察制度的发展历程(合著)	《人民检察》2018 年第 20 期
316	法律文明的内涵及其历史解读	《法商研究》2018 年第 6 期
317	中国古代孝文化的法律支撑及当代传承(合著)	《华东政法大学学报》2018 年第 6 期
318	改革开放 40 年中国法学教育成长的反思	《法学教育研究》2018 年第 4 期
319	关于文明与文化的几点思考	何勤华主编:《外国法制史研究(第 21 卷):法律文明的起源和变迁——以五大古文明为中心》,法律出版社 2019 年版
320	"文明"考	《政法论坛》2019 年第 1 期
321	法律文明的起源——一个历史学、考古学、人类学和法学的跨学科研究	《现代法学》2019 年第 1 期
322	私法史中的法理——古代美索不达米亚法典中的法的正义思想	《中国法律评论》2019 年第 03 期
323	中国特色社会主义法学体系的发展历程	《中国社会科学报》2019 年第 7 期

324	19 世纪美国检法关系考——兼论国家治理体系中检察机关之定位(合著)	《河南师范大学学报(哲学社会科学版)》2019 年第 4 期
325	新中国刑事立法的进步和发展——纪念 1979 年刑法颁布 40 周年(合著)	《犯罪研究》2019 年第 04 期
326	摩西考(合著)	《浙江社会科学》2019 年第 09 期
327	21 世纪澳大利亚法社会学研究的新发展——以帕特·奥马利的学说为中心(合著)	《师大法学》2018 年第 02 期
328	新中国外国法制史研究 70 年——以学术热点的探索与争鸣为中心(合著)	《探索与争鸣》2019 年第 10 期
329	检察机关法律监督活动的历史考察及其启示——以御史制度中的监督职责为线索(合著)	《人民检察》2019 年第 Z1 期
330	罗马法复兴对《法国民法典》之诞生与演进的影响(合著)	《学术界》2019 年第 11 期
331	张晋藩先生学术之树常青	《中国检察官》2020 年第 01 期
332	行政和司法衔接视域下长江环境替代性修复方式研究——以美国替代环境项目为镜鉴(合著)	《法治研究》2020 年第 02 期
333	我国民法典编纂与德国法律文明的借鉴——中国继受 1900 年《德国民法典》120 年考略(合著)	《法学》2020 年第 05 期
334	美国毒品规制中非裔人群再犯罪的闭合困境——从"毒品战争"到"非裔人群的监狱"(合著)	《世界经济与政治论坛》2020 年第 05 期
335	华东政法大学与复旦大学法学院的历史渊源	《复旦大学法律评论》2020 年第 2 期
336	晚近 20 年英美法理学发展评析——以夏皮罗等人的实践差异命题、法律规划理论为中心(合著)	《法治现代化研究》2020 年第 6 期
337	生态文明的本土建构与域外借鉴——以我国生态文明入宪和法国《环境宪章》为视角(合著)	《人民检察》2021 年第 4 期

338	新中国人民司法思想的发端与成长——董必武人民司法思想的再探讨(合著)	《犯罪研究》2021 年第 2 期
339	弘扬中华法律文化,共铸世界法律文明(合著)	《政治与法律》2021 年第 5 期
340	法治:中国共产党人百年奋斗的抉择与使命(合著)	《人民论坛·学术前沿》2021 年第 11 期
341	法治体系的历史考察及当代借鉴(合著)	《湖州师范学院学报》2021 年第 7 期
342	近代启蒙思想家的法治梦	《浙江社会科学》2021 年第 9 期
343	晚近 20 年英国毒品犯罪治理机制的发展与完善(合著)	《河南警察学院学报》2021 年第 5 期
344	法典化的早期史	《东方法学》2021 年第 6 期
345	民族智慧的叠加:唐代中华法律文化的辉煌(合著)	《法学论坛》2022 年第 1 期
346	习近平关于传承人类法律文明之思想解读(合著)	《学术界》2022 年第 1 期
347	民本思想在新时代检察工作中的体现与运用(合著)	《人民检察》2022 年第 6 期
348	中国共产党领导下的中国生态法治之路考略(合著)	《荆楚法学》2022 年第 3 期
349	百年法治路,辉煌中国梦	《中国司法》2022 年第 7 期
350	"明德慎罚"因因相袭基因考(合著)	《华东政法大学学报》2022 年第 4 期
351	"公序良俗"起源考(合著)	《南大法学》2022 年第 4 期
352	老年人权益法治保障的创新与实践——以应对诈骗伤害为中心(合著)	《南通大学学报(社会科学版)》2022 年第 5 期
353	从"民惟邦本"到"以人民为中心"——中国传统"民本"理念的法理设定及当代传承(合著)	《学术月刊》2022 年第 9 期
354	近代国际法之罗马法基因考(合著)	《浙江工商大学学报》2022 年第 6 期
355	法治现代化:中国式现代化的基本蕴意	《探索与争鸣》2022 年第 11 期

356	从"天人合一"到"以和为贵"——中国古代治国理政的法理创新与实践(合著)	《治理研究》2022 年第 6 期
357	"中国特色社会主义法治理论"考(合著)	《中国社会科学》2022 年第 12 期
358	欧洲宗教改革与罗马法继受——以路德宗双重分裂之改革为线索(合著)	何勤华主编:《外国法制史研究(第 24 卷第 2 辑):法律文明的交流与借鉴》,法律出版社 2022 年版
359	中华法系之法典化范式研究——以古代中国和越南为中心(合著)	《世界社会科学》2023 年第 1 期
360	中国传统司法文化的历史传承和当代转型(合著)	《人民检察》2023 年第 1 期
361	论中华优秀传统法律文化的创新性发展——以"刑无等级"为中心(合著)	《江海学刊》2023 年第 4 期
362	中国古代"出礼入刑"传统之赓续与创新	《政治与法律》2023 年第 8 期
363	罗马法复兴与欧洲法律教育的近代化(合著)	《法治社会》2023 年第 5 期
364	英国分析法学在美国的传播与发展:从奥斯丁到格雷(合著)	《法治现代化研究》2023 年第 6 期
365	礼法精神的创造性转化与创新性发展(合著)	《人民检察》2024 年第 1 期
366	中国式法治现代化的域外思想参鉴——卢梭的"人民法治"思想论析(合著)	《山东师范大学学报(社会科学版)》2024 年第 1 期
367	论中华法系的传承与中国自主法学知识体系的建构(合著)	《中国法律评论》2024 年第 1 期
368	"执法如山"的文化意蕴及其当代传承(合著)	《社会科学》2024 年第 2 期
369	关于我国两岸健康权保障现状及发展的思考(合著)	《政法学刊》2024 年第 1 期

370	建构中国自主法学知识体系之法理学创新——以"权利本位说"的完善为中心(合著)	《东南学术》2024年第2期
371	我国刑事诉讼法典编纂的历史智慧(合著)	《内蒙古社会科学》2024年第2期
372	论建构中国自主法学知识体系的本土资源——以中国古代律学的传承与创新为视角(合著)	《华东政法大学学报》2024年第2期
373	罗马法复兴与近代欧洲的自由主义传统(合著)	《南海法学》2024年第2期
374	日本治理贩运人口犯罪的制度设计与实践措施(合著)	《犯罪研究》2024年第2期
375	中华优秀传统法律文化的世界面向	《检察日报》2024年5月8日

表格二 何勤华教授培养的硕士生、博士生和博士后

硕士生		
年级	姓名	岗位
1996 级	郭光东	深圳雾芯科技有限公司
1997 级	吴秋发	上海普若律师事务所主任
	张奕	拉扎斯(饿了么)网络科技有限公司法务总监
1998 级	陈灵海	上海师范大学教授
	曹冠业	民营企业家
1999 级	陈颐	同济大学法学院教授
	吴旭阳	厦门大学法学院副教授
2000 级	程维	上海市法学会四级调研员
	廖初民	绿地控股集团股份有限公司法务总监,高级经济师
	任超	华东政法大学经济法学院教授
	王铁雄	上海海事大学教授
	张斐	国浩律师(济南)律师事务所律师
2001 级	刘洋	渤海银行股份有限公司上海分行风险管理部兼信贷监控部总经理
	冷霞	华东政法大学法律学院副教授
	马贺	华东政法大学刑事法学院副教授
	王沛	华东政法大学法律学院教授
2002 级	张彬	上海海事大学法学院
2003 级	陈颖	上海市司法局
	胡骏	华东政法大学法律学院副教授
	陈琛	定向高校教师班
2004 级	于明	华东政法大学法律学院教授
	张玲	美利肯公司亚太区法律顾问
	朱怡	亿咖通科技有限公司法务知识产权部
2005 级	武嘉	北京德和衡律师事务所税法律师
	张洁	富士康公司法务总监

续表

2006 级	李明倩	华东政法大学副教授
	王伟臣	上海外国语大学法学院副教授
2007 级	吴玄	上海师范大学法政学院副研究员
	张倩	上海市闵行区市场监督管理局科员
	梁昌洲	定向高校教师班
2008 级	卢然	苏州大学法学院讲师
	舒曼	韦莱香港有限公司
	陈佳吉	上海市汇业律师事务所合伙人
	严佳斌	上海段和段律师事务所律师
2009 级	郭文青	法治日报社总编室编辑
	阮小婧	兴业银行上海分行投行部产品经理
	许钗玲	浦东新区北蔡镇城市管理行政执法中队三级主办
	占志铖	杭州上城区卫生局
2010 级	何元龙	上海市虹口区人民法院
	王思杰	厦门大学嘉庚学院教授
2011 级	徐奕斐	江苏省社会科学院法学所
2012 级	黄赛楠	澳洲迈澳旅游公司运营经理
	薛谦	上海市第二中级人民法院法官助理
2013 级	李守进	浙江省桐乡市人民法院
	王帅	上海正策律师事务所律师
	张晓	北京大成(上海)律师事务所律师
2014 级	高童非	中国农业大学法学院副教授
	袁也	东京大学历史学部博士研究生
2015 级	龚宇婷	南通机场集团法务
	郭梦蝶	华东政法大学法律史专业博士研究生
	尤娇娇	上海交通大学博士研究生
2016 级	陈梅	江苏省建筑工程集团法务
	李琴	浙江工业大学法学院副教授

续表

年级	姓名	岗位
2017 级	曹诗腾	上海市松江区人民检察院检察官助理
	罗锐	苏州市高新区人民检察院检察官助理
2018 级	顾非易	上海市浦东新区司法局
	李锦元	广东汕尾市中级人民法院法官助理
2019 级	吴怡	上海电机学院国际学院
	袁晨风	北京大学法学院博士研究生
2020 级	廖晓颖	华东政法大学法律史专业博士研究生
	庄晨曦	上海市闵行区法院法官助理
2021 级	蒋羽	浙江金华市检察院检察官助理
	蔡剑锋	中国政法大学司法文明专业博士研究生
2022 级	金逸菲	华东政法大学法律史专业硕士研究生,2024 年硕博连读
	孙祎炜	华东政法大学法律史专业硕士研究生
2023 级	刘铭倩	华东政法大学法律史专业硕士研究生
	郭娴	华东政法大学法律史专业硕士研究生

博士生		
年级	姓名	岗位
2001 级	郭光东	深圳雾芯科技有限公司
	李秀清	华东政法大学法律学院教授
	刘守刚	上海财经大学公共经济与管理学院教授
	刘晓雅	旅居美国
	曲阳	华东政法大学经济法学院副教授
	徐菲	上海国昂实业有限公司董事长
	郑少华	上海政法学院副校长,教授
	朱晓喆	上海财经大学法学院教授

续表

	陈颐	同济大学教授
2002级	冯引如	旅居芬兰
	高尚	安徽大学法学院副教授
	季立刚	复旦大学法学院教授
	汤唯	烟台大学法学院教授
	王兰萍	商务印书馆编审
	吴旭阳	厦门大学法学院副教授
	夏雪	上海至合律师事务所高级合伙人
	占茂华	上海政法学院
	裘索	上海锦天城律师事务所高级合伙人
2003级	陈融	华东师范大学教授
	廖初民	绿地控股集团股份有限公司法务总监,高级经济师
	孟红	东南大学法学院教授
	任超	华东政法大学经济法学院教授
	苏彦新	华东政法大学法律学院教授
	王铁雄	上海海事大学法学院教授
	王素芬	辽宁大学法学院教授
	魏琼	华东政法大学法律学院教授
	杨积讯	中国计量大学法学院副教授
	姚建龙	上海社科院党委副书记、法学所所长、研究员
	张海斌	上海外国语大学法学院院长、教授
2004级	韩强	华东政法大学党委副书记、涉外法治学院院长、教授
	冷霞	华东政法大学法律学院副教授
	蔡东丽	华南理工大学法学院副教授
	李求轶	上海上正律师事务所高级律师
	马聪	华南师范大学法学院副教授
	夏菲	华东政法大学刑事法学院教授
	张玉堂	华东政法大学法律学院副教授
	马贺	华东政法大学刑事法学院副教授

续表

	曹呈宏	浙江省检察院原检察官,已去世
	陈郁如	台湾师范大学教师
	邓继好	华东政法大学法律学院副教授
	郭延军	上海交通大学法学院教授
2005 级	荆月新	山东师范大学法学院院长、教授
	刘显娅	上海立信会计金融学院法学院教授
	刘强	上海政法学院教授
	邵宗日	威海市文登区法院原院长,已去世
	郑现喆	韩国软件振兴院上海(青岛)代表处首席代表
	陈兵	南开大学法学院教授
	陈婉玲	华东政法大学经济法学院教授
	果海英	首都师范大学政法学院副教授
	胡桥	浙江工商大学法学院副教授
2006 级	胡建会	上海市嘉定区嘉定镇街道办事处主任
	颜晓闽	上海思博职业技术学院
	莫振坤	上海市检察院政治部主任
	潘申明	宁波大学法学院副教授,浙江京衡(宁波)律师事务所主任
	屈文生	华东政法大学研究生院院长、教授
	侯勃	企业界人士
	孔晶	南京海关法规处一级主任科员、科长
2007 级	夏秀渊	江西财经大学法学院副教授
	解锟	北京工业大学法学院副教授
	张进德	上海政法学院诉讼法教研室主任,法律学院副教授
	陈晓聪	中国海洋大学法学院副教授
	焦应达	内蒙古大学法学院副教授
	王笑红	译林出版社编审,译林出版社上海出版中心主任
2008 级	任海涛	华东师范大学法学院教授
	熊建明	南昌大学法学院教授
	翟冠慧	上海市信本律师事务所高级合伙人
	赵笑君	福建师范大学法学院讲师,北京市京师(福州)律师事务所高级合伙人、福建太尔集团股份有限公司独立董事

续表

	方堃	中共安徽省委党校副教授
2009 级	李明倩	华东政法大学副教授
	王海军	华东政法大学《法学》编辑部责编,研究员
	王伟臣	上海外国语大学法学院副院长、副教授
	张婷	上海对外经贸大学副教授
2010 级	方砚	甘肃政法大学法学院副教授
	吴玄	上海师范大学法政学院副研究员
	熊玉梅	江西财经大学法学院副教授
	周小明	温州大学副教授
2011 级	陈阳	上海海关学院海关法律系讲师
	卢玮	上海政法学院经济法学院副教授
	骆永兴	南京市人力资源和社会保障局
	张武汉	上海理工大学外语学院讲师
	赵江风	山东省临沂市中级人民法院法官助理
	刘佳伟	博琎资本
2012 级	江小夏	人民出版社
	冀明武	南阳理工学院纪委办公室
	张宪丽	上海政法学院政府管理学院副教授
	戴秀河	上海市青浦区机关事务管理局党组书记、局长
2013 级	杜丽君	上海国际仲裁中心公共事务总监
	王思杰	厦门大学嘉庚学院教授
	肖崇俊	华东政法大学学报编辑、副研究员
2014 级	楚盛男	上海建桥学院教师
	高媛	商务印书馆学术中心编辑
	王涛	华东政法大学刑事法学院副教授
	万山	老挝留学生,老挝—中国国际关系部合作司、老挝公安部官员

2015 级	段鹏超	新乡医学院医学人文学院科研与学科建设办公室主任、讲师
	齐凯悦	山东师范大学法学院副教授
	谢国儿	旷真法律集团华东大区高级专家顾问
2016 级	裴仕彬	广东省深圳市龙岗区人民检察院第六检察部副主任
	宋宇宁	中共上海市金山区委党校讲师
	王静	华东政法大学法律学院讲师
	Khattiya Mookdayan	老挝留学生（在读）
2017 级	王梦奇	山东警察学院讲师
	靳匡宇	南通大学法律系讲师
	张戈平	牡丹江师范学院法学院副院长、副教授
2018 级	李琴	浙江工业大学法学院副教授
	翟欢	聊城大学法学院讲师
	汪单	上海交通大学设计学院讲师
2019 级	周小凡	华东政法大学涉外法治研究院助理研究员
	侯莎	福建理工大学法学院副教授
2020 级	张陶然	上海政法学院上海全球安全治理研究院学术秘书
	王懋	上海锦天城律师事务所日本东京分所律师
2021 级	张顺	华东政法大学法律史专业博士研究生
	路培欣	华东政法大学法律史专业博士研究生
	余春枝	澳门科技大学博士研究生
2022 级	廖晓颖	华东政法大学法律史专业博士研究生
	邓丛	华东政法大学法律史专业博士研究生
	郑卉菲	澳门科技大学博士研究生
2023 级	郭梦蝶	华东政法大学法律史专业博士研究生
	刘译元	华东政法大学法律史专业博士研究生
2024 级	雷声	澳门科技大学博士研究生，律师
	金逸菲	华东政法大学法律史专业博士研究生
	邹秋淑	华东政法大学法律史专业博士研究生，《学术界》编辑

续表

博士后		
进站时间	姓名	岗位
2004 年 9 月	魏晓阳	中国传媒大学政法学院教授
	井涛	原华东政法大学经济法学院副教授,后为英国曼彻斯特大学访问学者,现定居英国
2005 年 4 月	韩君玲	北京理工大学法学院教授
	朱应平	华东政法大学法律学院教授
	李声炜	美国礼德律师事务所香港办事处律师
2006 年 4 月	刘云生	广州大学法学院院长、教授
	杨大春	常州大学法学院教授
	马姝	华东政法大学社会发展学院副教授
	汪振林	重庆邮电大学法学院教授
2007 年 9 月	胡兴东	云南大学法学院教授
2007 年 11 月	王红曼	华东政法大学中国法治战略研究中心副教授
2007 年 12 月	卢鹏	同济大学法学院教授
	罗国强	浙江大学法学院教授
	严泉	上海大学台湾研究中心教授
	罗云峰	华东政法大学人文学院教授
2008 年 5 月	张弓	华东政法大学传播学院教授
	褚国建	浙江省委党校法学部主任、教授
	贾少学	上海政法学院中国上合基地副教授
2009 年 6 月	康耀坤	兰州商学院法学院副教授
2009 年 7 月	徐伟民	上海圣雅资产管理有限公司执行董事
	易花萍	华东政法大学副教授
	余素青	华东政法大学外语学院院长、教授
	杨松涛	河南大学法学院副教授
2009 年 9 月	董春华	华东政法大学知识产权学院副教授
2009 年 11 月	张秀	上海交通大学马克思主义学院副教授
	顾荣新	大连海事大学法学院副教授

2010 年 6 月	韩慈	上海对外经贸大学讲师
	张卓明	华东政法大学法律学院教授
2010 年 7 月	徐大慰	上海科技大学副教授
2010 年 8 月	廖华生	江西师范大学教授
2010 年 10 月	陈书笋	上海市行政法治研究所副研究员
2010 年 12 月	解正山	上海对外经贸大学法学院副教授
2011 年 6 月	王国龙	西北政法大学教授
2011 年 11 月	王森波	上海电力大学教授
2012 年 1 月	蒋军洲	河南大学法学院副教授
	马金芳	华东政法大学法律学院教授
2012 年 5 月	柴松霞	天津财经大学法学院副教授
2012 年 12 月	徐宏	华东政法大学刑事法学院教授
2013 年 1 月	李凤鸣	南京工业大学法学院教授
2013 年 7 月	朱宏伟	华东政法大学传播学院讲师
2013 年 8 月	肖军	上海社科院法学所副研究员
2013 年 10 月	陈琦	华东政法大学国际法学院副教授
2013 年 12 月	霍文勇	陕西师范大学历史文化学院副教授
	杨彤丹	上海政法学院副教授
2014 年 1 月	韩毅	华东政法大学外语学院讲师
	严行健	华东政法大学政治学研究院副教授
2014 年 5 月	郭恩强	华东政法大学传播学院教授
2014 年 7 月	李倩	华东政法大学法律学院讲师
	孙祥飞	华东政法大学传播学院教授
2014 年 9 月	李婧嵘	湖南大学法学院教授
2014 年 11 月	茆巍	华东政法大学法律学院教授
	余守文	华东政法大学商学院教授
	张长绵	华东政法大学法律学院副教授
	张亚飞	山西财经大学法学院副院长、教授
2014 年 12 月	杨焯	华东政法大学外语学院副教授

2015 年 8 月	王永杰	中国浦东干部学院科研部副主任、教授
2015 年 9 月	徐震宇	华东政法大学政治学与公共管理学院副研究员
2016 年 5 月	茹静	华东政法大学外语学院副教授
	王海萍	华东政法大学外语学院副教授
2017 年 6 月	陈迪	华东政法大学助理研究员
2017 年 8 月	段瑞群	中共北京市委政法委宣教处处长
2017 年 12 月	翟旭丹	上海医疗器械股份有限公司法务经理
2018 年 3 月	于熠	湖南师范大学副教授
2018 年 12 月	邱唐	华东政法大学法律学院特聘副研究员
2019 年 5 月	刘广伟	华东政法大学传播学院师资博士后、助理研究员
2020 年 9 月	史志强	华东政法大学师资博士后
2020 年 10 月	靳匡宇	南通大学法律系讲师
2021 年 3 月	方砚	甘肃政法大学副教授
2021 年 9 月	吴思远	华东政法大学刑事法学院副教授
2022 年 6 月	谭钟毓	广东开放大学副教授